Christian Thomasius

Vom Laster der Zauberei

Über die Hexenprozesse

De Crimine Magiae
Processus Inquisitorii contra Sagas

Deutscher Taschenbuch Verlag

Herausgegeben, überarbeitet und mit einer Einleitung
versehen von Rolf Lieberwirth.
Unveränderter Nachdruck der 1967
im Verlag Hermann Böhlaus Nachfolger,
Weimar, erschienenen Ausgabe.

März 1986
Deutscher Taschenbuch Verlag GmbH & Co. KG, München

Umschlaggestaltung: Celestino Piatti unter
Verwendung des Farbholzschnitts: „Die Hexen"
von Hans Baldung gen. Grien (1510)
(Herzog Anton Ulrich-Museum, Braunschweig)
Gesamtherstellung: C. H. Beck'sche Buchdruckerei, Nördlingen
Printed in Germany · ISBN 3-423-02170-X

Über dieses Buch

Mit seiner berühmten Dissertation „De Crimine Magiae“ (1701) und ihrer rechtshistorischen Ergänzung „Processus Inquisitorii contra Sagas“ (1712) wurde Christian Thomasius (1655–1728) zum prominentesten und erfolgreichsten Gegner des Hexenwahns. Unbestritten ist das Verdienst seiner beiden Hauptwerke – die in der vorliegenden Ausgabe parallel in der lateinischen Originalfassung und in einer zeitgenössischen Übertragung vorgelegt werden –, den endgültigen Anstoß zur Abschaffung der Hexenprozesse in Preußen gegeben zu haben.

Der Erfolg von Thomasius' Schriften erklärt sich nicht allein aus dem aufgeklärten Zeitgeist, ihre durchschlagende Wirkung verdanken sie vor allem der entwaffnenden Klarheit der Argumentation: In Anlehnung an die 1631 erschienene „Cautio Criminalis“ Friedrich von Spees richtet Thomasius seinen Angriff auf das anfechtbare Verfahren der Prozesse; er geht dann über seinen großen Vorläufer hinaus und entzieht mit einer theologischen Begründung, die in cartesianischem Geist dem Teufel jeden Einfluß auf materielle Dinge abspricht und damit auch den Teufelspakt, das Kernstück der Hexenverfolgung, in Frage stellt, der juristischen Beweisführung ihre Grundlage. Sein 30 Jahre währender, mit hohem persönlichen Einsatz geführter Kampf war nicht umsonst: In seinem Todesjahr wurde in Preußen die letzte vermeintliche Hexe ein Opfer der Flammen.

Die beiden Schriften „Vom Laster der Zauberei“ und „Über die Hexenprozesse“ sind bedeutende Zeugnisse der Aufklärung, Zeugnisse des Sieges der Vernunft über Aberglauben und Autoritätshörigkeit des Mittelalters.

Literatur · Philosophie · Wissenschaft

DER MARTIN-LUTHER-UNIVERSITÄT
HALLE-WITTENBERG
ANLÄSSLICH DER 150. WIEDERKEHR
IHRER VEREINIGUNG

VORWORT

Die Neuausgabe von Werken berühmter Gelehrter liegt so im Zuge der Zeit, daß es fast als selbstverständlich erscheint, auch Christian Thomasius' äußerst wirkungsvolle Kampfschriften gegen die unseligen Hexenprozesse seiner Epoche der Allgemeinheit wieder in größerem Umfange zugänglich zu machen, und das um so mehr, als damit ein schon seit Jahren geplantes und mit der Herausgabe der dissertatio de tortura ex foris Christianorum proscribenda [1]) begonnenes Unternehmen seine Fortsetzung finden kann. Wie dort soll auch hier wieder über die bloße photomechanische Wiedergabe hinausgegangen werden, um nicht nur allein unser wissenschaftliches Erbe vor dem Vergessenwerden zu bewahren, sondern auch wesentlich dazu anzuregen, die damals aufgeworfenen Fragen in größerem Zusammenhange zu erfassen, sie neu zu durchdenken und insbesondere auch die psychologische Seite dieser Massenhysterie zu klären, auf die schon Goethe in einem Brief an Frau von Stein [2]) hinwies. Aber nicht nur von wissenschaftlicher Seite her verdienen Hexenwahn und Hexenprozesse als unheilvolle Irrungen der Vergangenheit heute noch uneingeschränkte Beachtung; sie sind für die Allgemeinheit sogar von erschreckender Aktualität, wenn man bedenkt, daß der Hexenglauben in einzelnen Landschaften gegenwärtig immer noch seltsame Blüten treibt und von „geschäftstüchtigen" Verlegern durch „wissenschaftliche" Literatur bewußt genährt wird, und wenn man ferner erkennt, wie sehr der Hexenprozeß als das von staatswegen eingesetzte und kirchlicherseits tolerierte Instrument zur „gerechten" Vernichtung unzähliger Menschen in den Massenvernichtungslagern der jüngsten Vergangenheit eine erschreckende Parallele gefunden hat. Mit dieser Ausgabe soll daher auch ständig daran erinnert werden, das jegliche Form des Aberglaubens beseitigt, und daß jede nur mögliche Gefahr einer Perversion des Rechts verhindert werden muß. Wenn es je Lehren aus der Geschichte zu ziehen gilt, so für den Juristen besonders die, daß

---

1) Christian Thomasius. Über die Folter. Untersuchungen zur Geschichte der Folter, Weimar 1960.

2) Goethes Briefe an Frau von Stein. Ausg. Schöll-Wahle, 3. Aufl., Frankfurt/M. 1906, II. Bd. S. 292, Nr. 590.

Rechtssätze und Rechtsinstitutionen immer wieder und auch gegen eine herrschende Auffassung daraufhin überprüft werden müssen, ob sie nicht schon zu Unrecht geworden sind, wie es Christian Thomasius um die Wende zum 18. Jh. demonstrierte, als er den Kampf gegen den Massenwahn seiner Zeit aufnahm. Und es war wirklich ein Kampf, was in der Gegenwart leicht übersehen wird, weil nur noch der Erfolg beachtet und gewertet wird. Es war ein Ringen mit sich selber, eine Auseinandersetzung mit einer vorgefaßten Meinung und ein Kampf gegen eine Zeitanschauung, der auch zu seiner Zeit noch schwierig genug war und zu persönlichen Repressalien hätte führen können. Wie sehr er sich dabei seiner Gegner zu erwehren hatte, geht allein schon aus der Tatsache hervor, daß er sich immer wieder, über dreißig Jahre lang mit diesen Fragen beschäftigte, wie aus der folgenden Einleitung zu entnehmen sein wird. Hierin liegt auch begründet, daß nicht nur die dissertatio de crimine magiae, sondern auch ihre rechtshistorische Ergänzung, die dissertatio de origine ac progressu processus inquisitorii contra sagas, jeweils mit den deutschen Ausgaben, und schließlich auszugsweise die wichtigste Stellungnahme zu diesem Problemkreis aus seinen sonstigen Arbeiten wiedergegeben werden, um das gesamte Material einmal an einer Stelle zu vereinen. Allerdings tauchte dabei die Frage auf, ob die ursprünglichen Übersetzungen Verwendung finden, oder ob nicht besser moderne an ihre Stelle treten sollten. Es gibt zahlreiche Argumente für die eine wie für die andere Version, auf die hier einzugehen müßig wäre allein schon deshalb, weil ich schon den Vorzug hatte, diese Problematik den Fachkollegen im Rahmen eines Berichts vor dem 15. Rechtshistorikertag in Wien vorzutragen. Ihre vielen, wohldurchdachten Ratschläge, für die ich allen an dieser Stelle nochmals herzlich danken möchte, liefen im Endergebnis darauf hinaus, daß sowohl die eine wie auch die andere Auffassung durchaus zu vertreten wäre. Wenn nun hier den ursprünglichen Übersetzungen der Vorzug gegeben wird, so aus folgenden, zusätzlichen Erwägungen. Die Übersetzungen oder besser die deutschen Ausgaben waren zu damaliger Zeit selbständige und von Thomasius gebilligte Arbeiten, die wie seine deutschsprachigen Werke nicht einfach modernisiert werden können, sondern in ihrer tatsächlichen Form, also im Deutsch des Barock, dargeboten werden müssen. Ferner ergab eine nochmalige Durchsicht, daß in den deutschen Ausgaben einzelne, wenn auch oft nur geringfügige, sachliche Ergänzungen gegenüber dem lateinischen Text enthalten sind, auf die nicht verzichtet werden konnte, weil sie manches verständlicher machen. Das gleiche Ziel verfolgt ein im Anhang aufgeführtes Namensregister, das gleichzeitig als Quellenverzeichnis der von Thomasius angeführten Werke dienen soll.

Neben den schon erwähnten Fachkollegen, die ich wegen ihrer Vielzahl nicht im einzelnen aufführen kann, bin ich dem Verlag Hermann Böhlaus Nachfolger, Weimar, für die stets verständnisvolle Unterstützung zu Dank verpflichtet, ferner meiner Institutssekretärin, Fräulein Marie Hartwig, für die Erledigung der äußerst mühevollen Schreibarbeiten.

Diese Ausgabe soll der alma mater halensis anläßlich der 150. Wiederkehr ihrer Vereinigung mit der Leucorea gewidmet sein, der Universität also, die in Christian Thomasius ihren geistigen Begründer sieht und welcher ich so viel zu verdanken habe.

Halle (Saale) Rolf Lieberwirth

INHALTSVERZEICHNIS

EINLEITUNG

Im Urteil der Nachwelt gilt Christian Thomasius u. a. als der siegreiche Bekämpfer des Hexenwahns seiner Zeit. Seiner Dissertation „De crimine magiae" (1701) wird der Erfolg zugeschrieben, dieser religiös-politischen Verirrung ein Ende gesetzt zu haben. Aber ein Urteil ist das Ergebnis einer Einschätzung; die zugrunde liegenden Tatsachen treten dahinter zurück. Und so ist bei Thomasius das Ergebnis seines Kampfes gegen die Hexen bewertet und von Generation zu Generation weitergegeben worden, nicht so sehr aber die Einzelheiten. Manches ging hier verloren, anderes wurde nicht deutlich genug dargestellt, so daß sich Unrichtigkeiten einschlichen, die in der Literatur ebenfalls weitergetragen wurden[1]. Nur noch dem Fachwissenschaftler im engsten Sinne ist bekannt, daß Christian Thomasius ein, wenn auch wesentliches Glied in einer Kette von Männern war, die oft unter Einsetzung ihres Lebens den Mut aufbrachten, gegen die unseligen Hexenverbrennungen aufzutreten, daß es auch für Thomasius nicht gefahrlos war, seine Anschauung zu vertreten, und daß er sich schließlich 30 Jahre seines Lebens immer wieder mit diesen Fragen beschäftigen mußte, weil ihm seine Gegner keine Ruhe ließen. Diese Einzelheiten wieder in den Blickpunkt zu rücken, um zum besseren Verständnis seines Wirkens beizutragen, soll hier einleitend versucht werden. Es ist ferner der Frage nachzugehen, warum gerade seiner Dissertation so viel Wirkung beigemessen wird, wo doch zu gleicher Zeit und schon vorher ähnliche Gedanken vertreten wurden, und zwar von Autoren, die heute fast vergessen sind[2].

Abgesehen von seinem Studium kam Christian Thomasius erstmalig im September 1694, also in den ersten Jahren der halleschen Spruchpraxis[3], mit

---

1) Beispiele bei Bienert, Walther: Der Anbruch der christlichen deutschen Neuzeit, dargestellt an Wissenschaft und Glauben des Christian Thomasius, Halle 1934, S. 101.

2) Disputatio inauguralis de fallacibus indiciis magiae ... praeside Dn. Henrico Bodino die XXII. Octobris 1701 ... submittit Felix Martinus Brähm, Halae Magdeburgicae 1701.

3) Die Spruchtätigkeit wurde aufgrund des kurfürstl. Erlasses vom 3. Januar 1693 aufgenommen, nachdem drei ordentliche Professoren ernannt worden waren (Christian Thomasius, Samuel Stryk, Joh. Georg Simon).

Hexenfragen in unmittelbare Berührung. Und dabei unterlief ihm in seiner praktischen Tätigkeit ein Fehler, den er im wissenschaftlichen Bereich bis zu diesem Zeitpunkt und später immer wieder auf das heftigste bekämpfte und als Hemmnis für die wissenschaftliche Weiterentwicklung bezeichnet hat; er verfiel in blinde Autoritätsgläubigkeit und zog einen übereilten Schluß. Nun mußte er selber erleben, welche Wirkungen eine kritiklose Übernahme älterer Lehrmeinungen nach sich ziehen kann. Rückschauend schildert Thomasius diese Situation 26 Jahre später[4]: „Dieser gegenwärtige casus wurde auch anno 1694 in unsere Facultät geschickt in Monat September, und war ich damahls noch mit der gemeinen Meinung von den Hexen-Wesen so eingenommen, daß ich selbst dafür geschworen hätte, die in des Carpzovii praxi criminali befindliche Aussagen der armen gemarterten oder mit der Marter doch bedroheten Hexen bewiesen den mit denen armen Leuten pacta machenden, und mit denen Menschen buhlenden, auch mit den Hexen Elben zeugenden, und Sie durch die Lufft auff den Blokkersberg führenden Teuffel überflüssig, und könte kein vernünfftiger Mensch an der Wahrheit dieses Vorgebens zweiffeln: Warumb? Ich hatte es so gehöret und gelesen, und der Sache nicht ferner nachgedacht; auch keine große Gelegenheit gehabt, der Sache weiter nachzudenken. Dieses waren die ersten Hexen-Acten, die mir Zeit Lebens waren unter die Hände gekommen, und also excerpirte ich dieselbe mit desto größern Fleiß und attention."

Anschließend beschreibt er den damaligen Hexenfall in allen Einzelheiten (Tatbestand, Indizien, Zeugen, Einreden der Verteidigung) und kommt schließlich zu dem Ergebnis, daß von der Angeklagten durch mäßige Folter ein Geständnis zu erzwingen sei. Er glaubte damals, mit seinem Votum in der Fakultät Ehre einzulegen; aber seine Fakultätskollegen[5]), wie er selber schreibt, und nicht der Ordinarius Samuel Stryk, wie es u. a. Fleischmann[6]) darstellt, schlossen sich seinem Gutachten nicht an, so daß er gezwungen war, ein neues zu entwerfen, wonach die Beschuldigte aus der Haft zu entlassen und ihr weiterer Lebenswandel zu beobachten sei. Diese gemäßigte Haltung seiner Kollegen gab ihm zu denken und war letztlich entscheidend dafür, daß er sich diesen Fragen eingehend zuwandte, wie aus seinen eigenen Worten[7]) deutlich hervorgeht:

---

4) Juristische Händel, Erster Theil, Halle 1720, XVIII. Handel, S. 197 ff.

5) Zu diesem Zeitpunkt: Samuel Stryk, Johann Georg Simon, Heinrich Bodinus, Johann Samuel Stryk, der Sohn des Ordinarius, vgl. Schrader, Wilhelm: Geschichte der Friedrichs-Universität zu Halle, Berlin 1894, II. Teil, S. 556.

6) Fleischmann, Max: Christian Thomasius, Leben und Lebenswerk, Halle 1931, S. 133, vorher schon Landsberg, Ernst: Gesch. d. deutsch. Rechtswissenschaft, 3, I Text, München-Leipzig 1898, S. 82.

7) Juristische Händel, aaO.

Nun verdroße es mich aber nicht wenig, daß bey diesen ersten mir unter die Hände gerathenen Hexen-Prozeß mein Votum nicht hatte wollen attendiret werden, aber dieser Verdruß war nicht so wohl wieder den damahligen Herrn Ordinarium und meine übrige Herren Collegen, als wieder mich selbst gerichtet. Denn da ich allbereit in der Ausarbeitung meiner Teutschen Logic gelehrt hatte, daß ein weiser Mann die beyden Haupt-praejudicia menschlicher autorität und der Übereilung meyden muste, verdroß es mich auf mich selbst, daß mein votum auff nichts als die Autorität obiger, und zwar grösten Theils offenbahr partheyischer unvernünfftiger Männer, und auff dero übereilte und unzulängliche rationes sich gründete, fürnehmlich darauff, daß die justificirte Hexe es der Inquisitin in die Augen gesagt, daß Sie von Ihr hexen lernen, und umbgetaufft worden, auch bey dieser Aussage biß an Jhren Tod beständig verharret wäre. Ja es verdroße mich noch mehr auff mich, daß ich, so bald ich die rationes contrarias meiner Herren Collegen nur hörete, ich alsbald von deren Wichtigkeit convinciret wurde, und nichts darauf antworten kunte.

Er schreibt dann weiter:

Nachdem also die bei mir bißhero gewesene persuasion von der Vortrefflichkeit und Nutzbarkeit des in Sachsen und an anderen Orten des Römischen Reichs üblichen Hexen-Prozesses einmal ware wanckend gemacht worden, fieng ich nach und nach immer mehr und mehr an, in das Elend unserer Universitäten und Juristen-Facultäten oder Schöppenstühle, was den Hexen-Proceß betrifft, einzusehen. Dazu gaben ihm die in den folgenden Jahren bei der Halleschen Juristenfakultät einlaufenden Hexenakten reichlich Gelegenheit[8]). Sie sind gleichzeitig als ein Beweis dafür zu werten, daß zu dieser Zeit noch in erheblichem Umfange Hexen-Prozesse anhängig waren. Ob schon ein allgemeiner Rückgang zu verzeichnen war, wie Zwetsloot[9]) annimmt, wird wohl mit Sicherheit nicht mehr festzustellen sein.

Wenn auch noch sieben Jahre vergehen sollten, ehe Christian Thomasius seine neuen Erkenntnisse über die Hexen-Prozesse zusammenfassend darstellte, so finden sich doch auch schon vorher gelegentliche literarische Äußerungen in dieser Richtung. Allein einige Bemerkungen in einer Arbeit aus dem Jahre 1694, also kurze Zeit nach dem erwähnten Fakultätsgutachten, zeigen, wie sehr ihn

8) ... so fügte es die göttliche Vorsehung, daß immer nach und nach auch andre Hexen-Acten in unsere Facultät geschickt und meiner relation anvertraut wurden, die mich gleichsam forcirten die Augen immer weiter und weiter auffzuthun, und die miserable prostitution der Hexen-Richter und Advocaten zu erkennen. (Juristische Händel, aaO.).

9) Zwetsloot, Hugo: **Friedrich Spee und die Hexenprozesse, Trier 1954,** S. 300, Anm. 98.

diese Fragen innerlich beschäftigten und wie er es in kurzer Zeit verstand, den Dingen auf den Grund zu gehen. Anläßlich einer empfehlenden Vorrede zu den Werken des Mystikers Petrus Poiret [10]), für den Thomasius damals eine Vorliebe empfand [11]), nahm er kritisch zu dessen Behauptung Stellung, daß der größte Teil der Menschheit Zauberer wären, die mit dem Teufel in Verbindung ständen. Dieser Auffassung trat Thomasius entschieden entgegen. Seine Beweisführung gipfelt in der Feststellung, daß die Zauberey kein strafbares Verbrechen sei, und daß durch den Inquisitionsprozeß gegen die Hexen, der vom Papsttum eingeführt worden sei, welches daraus sogar Vermögensvorteile zöge, mehr Unschuldige als Schuldige bestraft würden. Im übrigen mangele es ihm an Zeit und Gelegenheit, sich näher mit diesen Fragen zu beschäftigen [12]). Damit nahm Thomasius schon wesentliche Ergebnisse seiner späteren Untersuchungen vorweg. Daß sie noch keine entscheidende Resonanz fanden, lag wohl an der sehr allgemein gehaltenen Formulierung. Immerhin ist daraus schon so viel zu erkennen, daß er die Argumente seiner Vorgänger, insbesondere die von Naudaeus und Friedrich von Spee, der ihm allerdings zu dieser Zeit namentlich noch nicht bekannt war, verwertet haben muß, was von ihm in einer späteren Schrift bestätigt wird [13]). Diese Vorrede zur dissertatio Poireti war Anlaß für schwere geistige Auseinandersetzungen an der jungen halleschen Universität. Wenn sie auch nicht seine neuen Anschauungen über die Hexenprozesse zum Gegenstand hatten, so lenkten sie seine Aufmerksamkeit zunächst doch in eine andere Richtung. Am 16. Oktober 1694 [14]), also wenige Monate nach den offiziellen Einweihungsfeierlichkeiten für die Universität Halle, beschwerte sich die Theologische Fakultät bei den Oberkuratoren über Christian Thomasius wegen seiner angeblichen Eingriffe in theologische

---

10) Dissertatio ad Petri Poireti libros de Eruditione solida, superficiaria et falsa, Halle 1694 und 1708.

11) Poiret, mit dem Thomasius in Briefwechsel stand (vgl. Wieser, Max; Peter Poiret, der Vater der romanischen Mystik in Deutschland. Zum Ursprung der Romantik in Deutschland. München 1932, S. 135), lebte seit 1688 in Rhynsburg, wo er viele Traktate spanisch-französischer Mystiker herausgab.

12) Dissertatio ad Petri Poireti ... c. 31.

13) ... und muß ich selbst bekennen, daß, da ich diese Bekänntnisse zuerst in Carpzovio gelesen, mich dieselbe so sehr eingenommen, daß ich mich darüber hätte todt schlagen lassen. Nachdem ich aber des Naudaei seine Apologie dererjenigen, die man fälschlich der Zauberey beschuldiget, nebst dem Autore Cautionis Criminalis und sonderlich in diesem das zwantzigste Dubium mit attention durchlesen hatte, fiele mir das obgemeldte praejuducium (autoritatis, R. L.) gleichsam als Schuppen von den Augen meines Verstandes ... Vgl. Thomasius' Vorrede zu Websters Untersuchung der vermeinten und so genannten Hexereyen, Halle 1719, S. 6.

14) Deutsches Zentralarchiv — Außenstelle Merseburg — R. 52 Nr. 159 n 3 b.

Angelegenheiten bei der Verteidigung mystischer Schriftsteller [15]), wobei zum besseren Verständnis klargestellt werden muß, daß ihm manches an der Mystikern zusagte, ohne daß er selber zu ihnen gerechnet werden darf [16]). Der nun einsetzende Schriftwechsel zog sich über ein Jahr hin und wurde durch eine ernste Mahnung des Kurfürsten an die Professoren der halleschen Universität beendet, künftig untereinander in Eintracht zu leben. Kaum war dieser Streit beigelegt, geriet Thomasius anläßlich der Veröffentlichung seiner Dissertation über das Recht evangelischer Fürsten in Mitteldingen [17]), wie schon so oft, in eine heftige Kontroverse mit der Leipziger Orthodoxie [18]). Diese immer wieder entbrennenden Streitigkeiten beschreibt Thomasius ausführlich in der „Summarischen Anzeige und kurtzen Apologie", die als Anhang zum „Recht evangelischer Fürsten in Theologischen Streitigkeiten" [19]) Ende 1696 veröffentlicht wurde. Waren die jeweiligen Anlässe zu diesen wissenschaftlichen Auseinandersetzungen in Leipzig und in Halle auch sehr verschieden, so gipfelten sie stets in dem Vorwurf der Theologen, daß sich Thomasius in ihre, also in theologische Angelegenheiten, gemischt habe. Von ihrem Standpunkt aus betrachtet, waren dieser Vorwurf und die dadurch ausgelöste Kampfstellung gegenüber Thomasius durchaus verständlich. Nur darf man nicht verkennen, daß der damals umfassende Anspruch der Kirchen und der Theologen auf ein entscheidendes Mitspracherecht in fast allen Lebensbereichen im weiteren Verlauf der Entwicklung zwangsläufig zu Kollisionen mit anderen Wissenschaftsdisziplinen führen mußte. Und so war für Thomasius die Berührung mit theologischen Problemen unvermeidlich, wenn er eines seiner wichtigsten Grundanliegen verwirklichen wollte, die juristisch exakte Trennung von Staat und Kirche. Im übrigen hielt er sich nach Luthers Vorbild als Christ durchaus für berechtigt, diese Fragen zu behandeln. In diesem Zusammenhang müssen sicher auch zwei wichtige Dissertationen des folgenden Jahres gesehen werden, die berühmte dissertatio an haeresis sit crimen [20]), gegen die sich ein „Geschrei der Orthodoxen und Ketzermacher" in Leipzig,

---

15) Jakob Böhme in Historia Sapientiae et Stultitiae, Tomus III Halae 1693, c. 6. und Peter Poiret in der erwähnten dissertatio.

16) Bienert, aaO. S. 102; Wolf, Erik, Große Rechtsdenker der deutschen Geistesgeschichte, Tübingen 1963, S. 394.

17) Deutscher Titel aus dem Jahre 1705; der ursprüngliche, lateinische lautet: De iure Principis circa Adiaphora occasione Ordin. Eccl. Ducat. Magdeburg tit. 2 § 1. Verteidigt am 13. 9. 1695 von Enno Rudolf Brenneysen.

18) Einzelheiten, vgl. Lieberwirth, Rolf: Christian Thomasius, sein wissenschaftliches Lebenswerk, Weimar 1955, S. 53 f.

19) Christian Thomasius, Das Recht evangelischer Fürsten in Theologischen Streitigkeiten ... Halle 1696, S. 241 ff.

20) 14. 7. 1697; deutsch: Ob Ketzerey ein strafbares Laster sey? 1705.

Rostock und sogar in Halle erhob[21]), was in zahlreichen Gegenschriften zum Ausdruck kam[22]), und die ergänzende dissertatio de iure Principis circa Haereticos[23]). Sie waren der entscheidende Anlaß, daß auf Betreiben seiner orthodoxen Gegner in Sachsen ein scharfer Oberkonsistorialbefehl (3. 12. 1697) erging, Thomasius' Schriften zu konfiszieren. Die Aufhebung erfolgte durch einen nicht minder scharfen Gegenbefehl des polnisch-sächsischen Königs unter dem 27. 3. 1698[24]), vermutlich auf Grund diplomatischer Vorstellungen Brandenburgs. Diese Arbeiten wurden bisher zu sehr als Vorstufen in seinem literarischen Kampf gegen die Hexenprozesse, als Ergebnis seiner Studien über den kriminalistischen Fragenkreis der Daemonologie angesehen[25]). Diese Auffassung ist m. E. zu sehr von der Tatsache beeinflußt worden, daß in den Anfängen Ketzerei und Hexerei in engstem sachlichen Zusammenhang standen, daß unter Hexerei ein Spezialfall der Ketzerei zu verstehen war. Es wurde nicht beachtet, daß diese Verbindung am Ende des 17. Jahrhunderts schon lange nicht mehr vorhanden war, zumindest im juristischen Bereich, wie aus der Stellung dieser Delikte im System der Territorialgesetzgebung deutlich zu entnehmen ist[26]). Außerdem wird übersehen, daß Thomasius weder in seinen beiden Schriften gegen die Ketzerei das Hexenproblem auch nur mit einem Wort erwähnte, noch in den zurückblickenden Betrachtungen über die Hexenprozesse[27]) auf einen Zusammenhang zwischen Ketzerdissertationen und seinen Schriften gegen die Hexenprozesse hinwies. Seinen Abhandlungen zu beiden Problemkreisen lagen eben völlig verschiedene Motive zugrunde. Es darf allerdings nicht übersehen werden, daß der wissenschaftliche Erfolg, den Thomasius letztlich mit seinen Ketzerdissertationen zu verzeichnen hatte, auch im persönlichen Bereich Wirkungen zeitigte, die ihm später bei der Veröffentlichung der dissertatio de crimine magiae zugute kamen. So sehr seine Schrift „Ob Ketzerey ein strafbares Laster sey?" als ein Angriff gegen die Orthodoxie empfunden und später auch gewertet wurde, so sehr scheint sie für Thomasius auch eine Verteidigungsschrift gewesen zu sein, da — nach eigener Darstellung — seine Gegner zu dieser Zeit bemüht

21) Landsberg, Gesch. d. deutsch. Rechtswissenschaft, 3, I, 86.

22) Lieberwirth, aaO. S. 60.

23) 11. 11. 1697; deutsch: Abhandlung vom Recht evangelischer Fürsten gegen die Ketzer, 1705.

24) Christian Thomasius, Kleine Teutsche Schriften, Halle 1701, Nr. XXII.

25) Wolf, Erik, aaO. S. 396.

26) In der Carolina wurde die Ketzerei aus politischen Erwägungen nicht geregelt, vgl. Ettinger, Ignaz, Zur Lehre von Religionsvergehen, in: Strafrechtliche Abhandlungen, Heft 203, Breslau 1919, S. 33.

27) Einleitung zu Johann Webster, Untersuchung der vermeinten und sogenannten Hexereyen, Halle 1719, vgl. auch Lieberwirth aaO. S. 137 u. 144.

waren, ihn zum Ketzer[28]) oder gar zum Atheisten[29]) zu stempeln. Indem er ihre möglichen Argumente in einer Verteidigung vor aller Öffentlichkeit entschärfte, kam er ihnen zuvor und schuf sich gleichzeitig eine gute Ausgangsposition für seine späteren Schriften gegen die Hexenverfolgung. Bis dahin aber sollten doch einige Jahre vergehen. Noch im Jahre 1699 ordnete er in seinem neuen Ausbildungsplan für Juristen[30]) den Hexenprozeß in der damals üblichen Weise als Sonderform des Inquisitionsprozesses ein, wobei aus der kurzen Textstelle immerhin so viel zu entnehmen ist, daß er die angehenden Juristen darauf aufmerksam machen will, als Richter in Hexensachen sehr vorsichtig zu verfahren. Damit gab er wohl seine persönliche Erfahrung weiter, ließ aber nicht erkennen, wie weit seine eigenen Vorstellungen inzwischen gediehen waren.

Im ersten Jahre des neuen Jahrhunderts legte Christian Thomasius dann das erste und gleichzeitig grundlegende Ergebnis seiner Studien über die Hexenprozesse vor. Am 12. November 1701 ließ er seine berühmte Dissertation „De Crimine Magiae" von dem Respondenten Johannes Reiche verteidigen. Sie gipfelt in der Forderung, alle Hexenprocesse einzustellen, weil die Hexerei nur ein fiktives Verbrechen sei. Seine Argumentation ist dabei äußerst einfach, insbesondere berücksichtigt sie die zeitgemäßen metaphysischen und pneumatischen Auffassungen. Die Existenz des Teufels wird nicht bestritten; er gehört zu den bösen Geistern. Da diese aber in materiellen Dingen keinen Einfluß haben, kann auch der Teufel weder körperliche Gestalt annehmen noch körperliche Bündnisse mit den Hexen eingehen. Geständnisse solcher Art sind entweder das Ergebnis eines Wahns oder der unmenschlichen Folterqualen. Dem modernen Menschen mag die Begründung primitiv erscheinen, aber entscheidend ist ihre Wirkung[31]), und sie war durchschlagend, wie aus dem Weiteren gesehen werden kann. Schon ein Jahr später erschien die erste Übersetzung ins Deutsche unter dem Titel: Kurze Lehrsätze von dem Laster der Zauberey ... übersetzt von einem Liebhaber seiner Muttersprache. Die zweite Übersetzung aus dem Jahre 1704 ist be-

28) Warumb kömpt er nicht anhero, und berathschlaget sich mit seinen alten Freunden, wie sie mich wollen zum Ketzer machen? Warumb disputirt er nicht öffentlich mit mir, und zeiget, daß Thomasius ein so großer Ketzer sey ..., vgl. Christian Thomasius' Programm anläßlich der Disputation de jure principis circa haereticos, in: Außerlesene und in Deutsch noch nie gedruckte Schrifften, I. Theil, Halle 1705, S. 371.

29) Prediger Roth aus Leipzig (früher Halle) gab 1698 eine Schrift unter dem bezeichnenden Titel „Atheistica Thomasiana" heraus.

30) Summarischer Entwurff derer Grund-Lehren, die einem Studioso Juris zu wissen und auff Universitäten zu lernen nöthig, Halle 1699, S. 180.

31) Man sollte aber niemals übersehen, daß bessere und modernere Argumente auch heute noch nicht erreicht haben, den Hexenglauben überall zu beseitigen.

kannt unter dem Titel: Kurtze Lehrsätze von dem Laster der Zauberey. Nach dem wahren Verstande des Lateinischen Exemplars ins Deutsch übersetzt. Verfasser ist vermutlich der Respondent Johannes Reiche, der diese Übersetzung im Rahmen seines Sammelbandes mit verschiedenen weiteren Schriften über das Hexenwesen und einigen Prozeßakten herausgab[32]). Eine weitere deutsche Übersetzung der Dissertation „De Crimine Magiae" wurde 1775 in Augsburg herausgegeben, und zwar in Einzingers von Einzing „Daemonologie oder systematische Abhandlung von der Natur und Macht des Teufels ... nebst Chr. Thomasii Gelehrter Streitschrift von dem Verbrechen der Zauber- und Hexerey". Um eventuellen Einwendungen gegen seine Dissertation zuvorzukommen, gab Thomasius im zweiten Abschnitt seines Programmes „Erinnerung wegen seiner künftigen Winter-Lektionen, so nach Michaelis dieses 1702. Jahres ihren Anfang nehmen werden"[33]), noch einige Erläuterungen zum Problemkreis Teufelsbündnis und Schadenszauber. Auf Entgegnungen war Thomasius also vorbereitet, ja, er mußte nach dem bisherigen Problemstand unbedingt damit rechnen[34]), so daß seine eigene Einschätzung doch zu harmlos klingt, wenn er ein Viertel Jahrhundert später erklärt, daß die Wirkung seiner Schrift größer war, als er dachte[35]). 1703 erschienen zuerst zwei anonyme Gegenschriften zur dissertatio de crimine magiae[36]) und eine zu seinem Programm „Erinnerung wegen seiner künftigen Winterlektionen[37]). Letztere hatte jedoch zum überwiegenden Teile einen ganz

---

32) Lieberwirth, aaO. S. 83.

33) Lieberwirth, aaO. S. 80, Text: Anhang I.

34) Hieronymus a sancta fide (d. i. Gundling, Nicolaus), Gründliche Abfertigung der unparteyischen Gedanken eines ungenandten Auctors, die er von der Lehre de crimine magiae des hochberühmten Herrn Christiani Thomasii, neulichst herausgegeben; Franckfurt 1703, S. 1: Wannenhero nichts neues, daß zu unsern Zeiten wegen der Disputation de Crimine Magiae so schrecklich lermen geblasen worden, daß Creti und Pleti dadurch in Harnisch gebracht ist.

35) Vorrede zu Websters Untersuchung der vermeinten und so genannten Hexereyen, Halle 1718, S. 1, ebenso in der Vorrede zu Hutchinsons Historischem Versuch von der Hexerey, Leipzig 1726.

36) Unparteyische Gedanken über die kurtzen Lehrsätze von dem Laster der Zauberey, welche der berühmte JCtus D. Christ. Thomasius, damals in einer Inauguraldisputation defendiret etc. Kurtz gefasset und zum Druck befördert von einem Membro des Collegii Curiosorum in Deutschland (der Verfasser ist inzwischen anhand Holzmann-Bohatta, Deutsches Anonymen-Lexikon, Weimar 1902 ff. ermittelt = Elias Camerarius) und Schediasma Polemicum expendens quaestionum, an dentur spectra, magi et sagae? Hauptsächlich wider den Hrn. Thomasium gerichtet von Carolus Fridericus Romanus.

37) Nothwendige Gewissensrüge an den Hallischen Prof. Juris Herrn D. Christian Thomasium, Wegen seines abermahligen Unfugs, So er im neulichsten teutschen Pro-

andern Sachbezug. Aus der damit eröffneten Kontroverse sind folgende beachtenswerte Feststellungen zu entnehmen: Erstens, Thomasius' umwälzende Gedanken über die Hexenprozesse fanden nur außerhalb des brandenburg-preußischen Territoriums eine scharfe Entgegnung. Dabei überrascht, daß im wesentlichen Protestantische Gegner, die Vertreter der lutherischen Orthodoxie Norddeutschlands und Sachsens, die Feder führten und sich nicht scheuten, die Polemik sogar in die Liturgie hineinzutragen, wie es am dritten Osterlage 1703 in der Nicolai-Kirche zu Leipzig geschah [38]). In Brandenburg-Preußen erschienen keine unmittelbaren Gegenschriften. Die Reaktion mag hier untergründiger gewesen sein. Nicht einmal die theologische Fakultät in Halle, die sich durch mehrere Kapitel des Programms über die Winterlektionen auf das Heftigste angegriffen fühlte und durch eine Beschwerde beim Oberkonsistorium erreichte, daß Thomasius am 27. 10. 1702 bei Strafe der Absetzung verboten wurde, in seinen Vorlesungen theologische Angelegenheiten zu behandeln [39]), nutzte die durch das fast gleichzeitige Erscheinen der dissertatio de crimine magiae gegebene Gelegenheit, den unbequemen Gegner zu Fall zu bringen. Wohl warf sie Thomasius bei dieser Gelegenheit vor, contra certitudinem magiae geschrieben und Disputationen zugelassen zu haben, aber einen direkten Angriff führte sie deswegen nicht. Das war aus zwei Gründen auch nicht möglich. Einmal stand es den Pietisten schlecht an, ihren ehemaligen Anwalt, den „Advokaten der Pietisten" völlig fallen zu lassen, zum anderen konnte man den Vorwurf, daß sich Thomasius in theologische Angelegenheiten eingemischt habe, nicht mit einem Eingriff in juristische Probleme beantworten. Im übrigen war der jeweilige Standpunkt des preußischen Königs für beide Seiten eine nie vorauszusehende Größe. So blieb es im wesentlichen bei einer mehr beleidigenden als sachlichen „Nothwendigen Gewissensrüge", die — wie sich bald herausstellte — der Theologe Joachim Lange 1702 an Christian Thomasius richtete. Sie wird ein Jahr später von einem „Freund der Wahrheit", also anonym, in der häufig angewandten Form beantwortet, daß sie mit widerlegenden Anmerkungen ver-

---

gramm etc. seiner künfftigen Winter-Lektionen, angerichtet, nach der Wahrheit und Liebe ohne Schmähungen angestellt, Von einem Diener des Göttlichen Worts in der Mark Brandenburg.

38) In der Liturgie wurde folgende Arie gesungen:

Die Jünger sind nicht Thomas Art
Zu zweifeln: Obs Gespenster gäbe,
Wenn andre mehr der Jünger Geist bekämen
Ich zweiffle, daß so viel Theil am neuen Irrthum nähmen.

Vgl. „Texte zur Leipziger Kirchenmusic, Auff die Heiligen Oster-Feyertage 1703". Gedruckt bei Immanuel Tietzen.

39) Deutsches Zentralarchiv — Außenstelle Merseburg — R 52 n 159 N 10.

sehen, erneut herausgegeben wird[40]). Es mag unentschieden bleiben, ob der Herausgeber Thomasius selber war, der auf Grund des erwähnten Verbots noch sehr vorsichtig sein mußte, oder wirklich ein „Freund der Wahrheit", wie es im Titel heißt. Auf jeden Fall wird deutlich, daß Thomasius — und das ist die zweite Feststellung — eine Reihe von Freunden besaß, die bereit waren, literarisch für ihn einzutreten, wenn auch zunächst noch ohne Namensnennung, was immerhin als ein Beweis dafür anzusehen ist, daß Thomasius' Unterfangen keineswegs ungefährlich war, wie es dem flüchtigen Betrachter erscheinen mag. So antwortete sein Schüler und späterer Fakultätskollege Nikolaus Hieronymus Gundling unter dem Pseudonym Hieronymus a sancta Fide auf eine der Gegenschriften zu den „Lehrsätzen vom Laster der Zauberey"[41]). Johannes Reiche, der Respondent seiner Dissertation, gab 1703/04 nochmals Schriften gegen die Hexenprozesse heraus[42]). Ein weiterer Schüler, Jacob Brunnemann, der Neffe des berühmten Rechtsgelehrten Johann Brunnemann, trat 1708 unter dem Pseudonym Aloysius Charitini[43]) dem Pfarrer Peter Goldschmid aus Schleswig-Holstein entgegen, der Thomasius 1705 in einer Schrift[44]) auf das Gröbste angegriffen hatte[45]). Wie sehr Thomasius' Gedanken der gesamten Juristenfakultät zu eigen waren, beweist die Tatsache, daß der Fakultätskollege Heinrich Bode (Henricus Bodinus) etwa 3 Wochen vorher eine Disputatio inauguralis mit ähnlicher Zielrichtung

---

40) Lieberwirth, aaO. S. 81.

41) Gründliche Abfertigung der unparteyischen Gedanken eines ungenandten Auctoris, die er von der Lehre de Crimine Magiae des hochberühmten Herrn Dr. Christian Thomasii neulichst herausgegeben, Frankfurt/M. 1703.

42) Unterschiedliche Schriften vom Unfug des Hexenprozesses (2 Bde).

43) Discours von betrüglichen Kennzeichen der Zauberey ... nebst einer Historischen Anleitung von dem Zustande des Hexen-Processes vor und nach der Reformation, 1708; später 1727 mit Namensnennung.

44) Verworffener Hexen- und Zauberadvokat, 1705.

45) Auf ein im gleichen Jahr gegen ihn gerichtetes Gedicht verweist Thomasius selber (Jurist. Händel IV, 205):

Ein längst verlohrner Sohn, der alles Gut verprasset,
  Was an Religion, an Ehr, und Nahmen ist,
Der hasset, was man liebt und liebet, was man hasset,
  Der Hohn für Wasser säufft und Spott für Träbern frisst,
Lacht alle Lehren aus, dreht und verkehrt die Bibel,
Ist wohl ein Ismael und rechtes Kirchen-Übel,
Gespenster glaubt er nicht, auch keinen Bund der Hexen!
  Welch Atheistisch Gifft, das er hierunter hegt!
Er ist ein Höllen-Huhn, das itzo erst will käcksen,
Biß daß es nach und nach die Eyer hingelegt,
Den Sadducäer Geist von neuen auszubrüten,
Ach dafür woll uns doch der liebe Gott behüten!

verteidigen ließ: de fallacibus indiciis magiae[46]). Hier muß sich nun zwangsläufig die Frage stellen, warum das Verdienst, den entscheidenden Anstoß für die Abschaffung der Hexenprocesse gegeben zu haben, Christian Thomasius gebührt und nicht im gleichen Umfange seinen Vorgängern, einschließlich seiner Zeitgenossen. Dazu muß zunächst grundsätzlich festgestellt werden, daß sich alle, die gegen die Hexenprozesse aufgetreten sind, in einem Maße verdient gemacht haben, das kaum richtig gewürdigt werden kann. Thomasius stand mit in der Reihe der Hexenprozeßgegner und empfand es auch so. Es kann also nur zu ergründen versucht werden, warum ihm der Erfolg beschieden war. Sehr häufig wird in diesem Zusammenhang die Auffassung vertreten, daß vorher die Zeit für grundlegende Veränderungen noch nicht reif gewesen wäre. Das ist sicher eine nicht zu übersehende Tatsache; sie allein kann aber nicht ausschlaggebend gewesen sein, wenn man bedenkt, daß z. B. die Schriften von Balthasar Bekker[47]) und von Heinrich Bode[48]) kaum zehn Jahre bzw. nur wenige Wochen vor der dissertatio de crimine magiae veröffentlicht wurden und entweder keine, wie bei Bode, oder ganz andere Wirkungen zeitigten[49]). Es müssen daher auch vom Inhalt her entscheidende Unterschiede vorhanden gewesen sein, um solch verschiedenartige Reaktionen hervorzurufen. Vergleicht man daraufhin beispielsweise Friedrich von Spees Cautio criminalis und die beiden eben genannten Arbeiten mit Thomasius' Lehrsätzen vom Laster der Zauberei und Hexerei, so ist zunächst festzuhalten, daß Thomasius und sein Fakultätskollege Bode in der Cautio criminalis ihre entscheidende Vorlage sahen, und daß ihnen ferner auch Bekkers Schrift bekannt war. Wie Spee prangerten Thomasius und Bode die Betrüglichkeiten und die Ungerechtigkeiten des Hexenprozesses an. Von Einzelheiten abgesehen, bewegten sie sich also grundsätzlich mit Spee auf einer Ebene. Angriffspunkt war das Verfahren in Hexensachen. Doch Thomasius blieb hier nicht stehen wie seine Vorgänger Spee und Bode, sondern brachte neben dem Verfahren auch ein wesentliches Tatbestandsmerkmal der Hexerei und Zauberei, den Teufelspakt, ins Wanken, indem er dem Teufel jeden Einfluß in materiellen Dingen absprach. Diesen oder einen ähnlichen Weg sah möglicherweise schon Spee vor Augen, wagte ihn aber zu seiner Zeit noch nicht zu beschreiten[50]). Immerhin könnten einige seiner Formulierungen so gedeutet werden. Ob Thomasius davon allein schon zu seinen neuen Überlegungen angeregt wurde, läßt sich mit Sicherheit nicht mehr feststellen. Unzweifelhaft ist es dagegen, daß sich

46) Respondent: Felix Martin Brähm; Verteidigung: 20. 10. 1701.
47) De betooverde Wereld, Amsterdam 1691/93.
48) Vgl. Anm. 2 von S. 13.
49) Bekker wurde z. B. seines Amtes enthoben und mußte fliehen.
50) Zwetsloot, aaO. S. 272 ff.

Thomasius auch gründlich mit den Anschauungen Balthasars Bekkers beschäftigt hatte, der den Teufelsglauben aus theologischen Gründen in cartesianischem Geiste bekämpfte und damit die theologische Welt in Aufregung versetzte[51]). Diese Gedanken übernahm Thomasius für seine juristische Beweisführung und erschütterte auf diese Weise das Fundament der Hexenprozesse stärker als bisher. Ungerechtigkeiten beim Verfahren gegen eines der schlimmsten Verbrechen konnte man zur Not noch in Kauf nehmen, erhebliche Zweifel an der Grundlage des Verbrechens konnten aber nicht mehr unbeachtet bleiben. Hierin unterschied sich Thomasius also wesentlich von seinen Vorgängern. Sein Unterfangen war auch zu seiner Zeit noch nicht ungefährlich, wie an Balthasar Bekkers Schicksal zu ersehen ist, aber er war nicht ganz auf sich gestellt wie seine Vorgänger, sondern wurde von einer Reihe von Freunden und Gesinnungsgenossen an der Universität bis hinauf zum Berliner Hof verstanden und unterstützt. Daß sie sogar literarisch für ihn eintraten, insbesondere zur Abwehr der sehr bald erschienenen Gegenschriften, erhöhte einerseits die Wirkung seiner dissertatio de crimine magiae und gab ihm andererseits Gelegenheit, in Ruhe die nächsten Schritte zu planen. Ein weiterer nicht zu unterschätzender Vorteil war es, daß der sich in seiner jungen Würde sonnende König in Preußen in Thomasius' Kampfschrift gegen die Hexenprozesse kein so bedeutsames Politikum sah, das ein Einschreiten gegen ihn gerechtfertigt hätte. Ähnlich muß die Stimmung in Kursachsen gewesen sein, sonst wären doch ab 1705 keine ernsthaften und für Thomasius äußerst ehrenvolle Rückberufungsverhandlungen nach Leipzig eingeleitet worden[52]). Das geschah immerhin zu einem Zeitpunkt, als die literarischen Auseinandersetzungen über Thomasius' Schrift auf ihrem Höhepunkt standen und als Thomasius in einer nicht minder berühmten Dissertation[53]) das wichtigste Instrument der Hexenprozesse, die Folter im Gerichtsverfahren, anprangerte und sie beseitigt wissen wollte. Von obrigkeitswegen geschah also nichts, was seine persönliche Sicherheit hätte gefährden können, aber auch noch nichts, um die Hexenprozesse zu beenden. So gingen die Auseinandersetzungen weiter, wurden aber ausschließlich im wissenschaftlichen Bereich geführt. Den verschiedensten Schriften zur Verteidigung der Hexenprozesse begegnete Thomasius zunächst mit Neuauflagen der dissertatio de crimine magiae[54]). Das allein genügte ihm noch nicht, weil er damit weder seine persönlichen noch die sachlichen Gegner in der not-

---

51) Zwetsloot, aaO. S. 291, 298 f.

52) Lieberwirth, Rolf: Christian Thomasius' Verhältnis zur Universität Leipzig, in: Karl-Marx-Universität 1409—1959, Bd. 1, Leipzig 1959, S. 87 f.

53) De tortura ex foris Christianorum proscribenda, Halae 1705; im Jahre 1740 wurde in Preußen die Folter auf Befehl Friedrichs II. abgeschafft.

54) 1703, 1704, 1706, 1717, 1722, nach seinem Tode (1728) 1730, 1739, 1753.

wendigen Weise überzeugen konnte. Dieser Situation suchte Thomasius mit zwei Mitteln zu begegnen: mit einer historischen Untersuchung über den Ursprung der Anschauungen von Teufelspakt und Teufelsbuhlschaft und mit deutschen Übersetzungen von englischen Werken gegen das Hexenwesen. Mit beiden Vorhaben war er auf Jahre hinaus beschäftigt.

Der Gedanke, dem Ursprung des zu seiner Zeit herrschenden Glaubens an Teufelspakt und -buhlschaft nachzugehen, kam Thomasius schon wenige Jahre nach Veröffentlichung seiner Dissertation de crimine magiae beim Studium von Textstellen des kanonischen Rechts, und zwar beim Lesen einiger Papstbriefe „ex septimo Decretalium“ [55]). Dort wurde über den Pakt zwischen Teufel und Hexen und ähnliche Fragen in einer Weise geschrieben, als ob es sich um eine völlig neue Erkenntnis handele. Thomasius erkannte sofort die Bedeutung seines Fundes, wie aus einer rückblickenden Überlegung in späteren Jahren [56]) hervorgeht: so giengen mir doch bey ... Durchlesung der ... Päbstlichen Briefe ex septimo Decretalium, so zu sagen die Augen deutlicher auf, daß ich erkandte, wie ich bey Abhandlung der Materie de origine et progressu noch hin und wieder in der Disputation gleichsam im Finstern getappt, nunmehr aber deutlich sahe, daß der Teufel, der mit den Hexen Pacta machte, und bey ihnen schlieffe, oder sie auf den Blockers-Berg hohlete, nicht älter seyn könne, als die Päbstischen Constitutiones in besagtem Titel; ich fand auch, daß ie mehr ich deßwegen nachschlug, ie mehr ich in dieser meinen Meynung bekräfftiget wurde. Nicht desto weniger war die Sache nicht so leichte, diese Erkänntniß auch andern, sonderlich denen, welchen man von Jugend auf viel Mährgen von denen Hexen erzehlet, und ihre erste Gedancken damit eingenommen, beyzubringen, sondern es wäre für diese nöthig, daß ich so viel möglich von Seculo zu Seculo untersuchte, bey was für Gelegenheit, und aus was für Intention diese Fabeln erst von eintzeln Personen erfunden, wie selbige fortgepflanzet, und wie sie endlich durch die Päpstlichen Constitutiones canonisiret und gleichsam zu Glaubens-Artickeln gemachet worden, auch wie es geschehen, daß nach der Reformation, sonderlich bey denen Lutheranern, und unter den Juristen, sonderlich bey denen Sächsischen ICtis, diese einmahl eingewurtzelte Meynung sich so veste gesetzet, daß man sich nicht verwundern muß, wenn dieselben auch bißhero der Wahrheit am längsten widersprochen.

---

55) Gemeint ist der Liber septimus des Petrus Matthäus, welcher der Corpus-iuris-canonici-Ausgabe des Paul Lancelott angehängt ist, und zwar Lib. V, tit. XII de maleficis et incantatoribus, der diesbezügliche Äußerungen der Päpste Alexander VI., Sixtus IV., Hadrian VI., Innozenz VIII. und Leo X. enthält.

56) Vgl. Vorrede zu Webster aaO. S. 18.

Da die Realisierung dieses Planes mit erheblichem Quellenstudium verbunden war, gingen die Arbeiten nur langsam voran, zumal verschiedene zusätzliche Pflichten und Verhandlungen, z. B. das Prorektorat 1708/09, erneute Berufungsverhandlungen mit dem sächsischen Hof 1709[57]) und das Direktorat seit 1710 (nach Stryks Tod), den Abschluß verzögerten. So erschien seine zweite wichtige Dissertation gegen die Hexenprozesse erst im April 1712 unter dem Titel: de origine ac progressu processus inquisitorii contra sagas[58]). Sie genügt sicher nicht den Ansprüchen moderner, historischer Forschungsmethoden; sie war aber für die damalige Zeit so beweiskräftig, daß sie keine wissenschaftliche Entgegnung fand. Allerdings wäre die Annahme verfehlt, daß Thomasius damit seine Gegner nun endgültig zum Schweigen gebracht hätte. Auch er war sich darüber völlig im klaren. Deshalb versuchte er noch auf eine andere Weise, die gewonnenen Erkenntnisse über Hexerei und Zauberei zu erhärten, indem er gleichgesinnte ausländische Autoren zu Worte kommen ließ, die zu ähnlichen Ergebnissen gekommen waren wie er. Dieser Gedanke kam ihm kurz nach der Verteidigung der Dissertation de crimine magiae. Zu diesem Zeitpunkt fiel ihm die deutsche Übersetzung des englischen Traktates Sadducismus Triumphatus von Joseph Glanvil[59]) in die Hände, worin ein eindeutiger Beweis für die Existenz von Hexen, Geistern und Gespenstererscheinungen geliefert werden sollte. Wegen der schlechten Übersetzung blieb Thomasius manches unklar, insbesondere ging ihm daraus nicht deutlich genug hervor, welche Anschauungen der häufig zitierte Johann Webster in seinem Werk „The Displaying of supposed witchcraft“[60]) vertrat. Deshalb bemühte er sich um diese Schrift, was ihm schließlich unter Schwierigkeiten auch gelang, wobei ihm ein hallischer Theologe, dessen Namen er aus Sicherheitsgründen nicht preisgab, behilflich war. Mit Unterstützung eines in Halle studierenden Engländers arbeitete er dann den Text durch und stellte bald fest, daß er mit Webster im Grundanliegen übereinstimmte. Er beschloß nun, auf die zahlreichen Gegenschriften zu seiner dissertatio de crimine magiae nicht direkt zu antworten, sondern seinen Gegnern durch Übersetzung von Websters Schrift „die Ruthe, gleichsam von ferne (zu zeigen), mit der (er) sie züchtigen

57) Lieberwirth, Thomasius' Leipziger Streitigkeiten, S. 89 ff.

58) Verteidigung am 30. 4. 1712 durch den Respondenten Johann Paul Ipsen; deutscher Titel: Vom Ursprung und Fortgang des Inquisition-Processes wider die Hexen.

59) Sadducismus Triumphatus, London 1681, deutsche Übersetzung: Sadducismus triumphans (!) oder Vollkommener und klarer Beweiß von Hexen und Gespenstern oder Geister-Erscheinungen, Hamburg 1701.

60) London 1673, 1697.

könnte"[61]). Thomasius mußte aber noch längere Zeit nach einem geeigneten Übersetzer suchen, bis er ihn schließlich in dem Medizinstudenten Christian Weißbach fand, der schon die Questions of Witchcraft debated von John Wagstaff ins Deutsche[62]) übertragen hatte und nun auch die neue Übersetzung nebenbei in längerer Arbeitszeit vollendete. Da sich zunächst kein Verleger fand, der Weißbach entsprechend zu honorieren gedachte, letzterer jedoch nach vollzogener Promotion zum Doktor medicinae in seine Heimat zurückkehren wollte, sah sich Thomasius gezwungen, die Kosten selber zu übernehmen. Erst als ein Exzerpt jener Schrift im 15. Stück von Thomasius' Summarischen Nachrichten[63]) erschien, fand sich endlich auch ein Verleger, der die deutsche Ausgabe zu Websters Werk veröffentlichen wollte. So konnte Thomasius seinen Plan erst 1719, nach 18 Jahren also, verwirklichen. Noch im gleichen Jahre erschien die anonyme[64]) Gegenschrift „Kurtze Untersuchung von Kobold"[65]), die Thomasius im Rahmen seiner Vorrede zum ersten Teil der Juristischen Händel[66]) als ein Werk charakterisierte, „das (ihm) zwar nach dem Hertzen zielte, aber zu seinem Unglück den Absatz an Schuhe getroffen hatte". Thomasius wollte darauf auch nicht weiter antworten, weil schon, wie er in der Vorrede zu einem weiteren englischen Hexentraktat[67]) ausführte, ein „guter Freund ohne (sein) Geheiß den Kobold verjagt" hätte, und zwar durch eine „Gründliche Beantwortung der unter dem Nahmen eines nach Engelland reisenden Passagiers unlängst heraus gekomme-

61) Vorrede zu Webster, S. 25.

62) Wagstaff, John: Gründlich ausgeführte Materie von Hexerey, oder die Meynung derjenigen, so da glauben, daß es Hexen gebe, deutlich widerlegt ... Halle 1711.

63) Christian Thomasius: Summarischer Nachrichten von auserlesenen, mehrentheils alten, in der Thomasischen Bibliotheque vorhandenen Büchern. 15.-23. Stück, Halle und Leipzig 1717.

64) Der Autor hieß Hoffmann, wie aus Holzmann-Bohatta, Deutsches Anonymen-Lexikon, Weimar 1902 ff., zu entnehmen ist.

65) Kurtze Untersuchung von Kobold, in so ferne gewisse Phaenomena unter diesem Nahmen dem Teuffel zugeschrieben werden, auf Veranlassung einer besonderen Begebenheit, wobey überhaupt von denen sichtbaren Würckungen des Teuffels in und durch die natürlichen Cörper, auch hiernechst gezeiget wird, wie der Herr Autor deren Lehr-Sätze von dem Laster der Zauberey etliche hieher gehörige Schrifft-Stellen zur Ungebühr verachtet, und überdies seine gantze Meynung de Pacto auf unbündige Paralogismos gegründet, von einem nach Engelland reisenden Passagier, Rotterdam 1719.

66) AaO. S. 7.

67) Vorrede zu Johann Beaumont Historisch-Physiologisch — und Theologischer Tractat von Geistern, Erscheinungen, Hexereyen und andern Zauber-Händeln ... S. 1; vgl. Lieberwirth, Thomasius' wissenschaftliches Lebenswerk S. 137.

nen Untersuchung von Kobold[68]). Eine zweite Verteidigungsschrift für Thomasius erschien unter dem Pseudonym Gottfried Wahrlieb[69]). Dem Verfasser verdankte Thomasius gleichzeitig den Hinweis auf Hutchinson, einen weiteren englischen Autoren, der gegen das Hexenwesen aufgetreten war[70]). Auch zu diesem Werk veranlaßte Thomasius eine deutsche Ausgabe und versah sie mit einer Vorrede[71]), die wie alle anderen nicht besonders tiefgründig und bei weitem auch nicht so wirkungsvoll war wie seine beiden Dissertationen. Immerhin geben die Vorreden zu den Hexentraktaten einen Einblick in den Problemstand sowie in seine Pläne und deren Durchführung, und sie sind schließlich auch ein Beweis dafür, daß Thomasius sich bis zu seinem Lebensende ständig mit Hexenfragen beschäftigt hat. Wenn gegen die von Thomasius veranlaßten deutschen Ausgaben englischer Hexentraktate erneut wieder polemisiert wurde, so konnte das Thomasius kaum noch berühren, da inzwischen in der Praxis eine bedeutsame Entscheidung gefallen war. Am 13. Dezember 1714 sah sich der König in Preußen, Friedrich Wilhelm I., zu einem Edikt[72]) veranlaßt, das praktisch die Beendigung der Hexenprozesse in Preußen einleitete; denn von diesem Zeitpunkt an mußte jede Entscheidung in Hexensachen vom König bestätigt werden. Von hier bis zur endgültigen Beseitigung der Hexenprozesse bedurfte es nur noch eines kleinen Schrittes. In diesem Zusammenhang muß allerdings darauf hingewiesen werden, daß Zwetsloot[73]) ein Irrtum unterlaufen ist, wenn er den preußischen Rat Hermann Adolf Meinders als Schüler und erfolgreichsten Mitkämpfer von Thomasius bezeichnet und in ihm eine der Hauptfiguren[74]) in den Vorverhandlungen zum Edikt sehen will. Meinders (1665—1730) war weder Schüler von

---

68) Der Titel ist wie folgt zu ergänzen: ... darinnen die falschen Auflagen, mit welchen derselbe so wohl den Hrn. Geheimb. Rath Thomasius als Johann Webstern ohne allen Grund zu diffamiren gesucht, deutlich entdecket, wie auch die Thomasischen Lehr-Sätze von Laster der Zauberey wieder dessen ungegründete Einwürffe zulänglich behauptet werden. Amsterdam 1720. Verfasser war Johann Christoph Franck.

69) Deutliche Vorstellung der Wichtigkeit derer vermeynten Hexereyen und des Hexenprocesses, nebst einer Vertheidigung des Herrn Geh. Rates Thomasii und Johann Websters, Amsterdam (= Halle) 1720.

70) Francis Hutchinson: An historical essay concerning Witchcraft. London 1718.

71) Francisci Hutchinsons Historischer Versuch von der Hexerey. Nebst einer Vorrede des Herrn Geheimden Raths Thomasii, Halle 1726; Entwurf der Vorrede und Thomasius' Briefwechsel mit dem Verleger Wiener in Leipzig vom 24. 11. 1725 befinden sich in der UB. Gießen, Hs. 131 Fol.

72) Edict wegen Abstellung der Mißbräuche bey denen Hexen-Processen de dato Berlin den 13. Decembr. 1714.

73) AaO. S. 302.

74) Möglicherweise liegt hier eine Verwechslung mit einem der einflußreichsten Räte des Großen Kurfürsten, Franz Meinders von Ravensberg (1630—1695), vor.

Thomasius noch am preußischen Hof tätig. Er studierte im wesentlichen in Marburg, Straßburg und Leyden[75]), so daß er mit großer Wahrscheinlichkeit Thomasius nicht einmal persönlich kannte. Im übrigen war er Richter, Gograf der Vogtei Halle im Amt Ravensberg und nahm in dieser Eigenschaft zu den Hexenprozessen Stellung[76]), wozu Theoretiker wie Praktiker im Edikt ausdrücklich[77]) aufgefordert waren. Meinders weist sich in seiner Schrift als konsequenter Verfechter von Thomasius' Thesen aus, so daß er insofern zurecht als Mitkämpfer von Thomasius bezeichnet werden kann.

Die Hexenprozesse waren zwar noch nicht endgültig abgeschafft worden, aber das konnte in Preußen nur eine Frage der Zeit sein. Der weiteren Entwicklung konnte Thomasius nunmehr ruhig entgegensehen. Hatten allein schon seine wissenschaftlichen Arbeiten so viel Überzeugungskraft, daß sie in verhältnismäßig kurzer Zeit zu einer Überprüfung und Änderung der Gerichtspraxis in Preußen anregten, so mußte sein pädagogisches Wirken auf eine Juristen-Generation, die sehr bald verantwortlich in der preußischen Staatsverwaltung und in den Gerichten tätig sein würde, umso nachhaltiger sein. Thomasius' Schüler, von denen die ältesten im Zusammenhang mit dem Hexenprozeß schon literarisch für ihn eintraten[78]), wurde in den verschiedensten Vorlesungen immer wieder und sehr eindringlich mit diesem Problem konfrontiert, wie aus der „Erinnerung wegen seiner künfftigen Winter-Lektionen“[79]), aus den „Cautelae circa Praecognita Jurisprudentiae in usum auditorii Thomasiani“[80]), aus den „Cautelae circa Praecognita Jurisprudentiae Ecclesiasticae in usum auditorii Thomasiani[81]) und aus

75) Kurze Biographie bei Jöcher, Gelehrten-Lexikon, Bd. IV., Bremen 1813, Sp. 1236 ff.

76) Hermann Adolf Meinders: Unvorgreiffliche Gedancken und Monita, wie ohne blinden Eyfer und Übereilung mit denen Hexen-Processen und der Inquisition wegen der Zauberey, an Seiten des Richters so wol als des Königlichen Fiscalis und Defensoris in denen königl. Preussischen und Cuhrfürstlichen Brandenburgischen Landen ohnmaßgeblich zu verfahren ... Lemgo 1716.

77) ... Wir befehlen auch Unseren Collegiis, vor welche dergleichen Criminal-Fälle kommen, wie auch Unseren Facultäten und Schöppen-Stühlen hiermit doch gnädigst doch ernstlich, daß Sie ihre Gedancken, wegen guter Einrichtung dieses Processes, zusammen tragen, und darüber gewisse unvorgreifliche Monita nebst ihren pflichtmässigen Gutachten fördersamst ... (Text des Edikts bei Meinders, aaO. S. 98 ff.)

78) Vgl. S. 22.

79) Vgl. S. 20.

80) Halae 1710, C. 12, §§ 65 ff; deutsch: Höchstnöthige Cautelen welche ein Studiosus Juris, der sich zur Erlernung der Rechts-Gelahrtheit auff eine kluge und geschickte Weise vorbereiten will, zu beachten hat, Halle 1713.

81) Halae 1712, C. 16 am Ende; deutsch: Höchstnöthige Cautelen welche ein Studiosus Juris, der sich zur Erlernung der Kirchenrechtsgelahrtheit auff eine kluge und geschickte Weise vorbereiten will, zu beachten hat, Halle 1713.

den Noten zu Paul Lancelotts Institutiones Iuris Canonici[82]), die er seinen Vorlesungen zugrunde legte, hervorgeht. Dieser ständige persönliche Einfluß, verbunden mit dem äußerlich sichtbaren Erfolg, konnte an den Studenten nicht spurlos vorübergehen. Selbst wenn von obrigkeitswegen kein Eingriff in die bestehende Praxis vorgenommen worden wäre, hätte die Erziehung im Thomasianischen Geiste mit hoher Wahrscheinlichkeit ebenfalls zur Folge gehabt, daß über seine Schüler eine Änderung oder Abschaffung der Hexenprozesse erreicht worden wäre. Auch hierin unterscheidet sich Thomasius von seinen Vorgängern. Er hatte zwar den, allerdings nicht voraussehbaren Vorteil, daß seine Kampfschrift gegen die Hexenprozesse bei den offiziellen Stellen seines Landes keinen Anstoß erregte; er hatte aber auch die Möglichkeit, seine Gedanken in seine Schüler hineinzutragen. Und das nutzte er in hervorragendem Maße, sodaß seine Gedanken letztlich sehr schnell über den akademischen Bereich hinaus wirkten. Nichts beweist das mehr als die Tatsache, daß schon 21 Jahre nach seiner dissertatio de crimine magiae, in seinem Todesjahr 1728 die letzte Hexe in Preußen verbrannt wurde.

Thomasius gebührt nach allem mit Recht das Verdienst, entscheidend zur Abschaffung der unseligen Hexenprozesse beigetragen zu haben. Daß sein Unterfangen, trotz mancher glücklichen Umstände, nicht ungefährlich war und zu seiner Zeit auch hohe Anerkennung fand, das soll und kann nur ein Zeitgenosse, in diesem Fall der Übersetzer seines ersten englischen Hexentraktats, der Mediziner Christian Weißbach, bezeugen:

> Ob nun gleich durch die Reformation des seeligen Lutheri dem Aberglauben in vielen Stücken grosser Abbruch geschehen; so hat doch die Aristotelische Grillen-Philosophie und mithin der Aberglaube von der Hexerey Eurer Excellenz zum Auffreiben übrig bleiben müssen. Zwey greuliche Bestien, zu derer Kränkung keinen tapferern Hercules als eben Eure Excellenz finden können ... Und sollten nun ja wohl einmahlen der Welt und insonderheit unserm Teutschland die Augen aufgehen, daß es erkennete, was es an Eurer Excellenz für einen theuren Schatz besitzet ...[83]).

---

82) Joh. Pauli Lancelotti Institutiones Juris Canonici, cum notis variorum, praecipue arcana dominationis Papalis, Episcopalis et Clericalis in Ecclesia Romana detegentibus. Halae 1717.

83) G. C. Horst: Zauber-Bibliothek, 2. Teil, Mainz 1821, S. 436 f.

THESES INAUGURALES,

DE

Crimine Magiae

Qvas

RECTORE MAGNIFICENTISSIMO

SERENISSIMO PRINCIPE AC DOMINO

DOMINO

FRIEDERICO WILHELMO,

SCEPTRI BORUSSICI et BRANDENBUR-

GICI HEREDE ETC. ETC.

IN ACADEMIA REGIA FRIEDERICIANA,

Ex decreto Illustris Facultatis Iuridicae

PRAESIDE

D. CHRISTIANO THOMASIO,

JCTO, S. REG, MAJ. BORUSS, CONSIL. & PROF.

PUBL. & h. t. DECANO

PRO LICENTIA

Summos in utroque jure honores & DOCTORALIA

Privilegia legitime consequendi,

IN AUDITORIO MAJORI,

HORIS ANTE – ET POMERIDIANIS

SOLEMNI ERUDITORUM DISQUISITIONI SUBMITTIT

M. JOHANNES Reiche/Ampliss.

Ordinis Philosophici Adjunctus,

ad D. 12. Novembr. MDCCI.

HALAE MAGDEBURGICAE

Litteris CHRISTOPH. SALFELDII, REGIMIN. REG. BORUSS. TYPOG.

Herrn

D. Christian Thomasii

Königl. Preuss. Raths und Prof. Publ.

in Halle

Kurtze Lehr-Sätze

von dem Laster

Der

Zauberey/

Nach dem wahren Verstande des Lateinischen

Exemplars ins Deutsche übersetzet/

von

Johann Reichen/

beyder Rechten Licent.

Halle im Magdeburgischen/

zu finden im Rengerschen Buchladen/

Anno MDCCIV.

§ I
Introitus.

De Magiae crimine dum meditor, an tale thema sit, quod post tot tractatus Scriptorum qua Pontificiorum quà Protestantium, tam ex Theologorum quam JCtorum classe denuo in cathedram revocetur; atque eum in finem variorum scripta de magia evolvo, non solum admiratus sum, quod ubique ferè multas nugas et fabulas, nullibi autem solidi aliquid, sed saltem hinc inde umbras quasdam veritatis deprehenderim, cum tamen et materiae dignitas, et tot innocentium hominum periculum, et totius humani generis interesse, ut à stultissima superstitione liberetur, dudum postulaverit, ut eruditis non solum, sed et vulgo hominum oculi aperirentur, atque errores plusquam Papistici, qui hactenus mentes universorum fascinaverant, ex animis eorum expellerentur. Cogitanti autem rursus causas, (de quibus infrà dicetur) ob quas istae falsae persuasiones de crimine magiae, et de foedere magorum et lamiarum cum diabolo, adhuc quotidiè inculcentur populo, et ii, qui larvam hanc falsae sapientiae detrahere et veritati locum facere allaborant, tantum non ab omnibus, etiam piis aliàs ac placidis viris pro hominibus impiis et atheis, aut plané pro ipsis magis haberi soleant, simul perspexi, quod et mihi cautè procedendum sit, immo iudicavi, quod vires meas istum Propositum ferè superet, dignum hic aliquid proferendi vel approbatione publica, vel etiam assensu paucorum veritatem sincère quaerentium. Prius enim sperare non permittit autoritatis praejudicium, cui quam pluri adhuc immersi sunt, posterius autem adeo exspectare non possum, quia et imbecillitas ingenii, et errorum hic occurentium copia, et temporis, quod elaborationi huic destinatum est, brevitas mihi potius persuadent, ut ab his veritatis studiosis veniam petam, si in re arduâ ac difficili theses meae ipsorum exspectationi non sint responsurae, et simul sincere declarem, me quibuscumque diversa vel ex sacris litteris non contortè expositis, vel ex dictamine rationis rectae monstrantibus, statim assurrecturum esse.

§ 1
Einleitung

Indem ich anitzo wegen des so genandten Lasters der Zauberey, ob es auch eine solche Materie sey, welche, ob sie gleich bereits von so vielen Scribenten Päbstischer und Protestantischer Seiten, so wo von Theologis, als Rechtsgelehrten weitläufftig tractiret worden, von neuen auff das Catheder gebracht und untersuchet werden könne, in meinen Gedancken bemühet bin, auch zu dem Ende in vielen Schrifften, die von der Magie handeln, nachschlage; so muß ich mich nicht wenig verwundern, daß ich hin und wieder fast nichts, als ein unnützes Geschwätze und Fabeln, nirgends aber was gründliches, dann und wann nur einen Schatten der Wahrheit angetroffen! da doch beydes der Sachen eigene Vortrefflichkeit, und so vieler unschuldigen Menschen Gefahr; als auch des gantzen menschlichen Geschlechts Nutzen, damit es nemlich von thörichten Abergläubischen Wesen befreyet würde, vorlängst schon erfodert hätte, daß nicht allein den Gelehrten; sondern auch dem einfältigen Pöbel die Augen einmahl auffgethan, und die mehr als Papistische Irrthümer, welche bißhero aller Leute Gemüther eingenommen und gleichsam bezaubert haben, ausgerottet würden. Indem ich aber im Gegentheil auch die Ursachen (welcher ich unten gedencken wil) bey mir in Erwegung ziehe, warum annoch täglich diese falsche Einbildung von dem Laster der Zauberey und von den Bündnissen, welche die Hexen und die Hexenmeister mit dem Satan schliessen sollen, dem Volcke beygebracht und gleichsam eingepflantzet; diejenigen aber, welche sich die Larve solcher verkehrten Weißheit abzuziehen und die Warheit an das Licht zubringen, fast von allen, auch so gar von frommen und friedfertigen Männern vor gottlose Leute, vor Atheisten oder auch gar vor Zauberer selbst gehalten werden; so habe ich so fort wahrgenommen, daß ich auch voritzo behutsam gehen müsse, ja ich mache mir schon zum voraus die Rechnung, daß es fast in meinen Kräfften nicht stehe, etwas rechtschaffenes vorzubringen, welches entweder das allgemeine Lob, oder nur etlicher weniger Warheit-liebender Beyfall sich versprechen könne. Das erste verstattet das schädliche Vorurtheil menschlicher Auctorität nicht, worinn biß dato noch die meisten stecken: Das letztere aber kan ich deswegen nicht hoffen, weil ich vielmehr bey den Warheitliebenden theils wegen meines Unvermögens, theils wegen der Menge der dabey vorkommenden Irrthümer, theils auch wegen der Kürtze der Zeit, so ich zu gegenwärtiger Ausarbeitung gewidmet habe, um Verzeihung bitten muß, wenn in dieser so wichtigen, als schweren Materie diese meine Lehr-Sätze ihrem Verlangen nicht ein vollkommenes Genügen leisten werden; dabey ich mich denn auch auffrichtig verpflichte, denjenigen, die mir

§ II
Fabulis de Magis et sagis referta sunt scripta Virorum celeberrimorum tam Catholicorum, quàm Protestantium.

De Scriptoribus equidem Pontificiis, Torreblancâ, Bodino, Remigio, Del Rio, aliisque non mirum est, quod fabellis pudentissimis orbem eruditum, quamvis fortè bonâ fide, de ceperint; postquam hodiè quibusvis constat, Papismum totum esse fabulam ex Gentilismo ac Judaismo confatam, infrâ vero dicenda sunt ostensura, quod prima origo doctrinae de crimine Magiae fraudi Gentilium, et stupiditati ac superstitioni Judaicae originem debeant. De his igitur verè judicavit Naudaeus *in Apologia Virorum de magia falso suspectorum cap. elt. A la veritè c'est une chose etrange, quo Del Rio, le Loger, Bodin, de Lancre, Gödelmann, qui ont ete, ou sonnt encore persones de credit, et de merite, ayent si passioniment sur le sujet des Demons, sorcieres et Magiciens, que de n'avoir jamais rebuttè acune histoire, quoique fabuleuse et ridicule, de tout ce grand nombre de fausses et absurdes, qu'ils ont mis pesle mesle sans discretion parmy les crayes et legitimes.* Sed utinam de Protestantibus scriptoribus non foret idem dicendum! Iam vero cum in Goedelmanno etiam hunc defectum notet Naudaeus, qui tamen totus in eo est, ut ostendat, Lamias non inire pactum cum Diabolo, sed solum Magos, quid de aliis exspectes scriptoribus, qui Goedelmannum cum Wiero damnant, quod Magiam defendere aut negare ausi fuerint. Sanè Carpzovius Criminalistarum Protestantium hodiè Monarcha (ut rem barbaram barbaris vocabulis efferam,) *in Praxi Crimin.(ali) part. 1. qu. 48* id ex professo egit, ut rationes, quae ex Wiero contrà exsistentiam Magiae afferri possent, responderet, et communem errorem defenderet, cum tamen fabulae quas ex actis variis, *ibidem et in sententiis 36. quaestioni 50. subjunctis* recenset, tàm crassae sint, ut vel legisse easdem pudeat.

entweder aus der H. Schrifft, doch so ferne solche nicht gezwungen erkläret wird, oder auch aus der wahren gesunden Vernunfft ein anders zeigen und erweisen werden, willigen Beyfall zu geben.

§ 2
Der berühmtesten Scribenten so wohl der Catholischen als Protestierenden Schrifften sind mit allerhand Fabeln von Zauberern und Hexen angefüllet.

Zwar was die päbstischen Scribenten, sonderlich den Torreblancam, Bodinum, Del Rio und andere anlanget, darf man sich freylich nicht wundern, daß diese die gelehrte und kluge Welt mit den abgeschmacktesten und verächtlichsten Mährlein, doch, wie es scheinet, vielmahl unvorsetzlicher Weise, betrogen, oder höflicher zu reden, hinters Licht geführt haben, Nachdem heute zu Tage leichtlich niemand mehr zweiffelt, daß das gantze Pabstthum nicht anders, als eine aus dem Heyden- und Judenthum zusammen-geschmoltzene Fabel sey; vornehmlich, wenn wir in den folgenden darthun werden, daß alles, was bißhero von dem Laster der Zauberey so steiff und fest geglaubet worden, beydes der Heyden Betriegerey, und der Jüden einfältigen Aberglauben zugeschrieben werden müsse. Von diesen nun hat Naudaeus in seiner Apologie, so Er vor diejenigen geschrieben, die wegen der Zauberey fälschlich in Verdacht gewesen, und zwar in dem letzten Capitel nicht uneben also geurtheilet: Es ist in Warheit, eine recht seltzame Sache, daß Del-Rio, Loyer, Bodinus, de Lancre, Goedelmann, die vormahls Leute von grossen Ansehen und meriten gewesen, oder auch noch ietzo seyn von den bösen Geistern, Zauberern und Hexenmeistern so sehr passionirt geschrieben, daß sie niemahls eine eintzige Historie, sie mag auch noch so fabelhafft und lächerlich seyn, unter so einer grossen Anzahl solcher ungereimten Thorheiten verworffen, sondern ohne Unterschied und Hintansetzung der rechten und wahren Begebenheiten alles, wie Kraut und Rüben hingeschmieret haben. Zu wünschen wäre es nur, daß von den Scribenten Protestantischer Seiten nicht eben dieses könte gesaget werden. Da aber itzgenandter Naudaeus dem Goedelmanno gleichen Fehler beymisset, dessen Meinung doch mehr dahin zielet, daß er zeige, die Hexen machen kein Bündnis mit dem Satan, sondern nur die Zauberer; so kan man leicht schließen, was von anderen Scribenten zu gewarten sey, welche beydes den Goedelmann und auch Wier verdammen, daß sie die Magie oder die Zauberey zu vertheidigen, oder zu leugnen sich unterstanden haben. Unter diesen ist wohl Carpzovius, indem er so zu reden unter den Protestantischen Criminalisten heut zu Tage der Monarche ist, der vornehmste, sintemahl er sich in seiner Praxi Criminali im ersten Theil in der 48. Frage mit allem Fleiß lässet angelegen seyn, die Beweisgründe, welche aus dem Wiero wieder die Warheit der Zauberey vorgebracht werden, zu beantworten, den gemeinen Irrthum absonderlich zu vertheidigen. Wiewohl diejenigen Sachen, die er aus verschiedenen Gerichtl. Acten an erwehnten Orte und hiernechst in den 36. urtheilen die er seiner 50. Frage beygefüget, anführet, so augenscheinliche und crasse Fabeln sind, daß man sich selbst solche gelesen zu haben sich schämen muß.

§ III

Auctores, qui defenderunt non dari magiae crimen, imprimis Joannes Wierus, Antonius van Dale, et Balthasar Beckerus.

Scilicet iam circa initum Saeculi decimi secti Jo. Franciscus de Ponzinibus JCtus exsistentiam foederis Diabolici in dubium vocavit, *(Vid. Part. 2. Mallei Maleficarum in fine)* Circa finem autem ejusdem Seculi Jo. Wierus Medicus *de praestigiis Daemonum* tractatum satis prolixum edidit, in quo intendit ostendere, non dari Magiae crimen, prout vulgò concipitur, et in appendice variis apologiis adversus varios censores hanc ipsam sententiam suam defendere satagit. Nam quem ulterius citat Carpzovius *d. qu. 48. n. 13.* Petrum de Apono, quando scripserit, nondum nobis constat, cum de eo auctore nihil adhuc viderimus nisi forsan Carpzov. Petr. de Abano intelligat, cujus *elementa magica nota.* Sed tamen, uti omnibus accidere solet, qui in inventione veritatis primam glaciem frangunt, viderunt multa dicti Auctores multa etiam praetervidernnt, adeoque non adeò apti fuerunt, mundum per tot saecula praeiudicio erroris fascinatum erroris convincere. Petri Pomponatii *librum de incantamentis* et Reginaldi Scoti Angli tractatum similem in Anglia auctoritate publicâ combustum etiam non vidimus, quorum ille plerasque traditiones de Magis occultae naturae efficaciae, hic autem melancholiae et morbis variis, aut artibus histrionicis adscripsit. Vid. Voet. *Disp. Select. Part. 3. p. 564.* Nostris temporibus Gabriel Naudaeus, dum *apologiam* scripsit *pro iis, qui vulgò Magiae sunt accusati,* multa quoque erudita suppeditavit argumenta oppugnandi scientiam communem. Ex ipsis scriptoribus Pontificiis modernis Malebranchius *lib. 2 cap. ult. de inquirenda veritate* in sententiam eorum, qui imaginationi historias magicas adscribunt, inclinat. Prae reliquis verò commendari meretur Anthonius van Dale, alius Medicus Belga, cujus eruditas dissertationes *de oraculis,* item *de origine ac progressu idololatriae et superstitionum, de vera ac falsa prophetia, et de divinationibus idololatricis Judaeorum* orbis eruditus aestimat, ubi majori cum apparatu multos communes; errores de diabolo ejusque effectibus revelavit, sed paucis, imprimis Theologis, doctrinam suam persuasit, excepto, quantum nobis constat, uno Theologo Belgâ, Balthasare Bekkero, qui plurima, quae in tractatu *de mundo fascinato* prodidit, videtur ex laudato Medico hausisse. Sed quam infeliciter iste assensus Bekkero cesserit, notum est, cum Diaboli vim omnem externam in homines, ac prope ipsam substantiam ejus apertè negaret, (quod Dalius subobscure in scriptis suis fecit,) quo

§ 3

Diejenigen Auctores, so geleugnet haben, daß ein Laster der Zauberey sey, insonderheit Johannes Wierus, Antonius van Dale und Balthasar Becker werden angeführet.

Es hat allbereit zu Anfange des 16ten Seculi Johannes Franciscus de Ponzinibus ein Rechtsgelehrter die Teufelischen Bündnisse in Zweiffel gezogen, (besihe den 2. Theil des Mallei Maleficarum fast am Ende). Zu Ausgange besagten Jahrhunderts hat Joh. Wierus, ein Medicus einen ziemlichen starcken Tractat de praestigiis Daemonum oder von Teuffels Künsten heraus gegeben, worinn er zu erweisen trachtet, daß in der That kein Laster der Zauberey sey, wie man sichs gemeiniglich einbildet, und in dem Anhange ist er bemühet, durch viel apologien wieder verschiedene Tadler und Widersacher eben diese Meynung zu vertheidigen. Diesen setzet Carpzovius noch l. c. den Petrum de Apono an die Seite, doch wenn derselbe geschrieben, weil ich biß dato nichts von ihm gesehen, ist mir nicht wissend. Es wäre denn, daß er vielleicht an dessen Stat den Petrum de Abano verstünde, dessen Elementa Magica nicht unbekandt sind. Gleich wie es aber allen denjenigen, die eine Warheit erfinden, also zu ergehen pfleget, daß sie andern gleichsam nur das erste Eiß brechen; also haben besagte Scribenten zwar vieles gesehen, doch auch dabey viel übersehen, daß sie dahero nicht allzu capable gewesen, die so viele Secula her durch grobe Unwarheiten bezauberte Welt eines offenbaren Irrthums zu überführen. Des Petri Pomponatii Buch, so er von der Hexerey geschrieben, ingleichen des Engländers Reginaldi Scoti seines, das von gleicher Materie handelt, und in Engeland ehemahls auff öffentlichen Befehl verbrant worden, habe ich nicht gesehen. Der erste schreibet alles, was jemahls von der Hexerey erzehlet und geglaubet worden, einer verborgenen Krafft der Natur, der letztere aber der Melancholie, gewissen Kranckheiten und denen Gaucklers-Künsten zu, wie solches aus des Voetii Disp. Select. im 3. Theil p. 564 zu sehen ist. Zu unsern Zeiten ist bereits oben erwehnter Gabriel Naudaeus bekandt, der, indem er eine apologie vor diejenigen geschrieben, welche der Zauberey fälschlich sind beschuldigt worden, zugleich viel gelehrte Gründe gewiesen hat, die bißhero falsche Meynung zu wiederlegen. Unter den itzigen papistischen Scribenten selbst fället Malebranchius in seinem 2. Buche von der Untersuchung der Warheit im letzten Capitel derjenigen Meynung bey, welche alle Zauber- und Hexen-Geschichte der Imagination zueignet. Vor allen aber verdienet allhier Antonius van Dale, ein Niederländischer Medicus gerühmt zu werden, dessen gelehrte Schrifften, von den Heydnischen Oraclen, von dem Ursprung und Fortgang der Abgötterey, und des Aberglaubens, von der wahren und falschen Prophezeyung, als auch von der Jüden abgöttischer Wahrsagerey die gelehrte Welt sehr hoch hält, als in welchen er weitleufftig viel gemeine Irrthümer von dem Teuffel und dessen Wirckung entdecket, allein er hat solche biß dato wenigen, sonderlich unter den Gottesgelehrten beygebracht, ausnommen, so viel mir wissend, dem eintzigen Niederländischen Theologo, Balthasar Beckern, welcher das meiste, so in seiner bezauberten Welt enthalten, aus demselben genommen hat. Jedoch wie unglücklich diesem Becker der Beyfall gelungen, ist mehr als zu bekandt: Denn

pacto non poterat non adversariis suis multa suppeditare arma, quibus etiam per indirectum veritates simul ab eo propositas oppugnarent, et errores communes utcumque defenderent.

§ IV

Commendatur Auctor Cautionis criminalis de processibus contra Sagas.

Cautius hâc in re processit JCtus anonymus, qui ante septennium *cautionem criminalem de processibus contra sagas* edidit, eumque Magistratibus Germaniae dedicavit. Is enim nec Diabolum negat nec sagas sed statim dubio primo: *An sagae seu malefici reverà exsistant,* respondet: *Quod sic. Etsi enim scio.* Inquit *nonnullos in dubio posuisse, etiam Catholicos et doctos, quos nominare non attinet; etsi etiam quidam non temerè suspicati sibi videntur, fuisse aliquando in Ecclesia ea tempora, in quibus de corporalibus sagarum conventibus creditum non fuit: Etsi denique ipse ego, dum cum variis ejus criminis reis in carceribus frequentius ac ardentius, ne dicam curiosus, ita non semel animum involvi, ut quid tandem hujus rei crederem, paenè ignoraverim; nihilominus ubi summam tandem colligo perplexarum cogitationum, id omnino tenendum esse existimo, reverâ in mundo maleficos aliquos esse, nec id sine temeritate ac praeposteri judicii nota negari posse. Videantur auctores, qui argumentum hoc profitentur, Remigius, Delrius, Bodinus et alii, nostri instituti hic non est, morari. Tot autem esse, et eas omnes, quae hactenus in favillas evolarunt, neque credo vel ego, vel multi quoque mecum pii viri, neque adeo, ut credam facilè, persuadebit, quisquis mecum non impetu et clamore vel auctoritate pertendere, sed judicio et ratione rem examinare volet.* Effecit hâc suâ prudentiâ quisquis est auctor, ut praescinderet diversa sentientibus occasionem, ipsum ex praejudicio communi pro atheo habendi, et sic eò melius rationes suas et evidentes et fortissimas eò fortius animis cordatiorum, Politicorum imprimis insinuaret. Et certè tanti ponderis nobis videtur iste libellus, ut quemadmodum hucusque nemo eum impugnavit, ita nec putemus dari posse JCtum aut Politicum sanae mentis, qui

weil er alle äusserliche Operation des Teuffels in die Menschen, ja bey nahe gar das Wesen selbst öffentlich in Zweiffel zog: Welches van Dale in seinen Schrifften gantz heimlich und verborgen gethan; so könte es freylich nicht anders seyn, er muste eben hierdurch seinen Feinden selbst die Waffen in die Hände geben, daß sie seine entdeckte Warheiten bestreiten, und die allgemeine Irrthümer auf alle Weise defendiren konten.

§ 4
Der Auctor Cautionis Criminalis von den Processen wider die Hexen wird recommendiret

Etwas behutsamer hat in diesem Stücke ein gewisser Rechtsgelehrter, so sich aber nicht genennet, verfahren, welcher vor allbereit vielen Jahren eine Cautionem Criminalem oder eine Behutsamkeit, so bey den Hexen Processen in acht zu nehmen, heraus gegeben, und solche allen Obrigkeiten in Teutschland dediciret. Dieser Auctor leugnet weder die Teuffel, noch auch die Hexen. Doch alsobald bey der ersten Frage: Ob es auch warhafftig Zauberer und Hexen gebe, antwortet er mit ja. Denn ob ich wohl weiß, so lauten nach dem Lateinischen seine eigene Worte, daß viele auch von den Catholischen und von andern Gelehrten, die ich itzo nicht anführen wil, dieses in Zweiffel gezogen, auch einige gar behutsam gemuthmasset haben, daß einmal eine Zeit gewesen, da von den leibl. Zusammenkünfften derer Hexen in der Kirche nichts geglaubet worden; Ob ich wol endlich selbst, mit unterschiedenen, so dieses Lasters beschuldiget worden, in den Gefängnissen öffters eine genaue, daß ich nicht sage eine vorwitzige Unterredung gepflogen, habe ich vielmal nichts gewust, was ich disfalls glauben solte; Nichts destoweniger, wenn ich itzo meine zerstreuete und verwirrete Gedancken wieder zusammen fasse, so bin ich gewiß versichert, daß wircklich Zauberer in der Welt zu finden seyn, und daß dieses nicht ohne grosse Verwegenheit und ohne Übereilung könne geleugnet werden. Man schlage nur hievon die Scribenten, welche von dieser Sache handeln, als den Remigium, Delrio, Bodinum und andere nach. Mich dabey länger aufzuhalten, läst mein gegenwärtiges Vorhaben nicht zu, daß aber so viel und zwar alle diejenigen, so bißhero im Feuer auffgeflogen, sollen Zauberer und Hexen gewesen seyn, kan weder ich noch viele andere fromme Männer glauben, es wird mir auch solches so leicht niemand weismachen, der die Sache nicht mit Schreyen und Ungestüm, oder mit menschlicher Auctorität behaupten, sondern mit Vernunfft und Verstande mit mir untersuchen wil. Es sey nun der Verfasser dieses Tractätgens, wer er wolle, so hat er gewiß durch seine Klugheit zum wenigsten so viel ausgerichtet, daß er den Widriggesinneten hiedurch die Gelegenheit ihn aus gemeinen Vorurtheil der Menschen vor einen Atheisten zu halten, abgeschnitten, zugleich aber auch seine deutliche und kräfftige Beweißgründe vielen Warheitliebenden, und sonderlich den rechtsschaffenen Politicis beygebracht. Und gewiß dieses Tractätgen scheinet von solcher Wichtigkeit zu seyn, daß wie bißhero es noch niemand angefochten; also halte ich davor, daß kein verständiger Rechtsgelehrter oder kluger Politicus gefunden werden

perlecto isto libello vel dubitare saltem de iniquitate processus contra sagas amplius possit, tantum abest, ut refutare libellum hunc intendat. Quodsi vero alterius conditionis homo quicumque ejus refutationem meditetur, non posse id fieri credimus absque insigni et eminenti sui prostitutione. ita omne tulit punctum auctor ille anonymus.

Qui tamen cum se Catholicum esse fingit, multa reliquit industriae aliorum.

Quid ergo dissertatione nostra erit opus? Equidem ipsimet fatemur, potuisse ea nos abstinere et Catone isto contenti esse. Sed tamen nec superfluam eam fore confidimus. Dixit Auctor iste, quicumque sit, se esse Catholicum, ut eo fortius. videlicet stuporem JCtis Protestantibus excuteret, si viderent, in medio Papatu JCtos palpare tenebras, per operas Cleri Papalis hactenus lumen Jurisprudentiae nostrae obscurantes. Sed quilibet tamen attentior facile videbit, istam auctoris assertionem esse salutare figmentum, et sub hac larva latere JCtum quemdam Protestantem, forte etiam, praeter adductam rationem, cathedras hominum adhuc inter nostrates Papizantium timentem. Sed et ob multas rationes putamus figmentum esse et dissimulationem, quod in adducto §. *praeced.* loco sagas dari (tales videlicet, quales Remigius, Delrius, Bodinus adstruunt pacta cum diabolo ineuntes,) asserat. Potissimum id suadet, si quis eruditionem et diligentiam, quibus in responsione ad reliqua dubia utitur conferat cum frigiditate et inepta ratione, quae transparent in adducta responsione ad dubium primum. Scilicet voluit Scenae inservire. Fingebat, se esse Catholicum. Si dixisset, non dari sagas disputandum ei fuisset contra eos, qui sagas dari adstruunt, ostendenda origo fabulae, ostendendae fuissent causae, cur vana isti persuasio tanto conatu fuisset hactenus defensa. Ita vero nemo credidisset, scriptum hoc ab JCto Catholico prodiisse. Quemadmodum igitur haec, quae omisit Auctor *Cautelae Criminalis,* multis suppeditabunt theses disputationi nostrae, ita et in illis, quae ad processum pertinent, secundae curae forte nonnulla nobis ostendentur ab Auctore isto, quem nullo modo exscribere animus est, praetervisa ac omissa.

kan, welcher nach Durchlesung dieses Büchleins noch einigen Zweiffel wegen des unbilligen Hexen-Processes haben könte, geschweige, daß er solches zu widerlegen sich unterfangen solte. Solte sich aber ein anderer dasselbe zu wiederlegen unterstehen, so bin ich gewiß, daß solches mit seiner grösten prostitution geschehen werde, weil dieser unbenannte Auctor alles so vortrefflich ausgeführet.

§ 5
Der aber, weil er sich vor einen Catholiken ausgiebt, anderer ihren Fleisse annoch viel hinterlassen.

Hier fragt sichs aber nicht unbillig, worzu bey so gestalten Sachen diese disputation nöthig sey? Ich gestehe zwar gar gerne, daß ich solche hätte unterlassen und mit besagten Auctore zufrieden seyn können. Doch halte ich sie auch nicht vor gantz überflüßig. Es gibt sich zwar itzt erwehnter Scribente, er mag auch seyn wer er wolle, vor einen Catholischen aus, vielleicht aus der Ursache, damit er die Protestirenden Rechts-Gelehrten dadurch destomehr beschämen möchte, wenn sie sehen, daß die Rechts-Lehrer mitten in Pabsthum diese Fehler gewahr würden, welche durch die Päbstliche Clerisey das Licht der wahren Jurisprudenz bißher zurücke halten. Allein wer die Sache etwas genauer betrachtet, wird leichtlich erkennen, daß des Auctoris Vorgehen nur ein heilsamer Betrug sey, und daß hinter dieser Larve niemand anders, als einer von den Protestirenden Rechts-Gelehrten verborgen sey, der sich auch vielleicht wegen itzt angeführter Ursache vor den Catheder derjenigen, die unter uns noch in papistischen Irthümern stecken, gescheuet. Ich glaube auch vieler Ursachen wegen daß es eben nur eine Verstellung und Legende sey, wenn er in dem vorhergehenden §. an angezogenen Orthe vorgiebt, daß es allerdings Hexen (solche nemlich welche nach des Remigii, Delrionis, Bodini Meynung gewisse Pacta mit dem Satan schliessen sollen) gebe. Dieses zu glauben bewegt mich, wenn ich diejenige Gelehrsamkeit und den Fleiß, welchen er in Beantwortung der übrigen Fragen angewendet, gegen die schlechten und läppischen Gründe, die in der gantzen Antwort auff die erste Frage klar hervorleuchten, halte. So ist: er hat sich wollen in die Zeit schicken, drum gibt er sich vor einen Catholischen aus. Wenn er geleugnet hätte, daß es in der That Hexen gebe, so hätte er ja nothwendig den Ursprung dieser Fabel zeigen, auch die Ursachen anführen müssen, warum diese eitle Einbildung bißhero mit aller Macht wäre erhalten und vertheidiget worden. Doch so ferne würde niemand, daß seine Schrifft von einen Catholischen Rechts-Gelehrten herrühre, gegläubet haben. Gleichwie mir aber dasjenige, was dieser Auctor vorbey gelassen, voritzo zu vielen Lehrsätzen materie genung an die Hand geben wird; also wil ich ins künfftige viele Sachen zeigen, ohne daß ich denselben auszuschreiben gedencke, die den Proceß betreffen, und er theils ausgelassen, teils übergangen.

§ VI

Concedimus dari diabolum eumque operari in improbis; negamus tamen dari crimen magiae.

Igitur quemadmodum Goedelmannus concessit pactum magorum cum Diabolo, negavit pactum Lamiarum; Beckerus autem Diabolum aut certe ejus efficaciam ullam in homines negavit; Auctor vero *cautelae criminalis* saltem ita se gessit, ac si dari sagas et pacta earum cum diabolis crederet, denique vulgus eruditorum et dari diabolum et dari sagas multas et justissimum ac piissimum esse processum hactenus usitatum contra eas, non solum sibi, sed et aliis persuadere laborat; ita nos peculiari opinione ab his omnibus diversa arbitramur, dari diabolum extra hominem, eumque ab extra intrinsece tamen et invisibiliter operari in hominibus improbis, sed negamus dari sagas et magos pacta cum diabolo ineuntes, quin potius arbitramur, hanc fabulam ex Judaismo, Gentilismo ac Papismo conflatum esse. Et iniquissimo processu, hactenus etiam apud Protestantes usitatissimo, stabilitam.

§ VII

Differentia inter hypothesin nostram, Beckeri, et vulgarem. Definitio diaboli.

Quod Beckeri hypothesin assumeremus, (et forte etiam ipsius Dalii) non opus haberemus argumenta quaerere quibus monstretur, non dari pacta magorum cum diabolo, cum non entis nulla sint praedicata. At cum hic à Beckero dissentiamus, alia via opus erit. Nec putes, etiam nos saltem per fictionem ad invidiam evitandam à Beckero dissentire. Serio id facimus, et omnem suspicionem sequiorem non salum deprecamur, sed et diserte definitione Diaboli mox proponenda refutamus. Quomodo asseclae Philosopiae Aristotelicae, quae etiam adhuc in cathedris superioribus tantum non ubique regnat, et unde communis error de magis nutrimenta sua sumsit, Beckeri doctrinam refutare possit. non videmus. Nec etiam putamus, possibile esse, ut asseclae philosophiae corpuscularis et mechanicae serio dissentire possint à Beckeri principiis et conclusionibus, si modo intelligant ipsimet, quid dicant et ut alii id etiam absque conceptibus contradic-

§ 6

Daß ein Teuffel sey, der in den Gottlosen hersche, wird zugegeben, aber geleugnet, daß ein Laster der Zauberey sey.

Gleichwie nun Goedelman zwar das Bündnis der Zauberer mit dem Teuffel zugelassen, der Hexen ihres aber mit dem Satan geleugnet; Becker hingegen, wo nicht den Teuffel selbst, doch gewiß seine Macht und Wirckung über die Menschen in Zweiffel gezogen, der Auctor aber, welcher die Cautionem Criminalem geschrieben, sich nur so gestellet, als glaubte er der Hexen Existenz und derselben Bündnisse mit dem Satan, der gemeine Pöbel endlich und die Halb-Gelehrten in der völligen Einbildung stehen, es sey nicht nur in der That ein Teuffel, sondern es gebe auch viel Hexen, und daß die bißhero gewöhnlichen und wieder sie angestellete Hexen-Processe höchst löblich und billich wären, solches auch nicht allein sich selbst; sondern auch andern weißzumachen bemühet gewesen: also gehe ich voritzo von allen diesen Meynungen ab, und statuire, daß: zwar ein Teufel ausser dem Menschen sey, und daß derselbe gleichsam von aussen, jedoch auf eine innerliche und unsichtbare Weise in den Gottlosen sein Werck treibe; ich leugne aber hinwiederum, daß Hexen und Zauberer gewisse Verträge mit dem Satan aufrichten solten, und bin vielmehr versichert, daß alles, was dißfalls geglaubet wird, nichts anders, als eine Fabel sey, so aus dem Jüden-Heyden- und Pabsthum zusammen gelesen, durch höchst unbillige Hexen-Prozesse aber, die so gar auch bey den Protestirenden eine Zeithero gebräuchlich gewesen, bestätigt worden.

§ 7

Unterschied zwischen dieser, Beckers und der gemeinen Meynung. Beschreibung des Teuffels.

Wo ferne ich nun des Beckers Meynung, die vielleicht auch des van Dale zu seyn scheinet, annehmen wolte, würde ich itzo nicht nöthig haben, einige Beweißgründe zusammen zu suchen, und damit zuerweisen, daß keine Bündnisse mit dem Satan seyn könten, sintemahl einer Sache, die an sich selber nichts ist, keine Eigenschafften und Verrichtungen beygeleget werden mögen. Allein da ich eben hierinn von dem Becker abgehe, so muß ichs auch auff eine andere Weise anfangen. Es wolle auch niemand glauben, als wenn ich nur zum Schein, und Neid und Mißgunst zu vermeiden, mit besagten Becker nicht übereinstimmen wolte. Es geschicht solches aus lauterm Ernst, und wil ich nicht nur mich mit allen widrigen Beschuldigungen zuverschonen bitten; sondern ich werde auch durch die Beschreibung des Teuffels, die ich itzo beyfügen wil, allen Verdacht sattsam widerlegen. Wie aber diejenigen, die der Artistotelischen Philosophie, so noch itzo überall in den höhern Disciplinen die Hand im Sote hat, und wovon der gemeine Irrthum von der Zauberey seine Nahrung genommen und erhalten worden, zugethan seyn, des Beckers Lehre refutiren mögen, kan ich nicht absehen. So kan ich mir auch nicht einbilden, wie es möglich sey, daß diejenigen, die sich zu der Corpuscularischen und Mechanischen Philosophie bekennen, den Prin-

toriis intelligere queant, efficiant. At nos, qui Philosophiam antiquissimam spiritualem sequimur, non solum credimus; sed et aliquo modo scimus, diabolum esse principem tenebrarum et aëris, h. e. substantiam spiritualem seu invisibilem sprituali seu invisibili modo mediante aëre vel corpusculis naturalibus aqueis aut terrestribus operantem in hominibus improbis.

§ VIII

Beckeri et nostra hypothesis vindicata à suspicione Atheismi.

Non possumus tamen comprehendere, cur illi, qui diabolum cum Beckero negant, hactenus etiam à viris piis pro Atheis fuerint habiti, cum potius Adaemonum nomen meruerint. Nam uti posito Deo non statim ponitur Diabolus; ita nec remoto, diabolo statim Deus removetur. Ita miramur, cur plerique, qui hactenus crassissimas fabulas de diabolo eiusque viribus sibi et alias persuadent, paucissimas saltem vel etiam plané nullas fabulas de bonis Angelis et eorum virtutibus possint ferre, sed harum auctores, aut qui eis fidem habent, enthusiastarum et simili nomine traducant, h. e. cur major fit cura stabiliendi erigendique regni tenebarum, quam regni lucis? Imo facilè etiam providemus, quod haec seria nostra assertio de exsistentia et operationibus daemonum nos non sit liberatura a convitiis vel ex eo solo quod negamus dari crimen magiae, seu pactum cum diabolo. Nam inter fabulas, quas Bodinus in daemonomania refert, etiam illa est, quod Wilhelmus Luranus quidam anno 1453 in Gallia ob Magiam interfectus expresse confessus fuerit, quod non tantum in foedere suo cum Diabolo inito omnes religiones ejurare, sed et Diabolo promittere debuerit, quod in posterum publicè docere et concionare velit, omnia, quae de Magia et negromantia dicantur esse pura mendacia ac fabulas, et summa crudelitas sit, aliquem ob crimen magiae punire. Sed facilè quilibet, cui saltem nasus est, odorabitur, quam ob rationem Clerus Pontificius hoc effinxerit, aut istum Luranum tormentis adegerit, ut talia confideretur. Id modo dolemus, etiam viris piis ex nostratibus Theologis has nugas et similes alias imposuisse, ut et ipsi negantes

cipiis des Beckers und seinen daraus gezogenen Folgerungen in Ernst widersprechen können, wo sie nur selbst, was sie sagen, verstehen, auch machen, daß es andre ohne sich selbst widersprechende Concepte verstehen mögen. Ich aber, der ich die uhralte Geister-Philosophie (Philosophiae Spirituali) ergeben bin, glaube nicht allein, sondern verstehe auch einiger massen, daß der Teuffel, der Herr der Finsternis und der Fürste in der Lufft, das ist, ein geistliches oder unsichtbares Wesen sey, welches auff eine geistliche oder unsichtbare Weise vermittelst der Lufft, oder auch wässeriger und erdener Cörperchen in den gottlosen Menschen seine Wirckung hat.

§ 8

Beckers und diese Meynung wird von dem Verdacht der Atheisterey gerettet.

Hierbey aber kan ich keines weges begreiffen, warum diejenigen, welche mit dem Becker den Teuffel leugnen, bißher auch von frommen Männern vor Atheisten gehalten worden, da man sie vielmehr vor Adaemonisten, das ist, vor solche Leute, die keinen Teuffel glauben, hätte halten sollen. Denn gleichwie es nicht folget, daß, wenn ich einen GOtt glaube, auch nothwendig einen Teuffel glauben müsse; also folget auch nicht, daß, wenn ich keinen Teuffel glaube, auch nothwendig keinen GOtt glauben müsse. Ja ich muß mich wundern, daß die meisten von denjenigen, die bißher die aller absurdesten Fabeln von dem Teuffel und seinen Wirckungen sich und andern beredet haben, so gar wenige oder wohl gar keine Mährlein von den guten Engeln und ihren Wirckungen leiden können, sondern diejenigen, die dergleichen entweder erfinden, oder auch vor wahr halten, untere den Nahmen der Enthusiasten und anderen Benennungen durchziehen, das ist, warum man sich das Reich der Finsternis auffzurichten und zu befestigen mehr angelegen seyn lasse, als das Reich des Lichts? Ich sehe auch leicht vorher, daß meine ernstliche Versicherung von der Existenz und den Wirckungen der bösen Geister mich dennoch von denen Lästerungen der Leute nicht befreyen werde, und vielleicht bloß deswegen, weil ich das sogenannte Laster der Zauberey, oder das Bündnis zwischen den Hexen und den bösen Geistern nicht zugeben wil. Denn unter die Unwahrheiten, welche Bodinus in seinem Buche von den Teuffeln und Gespenstern erzehlet, gehöret auch diese, daß im Jahr 1453 einer mit Nahmen Wilhelmus Luranus, der in Franckreich wegen der Hexerey am Leben gestraffet worden, vorher ausdrücklich bekennet habe, daß er nicht nur in seinem Bündnisse mit dem Teuffel alle Religionen verschweren; sondern auch dem Satan versprechen müssen, daß er öffentlich lehren und predigen wolle, es wäre alles, was von der Zauberey und schwartzen Kunst gesagt würde, lauter lügen und Fabeln, ja es sey die allergrößte Grausamkeit, jemanden dieses Lasters wegen zu straffen. Wer Verstand hat, wird leichtlich errathen können, warum die Päbstl. Clerisey dieses Stückgen ersonnen, oder diesen Luranum durch foltern und martern, daß er dergleichen Dinge bekennet, genöthiget habe. Dieses bedaure ich nur, daß solche und andere Mährlein mehr auch viele fromme Männer unter unsern Theologis verführet und betrogen haben,

crimen magiae, classi Atheorum accenseant. Sit unus instar omnium Theophilus Spizelius, qui vel ob hanc solam causam videtur scripsisse tractatum Germanicum cui titulus, *die gebrochene Macht der Finsterniß*, ut adhortaretur Magistratus Germaniae, ad processus contra sagas acerrimè continuandos et eos, qui pactum diaboli negant et processum contra sagas impugnant, de atheismo et impietate suspectos redderet. Nos, uti non recriminamur, sed Spizelio illud Virgilii mitissimè opponimus.

Fallit et incautum pietas tua:

Sic pro nobis nihil aliud afferimus, quam ut saltem quemcumque rogemus, cui sana ratio est, quo argumento quis inferre possit, eum de impietate esse suspectum, qui neget crimen magiae. Jllos vero, qui pro auctoritate fortè adhuc talia pronunciant, aut pronunciaturi sunt, maximoperè precamur, ut propriam pietatem scrutentur et excutiant annon fortè insignis, quamvis insigniter adhuc pallietur, hypocrisis sub ea lateat, et tum demum proprio corde probè examinato de aliis, si putent, regulas Christianismi id exigere, sinistrè judicent.

§ IX
Magia olim denotavit quamcumque scientiam occultatam.

Dum vero negamus crimen magiae alios exscribere nolumus, qui fusius notarunt, magiae nomen olim honorificè *fuisse* usurpatum et solis sacerdotibus tributum. Vid *Bodin, lib. 2 daemonom. cap. 1. Osiand. de magia thes. 1 §. 4. Cael. Rhodig. lib. 5, c. 42. Peucer. de divinat. p. 287. Goedelm. de magis l. 1. c. 2. 3.* id tamen ex istis auctoribus notamus, videri magiam antiquitus quidem quamcumque sapientiam et scientiam sed occultatam denotasse, h. e. scientiam rerum, quarum causas non saltem ignoraret vulgus, sed et quarum causae maximè occultarentur, ut vulgus, in ignorantia perpetua detineretur, easque virtutibus potentia humana superioribus adscriberet. Roborat hanc observationem divisio Magiae communiter recepta, qua magia dividatur in naturalem, artificialem, et

daß sie alle, die das Laster der Hexerey geleugnet, unter die Zahl der Atheisten rechnen. Ich wil jetzo nur den einigen Theophilum Spizelium, an stat so vieler anderen nennen, der aus dieser eintzigen Ursache seinen deutschen Tractat, welchen er die gebrochene Macht der Finsterniß titulirt, geschrieben zu haben, scheinet, als daß er die Obrigkeiten in Teutschland ermahne, die bißherigen peinlichen Gerichte wider die Hexen auffs eyfrigste zu continuiren und diejenigen, die die Pacta mit den bösen Geistern in Zweiffel ziehen, und den gewöhnlichen Hexen-Prozeß verwerffen, als Atheisten und gottlose Leute verdächtig mache. Nun pflege ich nicht Lästerungen mit Lästerungen zu vergelten, sondern wil nur dem guten Spizelio in aller Sanfftmuth des Virgilii Worte entgegen setzen, wenn er spricht:

Fallit te incautum pietas tua:

Das heist, du irrest bey deiner Frömmigkeit. Also bringe ich auch ver mich nichts anders vor, als daß ich einen jedweden vernünfftigen Menschen auf sein Gewissen befrage, womit er beweisen wolle, daß der, welcher das Laster der Magie oder Hexerey leugnet, der Gottlosigkeit wegen verdächtig seyn müsse. Diejenigen, die vielleicht aus menschlichen Ansehen und Auctorität dergleichen vorbringen, oder auch noch vorbringen werden, wil ich inständigst bitten, daß sie ihre eigene GOttesfurcht wol prüffen, und untersuchen, ob nicht vielleicht unter derselben, so scheinbar sie auch sonsten ist, eine ziemliche Heucheley verborgen liege. Wenn sie nun also zuvor ihr eigen Gewissen genau untersuchet haben, alsdenn mögen sie immer hin, wo sie anders davor halten, daß solches die Regeln des wahren Christentums erfordern, auf andere schmähen, und von ihnen übel judiciren.

§ 9

Die Magie hat vor diesen eine jede verborgene Wissenschafft bedeutet.

Indem ich aber nun in Zweifel ziehe, daß die Zauberey ein straffbares Laster sey, wil ich diejenigen nicht ausschreiben, welche schon vorlängst und weitläufftig angemercket haben, daß das lateinische Wort ehemals in einem guten Verstande gebraucht, und sonderlich denen Priestern beygeleget worden sey. Man kan hievon des Bodini seine Daemonomanie im 2. Buch im ersten Capitel, des Osiandri Buch von der Magie Thes. I. §4. des Cael. Rhodigini fünfftes Buch Cap. 42. den Peucerum von der divinat. pag. 287. und Goedelmannum von der Zauberey im ersten Buche im andern Capit. § 2. nachschlagen. Ich habe aber bey diesen Scribenten dieses angemercket, daß es scheine, als wenn vor Alters das Wort Magia zwar eine jedwede, doch verborgene Wissenschafft und Weißheit, das ist, ein Erkäntnis solcher Dinge bedeutet, deren Ursachen nicht nur dem gemeinen Volck verborgen gewesen; sondern auch mit Fleiß verborgen worden, damit es umso viel leichter in einer beharrlichen Unwissenheit erhalten, und selbige einer höhern, als menschlichen Krafft zugeschrieben würde. Und diese Anmerckung bekräfftigt die gewöhnliche Eintheilung der Magie, da man sie in eine Natürliche,

daemoniacam. Nam in his singulis speciebus supponitur quaedam scientia rerum non quarumvis, sed rerum occultarum aut certè occultatarum.

§ X
Non sermo est de magia naturali aut artificiali, sed de daemoniaca.

Porro, dum iterum communiter Magia in licitam et illicitam dividitur, communis etiam consensus est, in quo et ipso convenimus, magiam naturalem et artificialem ad licita genera pertinere, solam Daemoniacam crimen esse. Ergo non opus est, ut de prioribus duabus simus ulterius solliciti, cum de sola ultima specie sermo sit, an detur? Solet autem haec ultima appellari idiomate Patrio *Zauberey*. Qui enim Magiam etiam naturalem aut artificialem germanice ad genera der Zauberey retulerit, praeter Spizelium d. tract. Part. 1. c. 1. p. 8. observavimus neminem. Sed et haec inadvertentia condonanda est pietati et simplicitati Viri, quae et integro ejus tractatu ejusque singulis paginis elucent.

§ XI
cujus definitio à plerisque inconvenienter omissa.

Itaque quaeritur: An detur Magia daemoniaca? Hic vero ante omnia praemittenda ejus definitio, quod plerique negligunt non satis aptè. Uti enim, cum de rebus in sensus non incurrentibus sermo est, frustra de quaestione, quid sint disputetur, antequam de eorum existentia constiterit; ita contra in rebus moralibus et juridicis ac in quibuscunque aliis ideis entium plurium aggregatorum, vel etiam actionum humanarum inepte quaeritur de quaestione, an sint, antequam eae sint definitae.

§ XII
proponitur.

Definimus autem ex scriptis ac communi consensu eorum, qui id adstruunt, crimen Magiae, quod sit delictum, quo quis cum Diabolo saepè in corporali specie vel bestiae, vel hominis, vel monstri comparente, pactum init. quod velit, si Diabolus ipsius voluptati, avaritiae aut ambitioni satisfacere velit, cum Diabolo scortari, in certo loco ope Diaboli per aera magos vehentis comparere, ac ibi cum aliis similibus Diabolum adorare, ac trupudiare et luxuriari, ope Diaboli

Künstliche und Teuffelische abzusondern pfleget, denn in allen diesen Arten wird eine Wissenschaft angezeiget, nicht zwar aller und jeder Dinge, sondern der verborgenen oder die wenigstens sollen verborgen gehalten werden.

§10

Hier ist die Rede nicht von der natürlichen oder künstlichen, sondern von der teufelischen Zauberey.

Ferner da man die Magie gemeiniglich in eine zuläßliche und unzuläßliche abtheilet, so stimmen alle, von welchen auch ich mich nicht ausschliesse, darinn überein, daß die natürliche und künstliche Magie vorzuläßlich zu halten, die Teufelische aber ein straffbares Laster sey. Derowegen wird unnöthig seyn, daß ich itzo wegen der ersten zwey Arten weitläufftig bekümmert bin, da itzo nur von der letzern, ob dieselbe vorhanden sey die Frage ist. Welche letztere auch in unserer deutschen Sprache die Zauberey genennet wird. Denn, daß jemand die natürliche und künstliche, oder welches einerley ist, die zugelassene Magie in der deutschen Sprache ebenfalls Zauberey genennet, habe ich, meines wissens, bei niemand, als bey dem einigen Spizelio in dem I. Theil seines Buchs Cap. 1 § 9. observiret. Aber auch diese Unachtsamkeit muß man des lieben Mannes Einfalt und pietät, die aus dem gantzen Tractat und durchgehends aus allen Blättern hervor leuchtet, zu gute halten.

§ 11

Deren Beschreibung wird von den meisten gantz unförmlich ausgelassen.

Ist also die Frage: Gibt es denn eine Teuffelische Magie oder Zauberey? Hier muß nun vor allen Dingen die Beschreibung derselben, welche doch die meisten, wiewohl sehr unförmlich aussenlassen, vorhergehen. Denn gleichwie, wenn man von Sachen redet, die nicht in die Sinne fallen, eine vergebliche Mühe ist, wenn man untersuchet, was sie seyn, ehe und zuvor man gewiß ist, daß sie seyn; Also würde es hingegen in Moralischen und Juristischen, ja in allen andern Dingen, die aus vielen Sachen zugleich bestehen, etwa ungereimtes seyn, wenn man die Frage, ob sie würcklich sind, abhandeln wolte, ehe man dieselben zuvor deutlich beschrieben hätte.

§ 12

Von uns aber beygefüget.

Ich beschreibe aber das Laster derZauberey so ferne ich dasselbe aus den Schrifften, und der gemeinen Übereinstimmung derjenigen, die es behaupten, erkennet habe, daß es ein Verbrechen sey, da ein Mensch offte dem Satan, der sich entweder in einer viehischen oder menschlichen oder ungeheuren Gestalt sehen lässet, ein solches Bündniß eingehet, daß er, wenn der Teuffel seinen Lüsten, Geitz und Hochmuth eine Genügen leisten werde, mit ihm Unzucht treiben, und an einem gewissen Orte mit Hülffe des Teuffels, der die Zauberer durch die Lufft zuführen vermag, erscheinen auch daselbst nebst andern seinen Consorten den-

hominibus, bestiis et frugibus, vel tempestates excitando, vel alio praeternaturali modo damna dare, et post certum temporis spatium anima et corpore Diaboli mancipium esse ac in aeternum manere.

§ XIII

Affirmanti dari crimen magiae incumbere probationem, non nobis.

Cum itaque jam quaeritur an tale crimen Magiae detur, ita procedendum esse putamus. Omne delictum in facto consistit. Factum non praesumitur. Ergo qui asserit, dari crimen Magiae id probare debet, non à negante probationem expetere. Etiamsi enim pro negativa nullam rationem afferremus, pro nobis tamen sententia etiam à judice indoctissimo esset pronuncianda. Age igitur prodeat initio Carpzovius et crimen Magiae dari contra Wierum et alios ostendat.

§ XIV

Argumenta Carzovii pro exsistentia magiae cum responsionibus nostris. Ad primum: Jure divino debere magos interfici. Respondetur: magos ibi non puniri propter pactum cum diabolo, sed propter idololatriam.

„Primum juri divino convenit sententia, quae vult Sagas et Magos esse cremandos, quia DEUS jam pridem sententiam tulit in Maleficos, Pythones, Sagas et Incantatores Exod. XXII. v. 19. quod debeant interfici. *Vid. Carpzov. dict. qu. 48. n. 40.* Sed quae connexio? Malefici illi, de quibus loquitur lex divina, non sunt Magi, quales nos definivimus. Non inierunt pactum cum Diabolo; quaecumque egerunt, egerunt absque pacto tali, sive id egerint artificiali deceptione sive occultis viribus naturae, h. e. sive Magia naturali, sive artificiali, id nobis perinde est, modo non diabolica. Nec obstat, quod has Magiae classes inter licitas retulerimus, et DEUS tamen Magos, ut delinquentes voluerit puniri. Poterit enim id, quod ratione modi licitum est, ratione intentionis et scopi illicitum. DEUS eos puniri voluit, non ut tales, qui pacta cum Diabolis inirent, aut hominibus damnum darent, sed qui auctores et propagatores essent idololatriae.

selben anbeten, tanzen und schwelgen, ja auch durch eben des Teuffels Beystand den Menschen, Vieh und Früchten entweder durch Wettermachen, oder auff eine andere übernatürliche Weise Schaden thun, und endlich nach Verfliessung einer bestimmten Zeit mit Leib und Seele des Satans seyn, auch in Ewigkeit bleiben wolle.

§ 13

Derjenige, so behauptet, daß ein Laster der Zauberey sey, muß es beweisen und nicht wir.

Da nun itzo die Frage ist: Ob dergleichen Laster der Zauberey sey, so muß man dabey also verfahren. Ein jedwedes Verbrechen ist eine That. Dergleichen That aber wird nicht praesumiret und gemuthmasset. Muß derowegen derjenige, der bejahet, es sey ein Laster der Zauberey, solches auch erweisen, und kan der Beweiß nicht von einem, der es leugnet gefordert werden. Denn wenn ich eine Sache in Zweiffel ziehe, und gleich nur einen eintzigen Beweißgrund vor meine Meynung anführete, so müste dennoch von dem allerungelehrtesten Richter das Urtheil vor mich gesprochen werden. Wolan so soll demnach Carpzovius, zu erst aufftreten, und wider den bekandten Wier und andere darthun, daß ein Laster der Zauberey sey.

§ 14

Carpzovs Argumenta vor die Existentz der Zauberey werden beantwortet und zwar das erste: Die Zauberer sollen nach den Göttlichen Rechte umgebracht werden, daß daselbst die Zauberer nicht gestraffet werden wegen des Bündnisses mit dem Teuffel, sondern wegen der Abgötterey.

Erstlich, schreibt er, kömmt diese Meynung mit dem Göttlichen Rechte allerdings überein, als welches haben wil, daß alle verbrandt werden, sintemahl GOtt schon vorlängst dieses Urtheil wider die Zeichendeuter, Wahrsager, Zauberer und Hexen gesprochen daß sie sollen getödtet werden Exod. XII. 18. Numer. XX. 27. Aber wie reimet sich das hierzu? Diejenigen Übelthäter, davon das Göttliche Gesetze handelt, sind keine Zauberer, wie ich sie beschrieben habe? Sie haben kein Bündnis mit dem Teuffel gemacht, und was sie gethan, haben sie ohne dergleichen Bündnisse gethan, es sey nun durch einen künstlichen Betrug oder durch geheime Mittel der Natur, das ist, entweder durch die Natürliche oder künstliche, denn das ist mir einerley, nicht aber durch eine Teuffelische Magie. Es hindert auch nicht, daß ich bereits diese Arten vor zulässig ausgegeben, und GOtt dennoch solche an angeführten und andern Orten gestraffet wissen wolle. Denn es kan dasjenige, was seiner Beschaffenheit nach gantz zuläßig ist, nach dem Absehen und den Endzweck unzuläßig werden. GOtt hat dieselbe wollen gestrafft wissen, nicht so ferne sie gewisse Pacta mit dem Teuffel machen, oder den Menschen Schaden zufügen, sondern soferne sie Urheber und Fortpflantzer der Abgötterey sind.

§ XV

Satisfit Carpzovio excipienti legem divinam non loqui solum de veneficis.

„Sed, pergit Carpzovius, lex divina neutiquam de veneficis tantum, qui veneno malo propinato mortem procurant, restringenda est, ut putat Wierus, sed omnes denotat, qui praestigiis alios offendunt, quales erant Magi Pharaonis Exod. VII.“ Verum videat Wierus, quid ad hanc sententiam Carpzovii respondeat. Nos enim alia usi sumus in § *praecedente* via, nec nobis obstat haec Carpzovii exceptio. Quibuscumque enim praestigiis usi fuerint Magi Pharaonis, nihil tamen fecerunt ex pacto cum Diabolo aut ope talis pacti, et non tam ob istas praestigias, quiam ob idololatricam superstitionem iussi à DEO interfici.

§ XVI

Nova objectio de magis Pharaonis, quod illi pacta cum Diabolo habuerint, resolvitur.

Attamen, posset quis pro Carpzovio urgere, non potuerunt eae praestigiae, quae à Magis Pharaonis editae sunt, per Magiam naturalem aut artificialem fieri. Non per illam, quia alis et Mosis operationes non fuissent miracula, sed opera naturae: Non per hanc, quia vix imaginari mihi possum, quomodo id possibile fuerit, ut per illusionem baculi Magorum mutati sint in serpentes. Ergo per Daemoniacam. Ad haec respondeo. I. Nondum constare, quaenam sit differentia inter miracula et opera naturae. Nam quae communiter de operibus naturalibus, praeternaturalibus et supernaturalibus, item de differentia inter potestatem divinam et diabolicam ex Metaphysica Scholasticorum docentur, et in systemate etiam superiorum facultatum, transferuntur, merae nugae sunt ac petitiones principii. 2. Non sequitur: Magi Pharaonis ex occultis viribus naturae, i. e. Philosophiae Aristotelicae et Cartesianae (quarum neutra quicquam, aut haec certe non multum solidi quoad causas naturales demonstravit,) incognitis, produxerunt istos effectus, ergo Mosis opera fuere etiam naturalia. Nam quae à Mose et Aarone postea edebantur opera, quae à Magis non poterant similiter produci; satis probabant potentiam potentia Magorum superiorem, ut adeo vel ex hac ratione non possi-

§ 15

Carpzov erwiedert, daß das Göttliche Gesetze nicht allein von den Gifftmischern rede, wird aber abgefertiget.

Dieses Göttliche Gesetze aber, schreibet er ferner, ist keineswegs von den Gifft-Mischern, die andere durch Gifft umbs Leben bringen, alleine zuverstehen, wie der Wier davor hält, sondern es erstrecket sich auff alle, die mit allerhand Blendwerck den Menschen Schaden zufügen, dergleichen die Zauberer des Königs Pharao waren Exod VII. Allein hier mag Wierus selber zusehen, was er auff des Carpzovii Meynung antworten wil. Mir ist des Carpzovii Ausflucht nicht zuwieder, nachdem ich in vorhergehenden § einen andern Weg gegangen bin. Denn es mögen die Zauberer des Pharao vor Künste gebraucht haben, was sie vor welche gewolt, so haben sie dennoch nichts mit Hülffe des Teuffels und vermittelst des Bündnisses mit ihm getan, sie sind auch nicht eben solcher Künste, sondern ihres abgöttischen Aberglaubens wegen von GOtt hinzurichten befohlen worden.

§ 16

Neuer Einwurff von des Pharaonis Zauberern, daß dieselbe ein Bündnis mit dem Teuffel gemacht, wird beantwortet.

Allein hier könte jemand vor Carpzoven dieses einwenden, es hätte das Blendwerck, welches die Egyptischen Zauberer gemacht, weder durch eine natürliche, noch eine künstliche Magie geschehen können. Nicht durch jene, weil solcher Gestalt des Mosis Thaten keine Wunder, sondern Wercke der Natur gewesen wären; Auch nicht durch diese, weil ich mir gar nicht einbilden und begreiffen kan, wie es immer möglich sey, daß durch ein blosses Blendwerck der Zauberer-Stäbe nachmals in Schlangen verwandelt werden können. Muß also solches durch die Teuffelische Magie geschehen seyn. Aber hierauff antworte ich: Erstlich ist noch nicht ausgemacht, was vor ein Unterschied zwischen den Wundern, und zwischen den Wercken der Natur sey. Denn was sonst gemeiniglich der alten Scholasticorum Methaphysica von dem Unterschied der natürlichen, außer natürlichen und über natürlichen Wercken, wie auch von dem Unterschied zwischen Gottes und des Satans Macht gelehret, auch in die höhern Facultäten gebracht, ist alles nur ein unnützes Geschwätze, und muß erst noch erwiesen werden. Zum andern folget keinesweges: Die Zauberer des Egyptischen Königs Pharao haben aus verborgenen Kräften der Natur, das ist, solchen, die der Aristotelischen und Cartesianischen Philosophie (sintemahl keine von beyden und am wenigsten diese letztere etwas gründliches von den natürlichen Ursachen demonstriren kan) unbekandt und verborgen sind, solche Wirckungen hervorgebracht, derowegen müssen Mosis seine Wercke auch flugs natürlich gewesen seyn? Denn diejenigen Wercke, die Moses und Aaron nach diesen ausübeten, und von des Pharaonis Zauberern nicht konten nachgemachet werden, die zeigeten zur genüge eine weit höhere Macht an, als der Zauberer ihre war, daß man auch nicht bloß aus dieser Ursache von den Zauberern des Pharaonis gleich auf Mosen schliessen kan.

mus argumentari a Magis ad Mosen. 3. Et cui non notum est illud; Duo cum faciunt idem, non est idem? 4. Multa nobis imaginari non possumus esse per artem possibilia, quae tamen vilissima sunt, si ostendantur. Et infinitae sunt praestigiae, quae homines viribus supernaturalibus adscribunt, cum tamen sint merae illusiones. Huc refer ista artificia Abrahami Colomni cum Chartis lusoriis recensita à Spizelio *d. l. p. 1. c. 6, p. 26.* quas tamen hic auctor absque ulla ratione Diabolo adscribit. 5. Si ope Daemonis Magi Pharaonis produxerunt, quae produxerunt, vel Daemoni id fecit per vires naturae, vel per praestigias et illusiones. Non per illas, qùia alias et Mosis miracula fuissent operationes naturae: Non per has, quia vix imaginari nobis possumus, quomodo id possibile fuerit, ut Diabolus potuerit illudere sensibus hominum. Saltem argumentum hoc in eum finem affero, ut ostendam, facilè objectionem nobis factam, in adversarios retorqueri posse. Nam ego quidem nolo personam respondentis mutare in personam opponentis.

§ XVII
De saga Samuelem evocante, item de Manasse.

„Sed idem tamen disponitur, ita pergit Carpzovius, Lev. XX. v. 26. ubi lex jubet omnes magos interfici. Et ista lex in populo israëlitico semper fuit in viridi observantia, quod testatur exemplum Pythonissae in Endor quae formidabat Saulem: quia sub poena capitis magicam artem prohibuerat. Rex Manasses etiam et totus populus israëliticus propter artes magicas fuere à Deo graviter puniti.“ Respondeo I. Confunditur semper Magia idololatrica cum Diabolica, quo pactum initur cum Diabolo. 2. Carpzovius non tam sollicitus est, ut probet, dari magiam, quae tamen esse debebat primaria quaestio in disputatione adversus Wierum, quam ut probet, magiam esse capitaliter puniendam. 3. Quamvis nec hoc probetur firmiter ex allegatis legibus divinis, utpote quae purè forenses sunt, et Christianos non obligant. Jubet eadem lex, filiam Archisacerdotis scortantem igne cremari, cur non igne cremantur filiae Superintendentum nostrorum, si talia

Und zu dem, wem ist Drittens unbekandt, daß wenn gleich zweye einerley machen, solches doch nicht einerley zu seyn pfleget. Vierdtens, dienet auch zur Antwort, daß wir uns vielmahl ein Ding, welches durch Kunst möglich ist, nicht einbilden können, da es doch nachmahls, wenn es uns gewiesen wird, gantz geringe und nichtswürdig ist. Und sind gewiß unzehlige Künste, welche zwar die Leute gemeiniglich übernatürlichen Kräfften zuschreiben, da sie doch nichts, als ein blosses Blendwerck seyn. In diese Classe gehören ohne Zweiffel auch des Abrahami Columni Kunst-Stücke, die er mit den Karten gemacht, und von dem Spizelio in ob angezogenem Buche p. 62. erzehlet werden, welche aber dieser Auctor ohne eintzige vernüfftige Ursache dem Teuffel zuschreibet. Endlich und zum Fünfften, wenn des Pharao Zauberer das, was sie hervorgebracht, durch Hülffe des Satans verrichtet, so hat es der Teuffel entweder durch natürliche Kräffte, oder durch Kunst und Blendwerck durch sie gethan. Keines aber von beyden kan seyn: nicht das erste, weil sonst auch des Mosis seine Wunder nur Wirckungen der Natur gewesen wären; auch nicht das letzte, weil ich mir auch durchaus nicht einbilden kan, wie es immer möglich sey, daß der Teuffel damahls habe der Leute ihre Sinne verblenden können. Ich führe dieses Argument schlechter Dinges deswegen an, daß ich weiß, wie leichte ich den mir gemachten Einwurff auf meine Widersacher retorquiren könne: Da ich doch voritzo die Person eines Respondenten in eines Opponenten zuverwandeln nicht gesonnen bin.

§ 17

Von der Hexe zu Endor, die den Samuel hervor brachte, imgleichen von Manasse.

Eben dieses, so fähret Carpzovius ferner fort, stehet auch Lev. xx. v. 26 wo das Gesetze befiehlet, alle Zauberer mit dem Tode zubestraffen. Es ist auch dieses Gesetze bey dem Israelitischen Volcke allezeit gebräuchlich gewesen, welches das Exempel der Wahrsagerin zu Endor, die sich vor Saul, weil er bey Lebens-Straffe alle Zauberkünste verboten hatte, fürchtete, klärlich beweiset. Überdiß ist auch wegen der Zauberkünste, beydes der Jüdische König Manasses, als auch das gantze Volck Israel von GOTT sehr hart bestraffet worden. Doch hierauf dienet zur Antwort: Anfangs wird die abgöttische Magie mit der Teuffelischen, welche in einem Bündnisse mit dem Teuffel besteht, allemahl confundiret. Hiernach ist Carpzovius nicht so wohl bekümmert, zu erweisen, daß eine Zauberey, sey welches er doch vor allen Dingen hätte thun sollen, wenn er wider den Wierum hätte disputiren wollen; also daß er sich darzuthun bemühet, die Zauberey sey mit dem Leben zubestraffen. Wiewohl auch dieses Drittens aus angeführeten Göttlichen Gesetzen nicht sattsam erwiesen wird, sintemahl selbige zwar ehemahls die Jüdische Republic obligireten, nicht aber heute zu Tage den Christen angehen. Man kan dieses zur Genüge daraus abnehmen: Das Göttliche Gesetze befielet, es soll des Hohenpriesters Tochter, woferne sie Hurerey treibet,

committant? Sanè major convenientia est inter Archisacerdotem Judaicum et Superintendentem hodiernum, quam inter Magos illos, de quibus loquitur lex Judaica et eos, de quibus disputamus. 4. Deuter. XIIX. v. 10. et 11. ubi Deus multas species magiae, quam israëlitis prohibuerat, recensentur, nulla fit mentio magiae talis Diabolicae, de qua disputamus. sed omnes ibi recensiti fuere idololatrae et deceptores ac agyrtae, quod latius probat Dale in tractatibus *de oraculis et de divinationibus idololatricis Judaeorum*.

§ XIIX
Pythonissa in Endor decepit Saulem, qui neque Samuelem, neque ejus umbram, sed nihil vidit.

Adjuvabimus ipsi Carpzovium. Ista enim Pythonissa in Endor produxit vel Diabolum sub specie Samuelis vel ipsam animam Samuelis, quod absque ope Diaboli fieri non potuit. Respondeo I. Nulla Diaboli multo minus pacti cum eo, in scriptura fit mentio. 2. Nec apparuit Diabolus, nec anima Samuelis, nec species ejus, sed mera fuit illusio. Fuit ista femina ex eorum classe, qui ex ventre loqui possunt, et ita decepit Saulem, quod etiam conveniens est textui. Sam. XXXVIII. Nam Saul nihil vidit, sed audivit saltem vocem, et solum femina dixit, se videre aliquid.

§ XIX
Ad secundum argumentum Carpzovii provocantis ad legem naturae respondetur, eum hoc assertum non probasse.

Igitur primum argumentum Carpzovii nihil probat. Videamus secundum, in summam tamen contractum. Cum hac lege divina non modo congruit lex naturae, ut apparet ex sanctionibus Ethnicorum, poenas capitales Magis de decernentium, veluti et Plato *lib. II. de Legibus* mortis poenam ponit Magis, sed et eamdem sequuntur concilia, quibus variae poenae in magos veneficos constituuntur, eademque fuit praxis apud Populum Romanum et Persas. Respondeo I. iterum

mit Feuer verbrandt werden: warum verbrennet man denn nicht itzo unserer Herrn Superintendenten Töchter, wenn sie dergleichen Sünde begehen? Denn es ist gewiß eine grössere Verwandnis und Gleichheit unter den ehemaligen Jüdischen Hohenpriestern und unter den heutigen Superintendenten, als zwischen den Zauberern, von welchen Mosis Gesetze redet, und denjenigen, davon itzo der Streit ist. Endlich geschiehet Deut. XVIII. v. 10. 11. da die viele Arten der Magie, so Gott dem Volcke Israel untersaget hatte, erzehlet werden, von der Satanischen Zauberey, davon ich itzo disputire, keine Meldung; sondern alle diejenigen, so da erzehlet seyn, sind Abgötter, Betrüger und Gauckeler gewesen, gleichwie solches weitläuffig van Dale in seinen bereits erwehnten Büchern von den Heydnischen Oraclen und von den abgöttischen Wahrsagungen der Jüden dargethan und ausgeführet hat.

§ 18

Die Wahrsagerinn zu Endor hat den Saul betrogen, als welcher weder den Samuel, noch seinen Schatten, sondern gar nichts gesehen.

Ich wil dem Carpzovio selbst ein wenig helffen: Denn die Wahrsagerin zu Endor hat entweder den Teuffel unter der Gestalt des Samuels, oder die Seele des Samuels selbst, welches doch ohne Hülffe des Teuffels nicht geschehen mögen, hervorgebracht. Ich gebe darauff zur Antwort, daß erstlich an dem Orte der Schrifft, wo diese Geschichte stehet, keines Teuffels, geschweige eines Bündnisses mit demselben gedacht wird. Hiernechst, wer wil sich bereden lassen, daß entweder der Teuffel, oder die Seele des Propheten Samuels, oder auch nur seine Gestalt von der Wahrsagerin hervorgebracht worden? Es war ein blosses Blendwerck. Das Weib war eine aus derjenigen Zahl, die durch den Bauch reden können, und also betrog sie den furchtsamen Saul, welches auch mit dem Texte, Sam. XXVIII gantz wohl überein kömmet. Denn Saul sahe nichts, er hörete aber nur eine Stimme und bloß sagte das Weib, daß sie etwas sehe, da es doch ebenfalls eine Unwahrheit war.

§ 19

Auff Carpzovs ander Argument, da er sich auff das natürliche Gesetze beruffet, wird geantwortet, daß er diesen Satz nicht erwiesen habe.

Und also fällt Carpzovii erster Grund, ohne daß er etwas beweise, dahin. Nunmehr wil ich auch den andern, welchen ich gantz kurtz gefasset, besehen. Mit diesem Göttl. Gesetze, so heissen seine Worte, stimmet nicht nur das natürliche Gesetze überein, wie aus der Heyden Verordnungen, nach welchen alle Zauberer am Leben gestraffet worden, wie auch Plato im andern Buch von den Gesetzen, den Zauberern die Todes-Straffe zuerkennet zu ersehen, sondern es haben sich auch jederzeit nach demselben so viele Concilia gerichtet, welche die Zauberer und Hexen mit allerhand Straffen beleget haben. Eben dieses ist auch bey den Römern und Persern löblich beobachtet worden. Allein hier muß ich wieder erinnern, es confundiret derselbe anfangs die Frage, ob solche Zauberer seyn, die mit dem

confunditur quaestio de exsistentia Magorum cum Diabolo paciscentium, cum quaestione de poena Magiae naturalis et artificialis. 2. Confunditur lex naturae cum moribus quarumdam gentium. 3. Parum apte miscetur moribus Gentium phantastica Respublica Platonis.

§ XX

Ad tertium à Jure Civili desumtum respondetur, à Veneficis ad sagas N(on) V(alere) C(onsequentiam)

„Tertio, pergit Carpzovius, de jure quoque Civili, Magis seu Veneficis poenam capitalem infligendam esse dubitandum prorsus non est." Respondeo 1. Bene, quod Carpzovius dicat Magis seu Veneficis. Igitur plane aberratur a quaestione de qua disputamus. Neque enim Venefica Germanicè est eine Hexe, uti vulgo ob istud commune erroris praejudicium interpretamur, sed eine Gifftmischerin. At vero ad veneficium tale nulla diaboli ope ac foedere opus est. 2. Leges ipsae nusquam mentionem faciunt pactorum cum diabolis, sed augurum, auspicum, mathematicorum seu astrologorum etc. Ut taceam alias responsiones ex praecedentibus hic iterum repetendas, et quod ulterius pro exsistentia criminis magiae Jus Civile non magis possit allegari, ac pro exsistentia cujuscumque entis.

§ XXI

Ad quartum, à testimonio scriptorum Pontificiorum, respondetur, esse planè impertinens.

Jam ad potissimum momentum probationis Carpzovianae accedimus. „Quarto, ait, negari non potest, Magos et sagas pactum habere cum Diabolo, in quo abjurant foedus, quod, cum Deo inierunt in baptismo, testibus Bodino, Remigio, Chirlando etc." Resp. Pudere debuisset Carpzovium, in re, ubi momentum quaestionis situm est, nil aliud proferre, quam testimonia scriptorum Pontificiorum, replentium libros suos partim fabulis anilibus ac Clericalibus, partim depositionibus hominum melancholicorum aut crudelissimis tormentis ad dicendas res de quibus interrogabantur, adactorum. Si nostri Jure Consulti huc usque non exscripsissent absque judicio alios et imprimis Pontificios, sed res qua Physicas,

Satan ein Bündnis machen, mit der Frage von der Straffe, damit die natürliche und künstliche Magie beleget worden. Hernach confundirt er auch das natürliche Gesetze mit den Sitten und Gewohnheiten etlicher Völcker. Und endlich vermischet er gantz ungereimt die Phantastische platonische Republik mit den Sitten und Gebräuchen der Völcker.

§ 20

Auf das dritte, von den Bürgerlichen Gesetze hergenommen, dienet zur Antwort, daß von den Gifftmischern auf die Zauberer keine Folge sey.

Zum Dritten, währet Carpzovius fort, darff man auch an dem Bürgerlichen Rechte keineswegs zweiffeln, daß es nicht mit gleicher Lebens-Straffe die Zauberer oder Gifft-Mischer (Magos seu Veneficos) wolle beleget wissen. Hierbey lobe ich anfänglich den Carpzov, daß er keinen Unterschied unter Zauberern und Gifft-Mischern macht, derowegen so gehet er von der Frage, da von itzt die Rede ist, sehr weit ab, denn das lateinische Wort Venefica kan auff Teutsch nicht eine Hexe, wie solche zwar wegen des schon eingesogenen allgemeinen Jrrthums zu geschehen pflegt, sondern eine Gifftmischerin heissen. Zu dieser Kunst aber wird des Teuffels Hülffe oder ein Bündnis mit demselben eben nicht erfordert. Hiernächst ist wohl zumercken, daß die Bürgerlichen Gesetze niemahls der Bündnisse mit dem Satan gedencken, sondern nur die Wahrsager, Zeichendeuter, Mathematicos, oder die Sternseher etc. nennen. Anderer Antworten mehr itzo zu geschweigen, die hier, als bereits angeführet, könten wiederholet werden, wozu ferner noch diese zu setzen, daß das Bürgerliche Recht ebenso wenig, die Existenz des Lasters der Zauberey daraus zu beweisen, könne angeführet werden, so wenig man die Existenz anderer Dinge daraus bekräfftigen mag.

§ 21

Das vierdte von den Zeugnissen der papistischen Scribenten ist gantz ungereimt.

Nun komme ich auf den vornehmsten Beweiß-Grund, welchen Carpzov zu behauptung seiner Meynung anführet. Zum Vierdten, schreibt er, kan gar nicht geleugnet werden, daß die Zauberer ein gewisses Bündnis mit dem Teuffel machen, darinn sie ihren Bund, den sie mit GOtt in der Tauffe geschlossen, völlig abschweren, wie solches ausdrücklich Bodinus, Remigius, Chirlandus und andere bezeugen. Allein Carpzovius hätte sich schämen sollen, daß er in einer Sache, worauff das Hauptwerck der gantzen Frage beruhet, nichts anders vorbringet, als die Zeugnisse der Päbstlichen Scribenten, die ihre Bücher theils mit alten Weiber und Mönchs-Fratzen; theils mit melancholischer Leute theils mit ausgefolterten und ausgemarterten Aussagungen anzufüllen pflegen, dadurch freylich die Leute, alles dasjenige warum sie gefraget worden, gestehen müssen. Gewiß hätten bisher unsere Rechtsgelehrten andere und vornehmlich die Päbstler nicht ohne Verstand ausgeschrieben, sondern ein jeder so wohl die natürlichen, als moralischen Sachen, wovon die Gesetze disponiren, nach ihrer Natur und Beschaffenheit fein

qua Morales, de quibus leges disponunt, secundum naturam suam intellectu quilibet proprio considerassent, jam dudum Jurisprudentia nostra etiam habita fuisset pro disciplina ad veram Eruditionem pertinente ab eruditis. Jam cum unus exscribat adhuc absque judicio alterum et summo stupore putet, se non invenisse, quod pueri in faba, si casum aut quaestionem inveniat in terminis terminantibus, vitio non debemus vertere Eruditis, si cum nomen JCti audiunt, concipiant sibi in terminis terminantibus Rabulam aut Leguleium. Sed ad Carpzovium nostrum.

§ XXII

ubi simul ostenditur impertinentia doctrinae de pacto tacito sagarum cum Diabolo.

Pergit ille: „Licet non omnes Magi expressè cum Diabolo paciscantur eique obsequium perpetuum promittant, Deo tamen renunciant, commercium cum Diabolo habentes, quo ipso tacitam seu implicitam pactionem contrahi manifestum est." Respondeo. I. Si nullum pactum expressum datur, uti hactenus tale nullum fuit demonstratum, de pacto tacito frustra quaeritur. Qui enim non expressè contrahere potest, et cum quo expressè contrahi nequit, is etiam non contrahit, nec cum eo contrahitur tacitè. 2. Id in quaestione est, an Magi qui praestigiis Homines decipiunt, commercium corporale cum Diabolo habeant, et ita Deo tacitè renuncient. 3. Si illa, qui commercium spirituale cum Diabolo habent, pactum tacitum cum Diabolo faciunt, et tamquam Magi cremandi sunt, fiet summa confusio omnium delictorum. Nam fures, adulteri, mendaces et omnes, qui operantur opera carnis commercium spirituale habent cum diabolo.

§ XXIII

Male inferri a poena homicidarum et adulterorum ad poenam sagarum.

Addit Carpzovius; „Homicidarum ac adulterorum poenam capitalem esse, Magiam autem esse crimen deterius homicidio et adulterio, imo sagas, dum infantes proprios Diabolo sacrificant, esse homicidas, et dum succumbunt Diabolo esse adulteras." Respondeo: semper misceri quaestionem de poena magiae cum quaestione de magiae exsistentia et quoad hanc semper peti id, quod est in principio.

nach seiner eigenen Vernunfft untersuchet, so würde unsere Jurisprudenz auch vorlängst vor eine Disciplin von den Gelehrten seyn gehalten worden, die auch zu der wahren Gelehrsamkeit gehöre. Da aber biß dato noch immer einer den andern gantz ohne nachsinnen ausschreibet und sich noch darzu einbildet, wunder, was er gefunden, wenn er diesen oder jenen casum diese oder jene Frage in terminis terminantibus angetroffen hat, so darff man es denen Gelehrten nicht verargen, wenn sie bey Nennung eines Juristen sich von denselben in terminis terminantibus keinen andern concept machen, als von einen Zungen-Drescher und Legulejo. Wir müssen aber wieder zu unsern Carpzov kommen.

§ 22

Allwo auch zugleich die ungereimte Lehre von den stillen Bündnisse der Hexen mit dem Teuffel gezeiget wird.

Obwohl, continuiret er ferner, nicht alle Zauberer in der That allezeit einen Bund mit dem Teuffel machen, und ihm beständigen Gehorsam versprechen, so sagen sie doch indessen, da sie mit dem Teuffel Gemeinschafft hatten, GOtt ab, woraus denn offenbahr ist, daß ein heimliches oder verborgenes Bündniß gemachet werde. Ich antworte aber hierauff (1.) Wenn kein offenbar Bündniß vorhanden ist, wie dergleichen bis ietzo noch nicht erwiesen worden, so fället das heimliche von sich selbsten hinweg. Denn wer nicht offenbahr contrahiren kan, oder mit welchem nicht offenbahr ein Bündniß kan geschlossen werden, von dem oder mit dem kan solches auch nicht tacite oder heimlich geschehen. (2.) Ist annoch die Frage, ob die Zauberer, die durch allerley Künste die Menschen betrügen, eine leibliche Gemeinschafft mit dem Teuffel haben, und also GOtte heimlich absagen. (3.) Wenn alle diejenigen, die nur eine geistliche Gemeinschafft mit dem Teufel haben, ein heimliches Pactum mit ihm machen, unn als Zauberer verbrandt werden müssen, O! so würde eine grosse Verwirrung unter allen Menschlichen Verbrechen vorgehen, sintemal die Diebe, Ehebrecher, Lügner, und alle, die des Fleisches Wercke thun, mit dem Teufel in einer geistlichen Gemeinschaft stehen.

§ 23

Von den Straffen der Todtschläger und Ehebrecher auf die Straffe der Hexen wird sehr übel geschlossen.

Was Carpzovius noch weiter hinzu setzet, daß gleichwie die Ehebrecher und Mörder eine Lebens-Straffe verdieneten, solche nothwendig auch die Zauberer treffen müsse, weil ihr Verbrechen ein Laster, das ärger, als der Mord und Ehebruch sey, ja die Hexen indem sie ihre eigene Kinder dem Teuffel aufopfferten, wären nicht nur Mörderinnen, sondern, indem sie die teuffelische Wollust mit ihm treiben, zugleich auch Ehebrecherinnen; verdienet keiner besondern Antwort, sondern ich erinnere nur nochmahls, daß er allezeit die Frage von der Straffe der Zauberey mit der Frage, ob sie sey, verwechsle, und allezeit das vor schon ausgemachet, und wahr halte, was erst noch bewiesen werden muß.

§ XXIV

Ad quintum: expedire sagis ipsis, ut quam citissime morte puniantur, respondetur, ostensione multiplicis inconvenientiae.

Restat ultimum argumentum Carpzovii. „Quinto dicit: Sagis ac Lamiis ipsismet conducit, ut quam maturè e medio tollantur. Nam Diabolus tam pertinaciter eas laqueis suis involutas habet, ut citius non dimittat, quam moriantur. Quo in genere fidem non immerito habemus Remigio Ducis Lotharingae Consiliario qui judiciis capitalibus nongentorum plus minus magorum interfuit, testanti, quod ex tot millibus, quos sortilegii laqueis irretitas habuerit Satan, nemo auditus sit, qui se aliter expediverit, quam culpae vel coacta vel libera professione ac deinde ejus morte luitione. „Respondeo I. Quis putaret JCtos Lutheranos eò absurditatis potuisse abduci, ut Carnificem pro instrumento ordinario conversiones habeant? 2.Cur vero Remigio iterum credit coecus Carpzovius, homini superstitioso et mancipio Cleri? Rationes ob quas fidem ipsi Carpzovius adhibuit, quod in Lotharingia tot judiciis de magia interfuerit, apud nos fidem ejus destruunt. 3. Neque intellexit Remigium Carpzovius, qui non illud dicit, quod hic deducit, sed qui saltem dicit, non potuisse se liberare à pactis cum Diabolo sagas, antequam crimen sint confessae, quam confessionem postea per leges Clericales necessario mors secuta sit, 4. Si Jurisprudentia Carpzovii opus habet, ut ab aliorum auctoritate, aut fabulis, dependeat, cur non potius credidit Theologis nostratibus, qui docent, multos magos absque poena mortis fuisse iterum in ordinem redactos, et qui diabolum depingunt tamquam spiritum, ita impotentem et eneruem, ut crepitu ventris possit expelli, et nequeat chirographum ejus, qui cum ipso pactum iniit, auferre ex Bibliis, quod tamen minimus catellus potest. Videantur Lutheri *Tischreden* et Spizelii *gebrochene Macht der Finsterniß P. 1. c. II.* p. 211. seq. et P. III per integr. 5. Pulchrum vero argumentum, quo etiam homicidium defendi posset, si quis hominem fruges consumere natum, lue Gallica infectum, aut morbo maximè dolorifico laborantem interficiat, sub praetextu, quod ipsi conducat, ut quam maturè è medio tollatur. 6. Non intelligit fines poenarum capitalium, qui hoc lubrico et vix tyronibus condonando praetextu poenam capitalem defendere vult.

§ 24

Auf das fünffte: Es sey denen Hexen selbst daran gelegen, daß sie sofort von Leben zum Tode gebracht würden, wird geantwortet und die vielen Inconvenientien gezeiget.

Nun ist noch das letzte Argument übrig. Fünfftens, heist es, es ist den Hexen und Zauberern selbst vortheilhafftig, daß sie beyzeiten abgethan, und aus dem Wege gereumet werden. Denn der Teuffel hält sie so fest in seinen Schlingen, daß er sie nicht eher los läßt, als bis sie sterben. Und ich stelle dem Remigio, welcher bey dem Hertzoge von Lothringen Rath gewesen, und mehr als neun hundert Zauberer verurtheilen und hinrichten lassen, allerdings Glauben zu, als welcher versichert daß unter so viel tausenden, die der Satan mit seinen Zauber Stricken gebunden gehabt, man von keinem gehöret habe, daß er sich solcher teufelischen Bande auff andere Weise, als entweder durch freywilliges oder gezwungenes Bekäntniß ihres Verbrechens oder auch durch Erduldung der Todes-Straffe, loß gemachet. Ich antworte aber: Wer solte wol sich immer einbilden können, daß Lutherische Rechtsgelehrte auff die absurdität gerathen und glauben solten, der Scharffrichter sey ein ordentliches Instrument der Bekehrung. 2) Und warum glaubet der unvorsichtige Carpzov dem Remigio, einem abergläubischen Menschen, und der gleichsam ein Sclave der Clerisey gewesen. Denn die Gründe, um welcher willen ihm Carpzov Glauben zugestellet, nemlich, daß er in Lothringen so vielen Verurtheilungen mit beygewohnet, die finden hingegen bey mir schlechten Beyfall. 3.) Zudem hat er den Remigium nicht einmal recht verstanden, als welcher keines weges dasjenige saget, was Carpzov aus seinen Worten schliessen wil, sondern nur so viel spricht, daß sich die Hexen von ihren Bündnissen mit dem Teuffel hätten frey machen können, ehe sie zuvor ihr Laster gestanden, auff welches Geständniß nachmahls vermöge der Pfaffen Gesetze nothwendig der Tod erfolget ist. 4.) Wenn aber ja des Carpzovs seine Jurisprudenz bedurfft hätte. sich auff anderer Auctorität und auf Fabeln zu gründen, warum hat er nicht unsern Theologis mehr geglaubet, die da lehren, daß viel Hexen und Zauberer ohne die ordentliche Todes-Straffe, wären wieder auff den rechten Weg gebracht worden, und die überdiß aus dem Teuffel einen so ohnmächtigen Geist machen, daß er so gar durch einen stinckenden Wind verjaget werden könne, und daß er nicht das Vermögen habe, die Handschrift dessen, der mit ihm das Bündniß eingegangen, aus der Bibel zu nehmen, welches doch der kleineste Hund kan. Siehe Lutheri Tisch-Reden, und Spizelii gebrochene Macht der Finsterniß im ersten Theil p. 211 seqq. nebst dessen gantzen dritten Theil. 5.) Es wäre aber dieses ein schönes argument, damit man auch den Todtschlag defendiren und bescheinigen könte, wenn jemand einen unnützen Menschen, oder einen, der mit der Frantzösischen Kranckheit, oder einem andern schmertzhafften Gebrechen behafftet wäre, umbrächte, dürffte er nur den Vorwand brauchen, es sey ihm selbst vortheilhafftig, daß er vom Brodte geholffen werde. 6.) Ob demnach derjenige den rechten Endzweck der Lebens-Straffen verstehe, der durch dergleichen ungegründeten Praetext, welchen man auch Lehr-Schülern nicht zu gute halten würde, dennoch die Lebens-Straffen vertheidigen will, mögen andere urtheilen.

§ XXV
Respondetur ad conclusionem Carpzovii.

Claudit Carpzovius suam probationem: „Jam judicet quivis, qui vel tantillum pietatis ac sanae mentis habet, annon rectè ac probè agat Magistratus in Magos et Veneficos animadvertens.“ Nos contra: Jam judicet quivis, qui vel tantillum prudentiae (nolumus enim allegare Carpzovii pietatem imprudentem, quae in fide anilium fabularum consistit,) ac sensus communis habet, annon turpe sit tanto JCto, in re tam seria ac tanti momenti tam turpiter ludere.

§ XXVI
Contra Spizelium ostenditur: nostram sententiam non sternere viam Atheismo.

Sed opem ferat Carpzovio Spizelius, JCto Theologus. Nolumus hic detergere turpitudinem viri pii, et omnes naevos libri ejus saepius citati ostendere, sed solum paucis expendere argumenta potissima, quibus in *Part. II. cap. II.* probare vult reale ac verum foedus hominibus cum Diabolo intercedere. „Primum p. 112 dicit, sententiam contrariam esse errorem malitiosum et crassum, cui ante multos annos Thomas de Aquino, Bonaventura, et Johannes à Turrecremata tamquam communissimae et damnosissimae haeresi contradixerint. Imo esse errorem periculosissimum et pestilentissimum, quia viam sternat Atheismo.“ Resp. I. Hoc non est probare sententiam affirmantem, sed Zelo intempestivo invehere in dissentientes. 2. Thomas de Aquino, Bonaventura et Johannes de Turrecremata haud dubiè contradicerent etiam doctrinae Lutheranae tamquam damnosissimae haeresi, et tamen Spizelius eorum auctoritate non commoveretur, ut eis crederet. 3. Sententia haec, quod non detur crimen Magiae non sternit viam Atheismo. Sed potius illi Theologi et Concionatores, qui pro concione et in scriptis loco doctrinae salutaris proponunt dogmata anilia et superstitiosissima in causa sunt, ut homines aliqua saltem ratione et sensu communi pollentes et ab extrema superstitionis labe se liberare cupientes, incauti incidant in alterum extremum Atheismi. 4. Imo sententia communis, quam Spizelius defendit inducit homines in crassissimam et plus quam puerilem superstitionem. At superstitio et stultius

§ 25
Carpzovs Beschluß wird abgefertiget.

Seine Beweiß Gründe schliesset nun Carpzov also:
Nunmehro, schreibet er, laß ich einem jedweden, der nur ein wenig Gottesfurcht und gesunde Vernunfft hat, urtheilen, ob nicht die Obrigkeit recht und löblich verfahre daß sie die Hexen und Zauberer straffe. Mein Schluß ist hingegen dieser: Es urtheile ein jeder, der nur ein wenig Verstand (denn des Carpzovii unverständig Frömmigkeit, die bloß in einen Glauben alter Weiber Mährlein bestehet, wil ich nicht nennen) und sensum communem hat, ob es einem so vornehmen Rechts-Gelehrten nicht höchst-schimpflich sey, der in einer so ernsthafften und wichtigen Sache andere so liederlich zu hintergehen und zu betriegen suchet.

§ 26
Wieder Spitzeln wird gewiesen, daß diese Meynung den Weg zur Atheisterey nicht bahne.

Allein weil Carpzov mit seinem Beweiß nicht hat fort kommen können, so soll ihm itzo Spizelius secundiren, und zwar ein Theologus einen Juristen. Ich wil hier zwar die Schande dieses frommen Mannes nicht offenbahren, noch auch alle Fehler seines mehrmahls genennten Buchs von der gebrochenen Macht der Finsterniß zeigen, sondern nur itzo mit gantz wenigen seine vornehmsten Beweiß-Gründe, womit er in dem andern Capitel seines andern Theils hauptsächlich erweisen wil, daß ein würckliches und wahrhafftiges Bündniß zwischen den Menschen und den Teuffel sey untersuchen. Erstlich spricht er p. 112. Ist die widrige Meinung ein boßhaffter und grober Irrthum, welchem sich schon vor vielen Jahren Thomas de Aquino, Bonaventura und Johannes à Turrecremata, als einer gantz gemeinen und verdammlichen Ketzerey widersetzet haben. Ja es sey ein sehr gefährlicher und höchstschädlicher Irrthum, weil er den Weg zum Atheismo bahne. Allein, erstlich heist das seine Meynung, die man vorunläugbar hält, beweisen, und nicht vielmehr aus unzeitigem Eyffer die Widrig-gesinnten lästern? Wenn Thomas de Aquino, Bonaventura und Johannes de Turrecremata noch am Leben wären, würden sie sich nicht auch der Lutherischen Lehre widersetzen? Vermuthlich aber würde Spizelius sich durch derselben graues Ansehen nicht bewegen lassen, daß er ihnen Glauben zustellete? Hierbey sehe ich auch nicht wie die Meynung derjenigen, die das Laster der Zauberey nicht vor wahr halten, den Weg zur Atheisterey bahnen solte. Vielmehr halte ich davor, daß diejenigen Geistlichen und Prediger, die an statt der seligmachenden Lehre auff der Cantzel und in ihren Schrifften lauter alte Weiber-Lehren und abergläubische Mährlein erzehlen, schuld sind, daß viel Leute, die noch ein wenig Verstand, und etwas von ihren fünff Sinnen übrig haben, und sich gerne von dem Schandfleck des Aberglaubens reinigen wollen, endlich in die äusserste Gefahr der Atheisterey verfallen. 4.) Verleitet die bisher eingeführte Meynung, so Spizelius defendiret, die Leute zu dem allergröbesten und mehr als kindischen Aberglauben. Daß der Aberglaube aber nicht nur ein thörichters, sondern auch ein schädlicher Laster

et perniciosius vitium est, quam Atheismus, ut latius deduxit hactenus à nemine cum successu refutatus Bailius in *cogitationibus promiscuis super Cometa.*

§ XXVII
eum male inferre à magis, de quibus loquitur Scriptura ad magos, de quibus quaestio est.

Pergit Spizelius *p. 214.* „Si non essent pacta realia et vera magorum cum Diabolo, non promulgasset Deus leges peculiares contra Magos, et omnia falsa forent, quae in scripturis de Magis dicuntur." Respondeo, nullam esse consequentiam, quia per hactenus dicta nondum ulla ratione verosimili probatum est, quod illi Magi, quorum Scriptura meminit, habeant pactum cum Diabolo.

§ XXVIII
eum frustra provocare ad autoritatem patrum Ecclesiae.

„At, inquit Spizelius, si non daretur foedus, Magorum cum Diabolo, impudentissime contradiceremus omnibus et singulis antiquis et de Ecclesia Christiana egregiè meritis Doctoribus Augustino, Tertulliano, Epiphanio, Chrysostomo, qui non tantum foedera Diaboli cum hominibus pro veris et realibus habuerunt, sed etiam maximo conatu se iis opposuerunt." Respondeo I, Imprudentius est, ut auctoritate Patrum ad defendendas fabulas pueriles utamur. 2. Doctores de Ecclesia Christiana egregiè meriti sunt saepius propter pietatem suam et simplicitatem maximè creduli, et iis adhuc hodiè saepius imponitur per homines mendaces, aut hypocritas. 3. Nihil tam absurdum est, quod non sententia alicujus Patris Ecclesiae defendi possit. 4. Absque laesione pudoris contradicimus Patribus istis antiquis, qui haereticos judicabant illos, qui antipodes statuebant. Cur non et hic similiter? 5. Quaenam sit ratio, cur Patres Ecclesiae haberent foedera Diaboli cum hominibus pro veris, infra ostendetur.

§ XXIX
Et magis frustra ad autoritatem aliorum et experientiam quotidianam.

„Pergit Spizelius; Fore summam et extremam temeritatem, si quis vellet contradicere tot et tam innumeris approbatis et fide dignis scriptoribus, imo communi

sey, denn die Atheisterey, das hat der gelehrte Bailius, ohne daß er von jemanden zur Gnüge wiederleget werden können, in seinen zufälligen Gedancken von den Cometen, weitläufftig gewiesen.

§ 27

Er schliesset übel von den Zauberern, wovon die Schrifft redet, auf die Zauberer, wovon hier die Rede ist.

Aber Spizelius fährt p. 214. fort, wenn nicht gewisse und warhaffte Bündnisse zwischen den Zauberern und dem Teuffel vorgiengen, so würde ja GOtt nicht absonderliche Gesetze wider solche Zauberer gegeben haben, und es müste auch alles falsch seyn, was in der Bibel davon enthalten wäre. Ich antworte, daß die Folge gantz nicht richtig, sintemal, wie aus dem vorhergehenden zu ersehen, biß dato noch mit keinen wahrscheinlichen Grunde dargethan worden, daß diejenigen Zauberer, wovon die Schrifft redet, jemals ein Bündniß mit dem Teuffel gehabt haben.

§ 28

Beruffet sich vor die lange weile auf das Ansehen der Kirchen Väter.

Was Spizelius ferner einwendet, daß, wenn kein Bündniß zwischen den Hexen und dem Satan vorhanden wäre, man so denn auff einmal allen alten und um die Kirche Christi Hochverdienten Lehrern, als dem Augustino, Tertulliano, Epiphanio, Chrysostomo, u.s.w. welche alle nicht nur dergleichen Bündnisse der Teuffel mit denen Menschen vor war und gewiß gehalten, sondern auch den Widersprechenden auffs äusserste widerstanden haben, unverschämter Weise contradiciren würde; Darauff antworte ich, daß es erstlich unverschämt sey, der alten Väter ehrwürdiges Ansehen, alte Weiber-Mährlein damit zu bescheinigen, mißbrauchen wollen. Hiernechst ist auch bekandt, daß die um die Christliche Kirche Hochverdiente Männer bey ihrer grossen Gottesfurcht und Einfalt öffters sehr leichtgläubig gewesen, wie wir auch noch heutiges Tages zum öffteren wahrnehmen, daß dergleichen Leute gemeiniglich von andern Betriegern und Heuchlern hintergangen werden. So ist auch ferner nichts so abgeschmackt, welches nicht durch ein Sprüchelgen aus einem Kirchen-Vater solte können bekräfftiget werden. Und kan man ohne Verletzung der Schamhafftigkeit denen alten Vätern darinn wiedersprechen, daß sie keine Antipodes gläuben wollen, warum solte man es auch hier nicht sicher thun können? Was aber die Ursache sey, warum die Kirchen-Lehrer die Bündnisse des Teufels mit dem Menschen vor unstreitig gehalten, solches soll unten angezeiget werden.

§ 29

Und noch seltsahmer auf anderer ihr Ansehen und die tägliche Erfahrung.

Ja, spricht Spizelius weiter, es wäre die gröste Vermessenheit, so viel und fast unzehligen, bewährten und glaubwürdigen Scribenten, ja der täglichen Erfahrung zu widersprechen: Ich antworte aber hierauff, daß es eine weit grössere Ver-

Experientiae". Respondeo, major temeritas est, pro experientia et pro Scriptoribus fide dignis jactare fabulas, quibus creduli se a malitiosis hominibus decipi patiuntur, et Scriptores superstitiosos. Reliqua non merentur, ut apponantur, quae Spizelius *dict. cap. 2, et 3.* pro probanda exsistentia foederis Diabolici adducit. Si quis tamen putet, inesse aliquid, quod responsionem mereatur, reservabimus id conflictui.

§ XXX

Transitus ad probationem negativae, quod crimen Magiae non detur.

Atque haec sunt ista fundamenta, quibus creditum fuit, magos foedus inire cum Diabolo, et reliqua, quae supra §. 12 recensuimus. Et ob has rationes nullius plane momenti tot millia hominum vel innocentium, vel certè hoc crimine non pollutorum sub specie pietatis, justitiae ac Zeli divini crudelissimè interemta sunt. Jam ex abundantia addamus rationes pro negativa. Sed ante omnia hic notemus, non esse a nobis postulandas demonstrationes Mathematicas. Etsi enim Magi, Malefici et Mathematici saepè apud JCtos synonymicè usurpentur, apud Philosophos tamen Diabolus ejusque potentia nec est subjectum Matheseos, nec demonstrationis. Interim studebimus proferre rationes, quarum verisimilitudo aequipolleat demonstrationi.

§ XXXI

I. Quia Diabolus non potest corpus assumere. Satanas Christum tentans non fuit Diabolus corporeus. Praejudicia ex imagunculis Catecheticis orta.

Diabolus nunquam assumsit, nec potest assumere corpus. ergo non potest foedera corporaliter inire, nec unquam corporaliter iniit, multo minus incubuit aut succubuit Magis et Sagis, aut eos sub specie hircina in montem Bructerorum duxit etc. Non obstat exemplum Satanae tentantis Christum. Resp. I. Convenire primitus debent interpretes de intellectu illius historiae, utrum per imaginationem Christi vigilantis, utrum per somnum dormientis tentatio illa facta fuerit, utrum, quod nobis videtur verosimilius per Satanam ibi intelligatur, uti et alibi in Scripturis fit. homo, quorum ultimum nobis videtur verosimilius. At nulla ex his interpretationibus obstat assertioni nostrae. 2. Debemus in interpretatione hujus

messenheit sey, wenn man läppische Fabeln, dadurch sich leichtgläubige Leute von andern Boßhafften berücken lassen und abergläubische Scribenten vor glaubwürdige Geschicht-Schreiber ausgeben will. Was Er sonst noch zum Beweiß des Teufelischen Bündnisses in andern und dritten Capitel anführet, ist von schlechter Wichtigkeit und verdienet nicht hieher gesetzet zu werden.

§ 30

Hierauf wird die gegenseitige Meynung erwiesen, daß kein Laster der Zauberey sey.

Dieses, und was wir oben §. 12. angeführet haben, sind nun die Gründe, wodurch man bißhero bewogen worden, zu glauben, daß die Zauberer Bündnisse mit dem Satan auffrichteten, und wegen dieser nichts würdigen Ursachen sind so viel tausend Menschen, die entweder unschuldig, oder doch wenigstens nicht eben mit diesem Laster beflecket gewesen, bloß unter dem Schein einer sonderbahren Frömmigkeit, einer löblichen Gerechtigkeit, und eines Göttlichen Eyfers grausamer Weise hingerichtet worden. Nun könte man mit dem, was bereits darauff geantwortet, zufrieden seyn, doch zum Überflusse wil ich auch noch Ursachen vor meine Meynung vorbringen. Zumvoraus aber setze ich, daß niemand hierbey Mathematische Beweißthümer von mir fordern wolle. Denn obgleich Zauberer, Hexen und Mathematici offtmals bey den Juristen vor eins genommen werden, so ist doch bey den Philosophis der Teuffel eine Sache, die nicht mit in die Mathesin läufft, und zur Demonstration gehöret. Unterdessen wil ich mich doch bemühen, solche Gründe vorzubringen, deren Wahrscheinlichkeit der Gewißheit der Mathematischen Beweißthümern gleich kommen soll.

§ 31

1) Weil der Teuffel nicht kan einen Leib annehmen. Der Satan, welcher Christum versuchet, ist kein leiblicher Teuffel gewesen. Allerhand Vorurtheile werden angeführet, so aus den Catechismus bilderchen entstanden.

Hat der Teuffel niemals einen Leib angenommen, er kan auch solchen nicht annehmen, und also kan er auch leiblicher Weise kein Bündniß schliessen, hat auch dergleichen niemahls gemacht, vielweniger hat er entweder sich selbst zur Wollust brauchen lassen, oder Hexen und Zauberer dazu gebraucht, oder dieselben unter einer Bocks-Gestalt auf den bekandten Blocks-Berg geführet u.s.w. Hierbey stehet mir aber das Exempel des Satans, der Christum versuchet hat, gar nicht im Wege. Denn ich antworte, daß erstlich die Ausleger unter sich einig werden müssen wegen des Verstandes, den diese Geschichte hat, ob sie sich durch eine Phantasie, die Christo wachend vorkommen, oder ob sie im Traume, als er geschlaffen, sich zu getragen, oder, ob nicht durch den Nahmen des Satans, welches in der heiligen Schrifft sonsten nicht ungewöhnlich, welches mir auch am wahrscheinlichsten zu seyn scheinet, ein Mensch müsse verstanden werden. Keine von diesen drey Auslegungen, ist meiner Meynung zu wieder. Überdiß muß man bey

historiae seponere praejudicia puerilia, quamvis hactenus a plurimis, qui debebant desiisse esse pueri, defensa. Quale est illud, dum creditum fuit ex ignorantia antiquitatum Judaicarum, Christum per aerem esse ductum in pinnaculum templi oben auff die Spitze. Tale igitur etiam est illud, quo imaginamur nobis, Diabolum apparuisse Christo sub specie corporea. Nam posito, quod ipse Diabolus tentaverit Christum, tamen falsum est, aut certe nulla ratione verosimili probatum, id factum fuisse sub specie corporea hominis vel monstri. 3. Praejudicium sententiae contrariae oritur ex imagunculis Evangelicis, secundum quas Pontificii sibi tentatorem nescio sub cujus monstri specie, nos Lutherani sub specie monachi cum cucullo imaginamur.

Et meretur peculiarem dissertationem superstitio papalis in ecclesiis Lutheranis per imagunculas illas Catecheticas et Evangelicas infantibus instillata, firmiter haerens per totum vitae spatium. e. g. imaguncula, quae opponitur praecepto tertio, petitioni sextae, doctrinae de Statu oeconomico et de conjugio, Evangelio in Dominica Oculi etc.

§ XXXII

II. Quia Christus dixit, Spiritum non habere carnem et ossa.

Si Diabolus posset assumere corpus, falsa esset assertio Christi, quod Spiritus non habeat carnem et ossa, et ineptum foret argumentum, quo Christus voluit uti ad convincendos discipulos. An utrumque horum cogitare blasphemum est.

§ XXXIII

III. Quia non potest diabolus turbare potentiam naturae invisibilis.

Non potest Diabolus turbare potentiam et ordinem naturae invisibilis, ergo non potest corpus assumere, tempestates excitare, hominem per aerem transferre etc.

§ XXXIV

IV. Quia ex mente dissentientium diabolus tam impotens est spiritus, ut crepitu ventris possit ejici.

Non cohaerent, quae boni homines modo de tanta potentia Diaboli in naturam invisibilem garriunt cum aliis fabellis supra memoratis, quod possit crepitu ventris expelli, aut quod non possit aliquid auferre ex Bibliis etc. Nec est, quod ad

Erklärung dieser Geschichte alle kindische Vorurtheile auff die Seite legen, ob sie auch noch von so vielen, die doch einmahl Kinder zu seyn auffhören solten, vertheidiget werden. Unter solche Vorurtheile gehöret allerdings, daß man aus Unwissenheit der Jüdischen Antiquitäten feste gläubet, Christus sey mitten durch die Luft biß oben auff die Spitze des Tempels geführet worden. Wozu auch dieses kömmt, daß wir uns den Teuffel, wie er in einer sichtbaren Gestalt zu Christo kommen, einbilden. Denn gesetzet auch, daß der Teuffel selbst Christum versuchet habe, so ist es doch eine Unwarheit, oder kan zum wenigsten durch keine wahrscheinliche Ursache behauptet werden, daß er solches unter der Gestalt eines Menschen oder eines Ungeheures bewerckstelliget. Scheinet also der gantze Irrthum aus den Bildergen der Bibel oder Evangelien-Bücher seinen Ursprung zu haben, in welchen die Papisten den Versucher, ich weiß nicht unter was vor einer monstrosen Gestalt, wir Lutheraner aber unter der Gestalt eines Mönchs mit seiner Kutte, abbilden. Und gewiß, man könte von dieser und dergleichen Materie einen gantzen Tractat schreiben, wie nemlich der päbstliche Aberglaube, in den Lutherischen Kirchen denen Kindern durch die Catechismus und Evangelien-Bilder in der ersten Kindheit beygebracht wird, auch nachmals die gantze Zeit ihres Lebens hängen bleibet. Wil man dergleichen Bilder wissen, so beruffe ich mich z. E. auff das Bild, so bey dem dritten Gebote, bey der sechsten Bitte, bey dem Capitel vom Hauß und Ehe-Stande, bey dem Evangelio auff dem Sonntag Oculi, und an andern Orten mehr stehen und sehn seyn.

§ 32

2) Weil Christus selber saget, ein Geist hat nicht Fleisch und Bein.

Wenn es andem wäre, daß der Teuffel einen Leib annehmen könte, so würde Christi Ausspruch falsch seyn, daß ein Geist weder Fleisch noch Bein habe, ja Christi Beweißgrund, womit Er die Jünger überzeugen wolte, wäre ungereimt gewesen. Allein an beydes von diesen kan man ohn Gotteslästerung nicht einmahl gedencken.

§ 33

3) Weil der Teuffel die Kraft der unsichtbaren Natur nicht turbiren kan.

Kan der Teuffel die Krafft und Ordnung der unsichtbahren Natur nicht hindern und auffheben, so kan er auch keinen Leib annehmen, Wetter machen, einen Menschen durch die Lufft führen etc.

§ 34

4) Weil der Teuffel nach der Meynung der Wiedrig-gesinneten, so ein ohnmächtiger Geist ist, daß er mit einem Furtze kan verjaget werden.

Hänget keineswegs zusammen, was die guten Leute von des Teufels grossen Macht, über die unsichtbahre Natur her plaudern, mit ob erzehlten Fabeln, daß er nemlich durch einen blossen stinckenden Wind könne verjaget werden, auch nicht das geringste aus der Bibel nehmen. Es brauchte auch nicht, daß man sich

fidem hominis hic recurras. Si enim fide ejicitur, quid opus fuisset crepitu, nisi forte et stulta distinctione inter crepitus rem absurdam absurdius dicam, an blasphemius velis palliare

§ XXXV

V. Nullus effectus est et nullus usus foederis Diabolici cum hominibus, neque ex parte hominum.

Nullus effectus est, ac nullus usus foederis Diaboli, neque ex parte hominis, neque ex parte Diaboli. Non illius. Dicunt enim, magos pacta inire voluptatum, pecuniae et honorum consequendorum causa. Se simul dicunt, plerosque magos decipi. Sed Demus, etiam non decipi. Annon absque ope diaboli levi industria et astutia, imo annon modis honestis haec omnia acquiri possunt. Quid opus igitur foedere cum Diabolo.

§ XXXVI

neque ex parte Diaboli.

At concedamus, cum nullum sit stultius animal homine, homines esse revera ita stultos, uti novimus multos tales esse, ut foedera cum Diabolo quaerant an putas, Diabolum, aequè stultum esse, ut absque ullo fructu pactum cum homine ineat. Est jam mancipium Diaboli, qui voluptatis, avaritiae et ambitionis mancipium est. Cui usui igitur foedus ex parte diaboli? Ut hominibus damna det per Magos? At quibus? Non certè fidelibus. Infidelibus et iis, qui jam sunt similiter ejus mancipia, aut Diabolus damnum dare potest, aut non potest. Si prius, quod opus est magis, si posterius, nec per magos. An ut duplex vinculum fortius liget, quam simplex, et ut magus non tam facilè possit evadere laqueos diaboli, quam si solum sit mancipium affectuum? Nec hoc cum natura humani generis, nec cum iis, quae nostri de magis docent, conveniunt. Vide *Part. III.* Spizelii, quod non adeo difficulter magi possint chirographum suum recipere à Diabolo. Sed et vide naturam humani generis, quam difficillimè homo, etiam Christianus, possit consequi dominium in affectus. Alias rationes reservamus curis secundis.

hierbey auff den Glauben eines Menschen beziehet. Denn wird der Satan durch den Glauben vertrieben, was brauchts eines garstigen Windes, wo man nicht etwan, welches noch ein absurders, ja gotteslästerliches Beginnen wäre, einen Unterschied unter solchen garstigen Winden machen wolte.

§ 35

5) Weil das Bündniß des Teufels mit den Menschen keine Wirckung und Nutzen hat, weder an Seiten der Menschen.

Ist nicht der geringste Nutz und Effect bey dem Bündnisse mit dem Teuffel, weder auff Seiten des Menschen, noch auff Seiten des Teuffels zu spühren. Nicht auff Seiten jenes: Denn sie geben vor, die Zauberer machten deswegen diese Bündnisse, damit sie dadurch Wollust, Reichthum und Ehre erlangen möchten, allein man sagt auch hingegen wieder, daß die meisten unter den Zauberern betrogen würden. Gesetzt aber, sie würden nicht betrogen, kan man denn nicht ohne Hülffe des Teuffels, und zwar mit leichter Mühe und List, oder auch auff zugelassene Art und Weise solches alles sich zuwege bringen, was ist denn ein Bündnis mit dem Teuffel darzu von nöthen?

§ 36

Noch an Seiten des Teuffels.

Aber ich wil auch zulassen, weil doch kein thörichter Thier, als der Mensch ist, daß dieser wahrhafftig so närrisch sey, wie ich auch von vielen weiß, daß sie wohl so närrisch wären und ein Bündniß mit dem Satan zu machen suchen, solte man sich diesen auch wohl so närrichsch einbilden können, daß er ohne den geringsten Nutzen dergleichen Bündnisse mit dem Menschen eingehen werde? Der ist ja schon des Teuffels Leibeigener, welcher sich der Wollust, dem Geitz und der Hoffarth als eigen ergeben hat. Zu was nützet denn also das Bündniß auff Seiten des Teuffels? Vielleicht, daß er andern Menschen durch seine Bundes-Genossen Schaden zufüge? Allein welchen? Den Gläubigen keinesweges. Was die Ungläubigen, und die schon seine Leibeigene sind, anlanget, so kan ihnen der Teuffel entweder schaden oder kan ihnen nicht schaden. Ist das Erste wahr, was brauchts der Zauberer? Ist aber das andere gewiß, so wird er es auch durch die Zauberer nicht bewerckstelligen können. Oder gehet der Teuffel vielleicht deswegen das Bündnis ein, weil ein doppelt Band fester als ein einfaches bindet, nur, damit der Zauberer nicht so leichte seinen Stricken entgehen möge, als wenn er nur ein Sclave seiner sündlichen Begierden wäre? Aber auch dieses kömmt weder mit der Natur des menschlichen Geschlechts, noch mit demjenigen überein, was die Unsrigen selber von denen Hexen und Zauberern sagen, (besiehe Spizel. 3. Theil) weil die Zauberer ohne grosse Mühe ihre Handschrifft vom Teuffel wieder bekommen können. Uberdiß erwege man auch die Natur des menschlichen Geschlechts, wie schwer es zu gehet, daß ein Mensch, ja ein Christe, Meister seiner Begierden werden könne. Anderer Ursachen mehr zu geschweigen, die ich auff eine andere Zeit verspahren wil.

§ XXXVII

Exponitur origo fabulae de crimine magiae, et ostenditur, cur incipi debeat à doctrina Graecorum.

Videamus jam originem fabulae. Multa suppeditabunt Beckerus *lib. I. mundi fascinati* et Dalius *in tractatibus saepius allegatis*, ita tamen, ut aliorum curae multa supplenda, forte etiam emendanda reliquerint. Nobis paucis inquisitio hujus quaestionis eâ methodo videtur esse instituenda. Sunt populi, si secundum religionem eos dividere velis, vel Gentiles, vel Judaei, vel Christiani, vel Mahumedani. De Mahumedanis non opus est, ut inquiramus, partim quia eorum religio ex tribus prioribus est composita, partim quia ratione temporis quoad originem est ultima, adeoque inquisitio, quid ipsi de Magiâ statuant, nihil juvare poterit ad ostendendam originem ecoris Christianorum. At religio Gentilium et Judaeorum est antiquior Christiana, et primi Christiani potissimum post mortem Christi partim Gentiles erant, partim Judaei. Ergo de istis duabus prius videndum. Sie vera esset et revera exsisteret Magia, deberet doctrina Judaica ex fontibus sacrarum literarum prius proponi. Nunc cum erroris fontes inquiramus, et fabulae Judaicae ex libris Rabbinorum, qui diu post Auctorum Gentilium, quorum scripta habemus, aetatem vixerunt, inquirendae sint, praestat de sententia Ethnicorum prius videre. Philosophia Gentilium est vel Barbarica vel Graeca. Illa quidem est antiquior, sed quia paucissima et incertissima de ea constant, contra Graecorum scripta in omnium manibus sunt, ac primi Christiani ex Graecis erant, et praeterea in ipsis sacris literis Novi Foederis Graeci saepe Gentiles quosvis denotant, ac judaeis opponuntur, de Graecis inchoandum erit.

§ XXXVIII

Horum sententia de daemonibus iisque corporeis; et horum commerciis cum hominibus.

Missa vero Philosophia Sceptica, utpote quae ad nostrum scopum nihil planè conferre potest, cum Sceptici etiam de rebus visibilibus dubitarent, et inter omnes magis ad Atheismum, quam ad superstitionem inclinarent; dilata etiam ad secundas curas Philosophia Graecorum Fabulosa seu Poetica, de dogmatica potissimum erit dispiciendum. Cum autem hujus sint sectae ferè infinitae, alio tem-

§ 37

Der Ursprung der Fabel von den Laster der Zauberey wird erkläret und gewiesen, warum man von der Lehre der Griechen anfangen müsse.

Nunmehr muß ich auch den Ursprung untersuchen, woher die Fabel von Hexen und Zauberern entstanden. Hiervon hat nun bereits viel der Becker in dem ersten Buche seiner bezauberten Welt und van Dale in seinen mehrmals genenneten Schrifften angemercket, doch also, daß sie auch andern noch genug zur Vermehrung und vielleicht auch zur Verbesserung übrig gelassen. Ich finde vor rathsam in Untersuchung dieser Frage kürtzlich also zu verfahren. Die Völcker in der Welt insgesammt, wenn man sie nach der Religion eintheilen wil, sind entweder Heyden, Jüden, Christen oder Türcken. Bey den Türcken brauchts keiner weitläufftigen Untersuchung, theils, weil ihre Religion aus den ersten dreyen zusammen gesetzet, theils weil solche der Zeit und Ursprunge nach die letzte ist, dahero auch die Untersuchung, was sie von der Zauberey gehalten, nicht viel beytragen wird, den Ursprung des Irrthums der Christen zu zeigen. Aber die Heydnische und Jüdische Religion sind älter, als die Christliche, und die ersten Christen, vornehmlich nach Christi Tode, waren theils Heyden, theils Jüden, und also muß ich billig von diesen zweyen zu erst handeln. Wenn es wahr wäre, daß in der That eine Zauberey sey, so müste nothwendig die Jüdische Lehre aus der Heil. Schrifft zu erst vorgetragen werden. Da sich aber die Sache nicht so verhält, und ich ietzo den Ursprung solches Irrthums untersuche, die Jüdischen Fabeln aber, aus den Büchern der Rabbinen, die lange nach den Heydnischen Scribenten, deren Schrifften man noch hat, gelebet haben, herzuholen sind, so wird es besser seyn, daß ich erstlich betrachte, was die Heyden vor Meynungen gehabt. Der Heyden Philosophie betreffend, so wird dieselbe theils in die Barbarische, theils in die Griechische abgetheilet. Jene ist zwar älter, denn diese; Allein weil wir sehr wenig von derselben wissen, und was wir wissen, noch darzu ungewiß ist, da hingegen der Griechen ihre Bücher fast in aller Händen sind, auch die ersten Christen meist aus Griechen bestunden, und überdieses die Griechen in der heiligen Schrift Neues Testaments öffters alle Heyden insgemein zu bedeuten pflegen, und den Jüden entgegen gesetzet werden, so muß ich billig von den Griechen anfangen.

§ 38

Derselben Meynung von den leiblichen Teufeln und deren Umgang mit denen Menschen.

Ich übergehe aber die Sceptische Philosophie, weil sie zu meinen Vorhaben weniger, als nichts beytragen kan, sintemahl die Sceptici auch alle sichtbahre Dinge in Zweiffel gezogen, und vor allen andern Secten, mehr zur Atheisterey, als zum Aberglauben geneiget waren; Ich will auch der Griechen fabelhaffte oder Poetische Philosophie zu künfftiger Arbeit ausgesetzet seyn lassen, und mich ietzo nur um die Dogmatische bekümmern. Doch weil auch diese in verschiedene Secten wieder abgetheilet ist, so wil ich zu einer andern Zeit aus dem Laërtio und

pore ex Laertio et Plutarcho, quaenam Thaletis, aliorumque Philosophorum sectae Jonicae, ut et ex Schefferi *Philosophia Italica*, quaenam Pythagoraeorum de daemonibus et Magia fuerit sententia, meditationes nostras illustrabimus. Nunc de quatuor sectis potissimis saltem, quae temporibus primis Christianismi sub Romano Imperio florebant, debemus esse solliciti. Puta de Epicureis, Stoicis, Platonicis, Aristotelicis. Ac Epicurei quidem, uti omnes, qui olim et hodiè philosophiam corpuscularem sequuntur, ansam superstitioni de Magis et Sagis haud dubiè non dederunt, cum eorum plerique omnes spiritus olim negaverint, hodierni vero, etsi Diabolorum credant, rectè tamen à superstitionibus magicis sunt alienissimi. Neque Philosophorum Epicuraeorum quemquam credo transiisse ad religionem Christianam. Stoici et Platonici primis Christianorum saeculis maximè florebant et Patres priorum saeculorum multi alterutri ex his duabus Sectis erant addicti, quamvis nec Aristotelici videntur esse planè excludendi. Quid singulis ex his tribus sectis seorsim sit tribuendum, etiam secundae curae indicabunt. Communis Gentilismi superstitiosi, potissimum vero Platonicorum et Stoicorum doctrina erat, esse Deos vel superos, vel inferos, vel medios, et inter divinam naturam ac humanam esse varias essentias intermedias, quas maximam partem daemonia appellant, et haec in bona et mala distribuebant, illisque ad auctoritatem sibi apud populum comparandam et philosophi, et omnium maxime sacerdotes Gentilium divinationum et magiae effectus attribuebant. Interim nulla species divinationum et magiae tertia ac peculiaris ipsis erat, quam Daemoniacam appellarent; sed tam divinationem, quam magiam in naturalem et artificialem distribuebant, ac solum ad decipiendam plebem utrique varias admiscebant ceremonias superstitiosas, ac in utraque fingebant, sibi commercia esse cum diis aut essentiis intermediis seu daemonibus. Atque daemonibus etiam corpora tribuebant Stoici.

§ XXXIX

Similis doctrina apud Judaeos Pharisaeorum.

Porro inter sectas varias Judaeorum, qui tempore Christi florebant, (de quarum singulis in secundis curi distinctius dispiciendum,) pharisaei, quorum maxima apud populum erat auctoritas, erant superstitiosissimi, atque uti ex Philonis et Rabbinorum scriptis patet, infinitis fabulis de daemonibus malis seu diabolis et eorum effectibus, de Archidiabolo Samuel et de matre ejus Lilis, deque virtute et

Plutarcho weisen, was Thales und andere Jonische Weltweisen, ferner aus des Schefferi Buche, welches er von der Jtaliänischen Philosophie geschrieben, was die Pythagoraeer ehemals von den Teuffeln und von der Zauberey vor Gedancken gehabt. Jetzo richte ich nur mein Absehen auff die vier Haupt-Secten, die zu den Zeiten, da sich das erste Christenthum anfieng, in den alten Römischen Reiche florireten, nahmentlich auff die Epicuräische, Stoische, Platonische und Aristotelische Secte. Und zwar was Anfanges die Epicuräer betrifft, so haben solche, gleichwie auch alle, die entweder ehemahls, oder heute zu Tage der Corpuscularischen Philosophie folgen, ohne Zweiffel keine Gelegenheit zu dem abergläubischen Jrrthum von Hexen und Zauberern gegeben, weil die meisten unter ihnen vor diesen alle Geister geläugnet haben, die heutigen aber, ob sie wohl einen Teuffel glauben, so sind sie doch, und zwar billig sehr weit von den zauberschen Aberglauben entfernet. Ich glaube auch nicht, daß jemahls ein Philosophus, der zuvor ein Epicuräer gewesen, die Christliche Religion angenommen habe. Die Stoischen und Platonischen Weltweisen hingegen florirten absonderlich zu den ersten Zeiten der Christen, und die Väter der Ersten Jahrhunderte waren meistentheils einer von diesen zweyen Secten zugethan, wiewohl auch die Aristotelische dißfals nicht gäntzlich auszuschliessen ist. Was einer jedweden von diesen dreyen absonderlich zuzuschreiben sey, wil ich auch in künfftiger Arbeit von eben dieser Materie zeigen. Unterdessen ist zumercken, daß des abergläubischen Heydenthums, vornehmlich aber der Platonischen und Stoischen Philosophen gemeine Lehre gewesen sey, es wären vielerley Götter, Obere, Untere und Mittlere und zwischen der Göttlichen und Menschlichen Natur wären allerhand Mittel-Substanzen, welche sie meistentheils Geister (Daemonia) zu nennen, und in gute und böse abzusondern pflegten, sie eigneten ihnen auch, damit sie sich dadurch bey dem Volcke in sonderbahres Ansehen setzen möchten, mancherley Wirckungen in der Wahrsagerey und Magie zu. Jedoch erkandten sie keine dritte und absonderliche Art von den Warsagungen und der Magie, welche sie die Teuffelische nenneten, sondern theileten so wohl die Wahrsagerey, als die Magie in zwey Arten ab, nemlich in die natürliche und künstliche, und bloß den gemeinen Pöbel zu hintergehen, brauchten sie bey allen beyden allerhand abergläubische Ceremonien, und gaben fälschlich vor, daß sie mit den Göttern und mit den mittlern Substanzen, oder den Geistern Gemeinschafft pflegten. Die Stoicer eigneten auch solchen Geistern gewisse Leiber zu.

§ 39

Eben diese Lehre ist auch bey den Pharisäern in schwange gewesen.

Unter den verschiedenen Jüdischen Secten, die zu Christi Zeiten florirten (von denen ich gleichfalls in künfftiger Arbeit ausführlicher handeln wil) waren die Pharisäer, so bey dem Volcke in grossen Ansehen schwebeten, die Abergläubigsten, welche auch das Jüdische Volck, wie aus des Philonis und der Rabbinen Schrifften erhellet, mit unzehligen Fabeln von den bösen Geistern, oder den Teuffeln und deren Wirckungen, von dem Ertz-Teuffel Sammaël und dessen

efficacia adversus diabolos literarum, nominum ac numerorum, quam in Cabbala sua seu doctrina arcana docebant, item de divinitate Bath Kool et populum Judaicum decipiebant. Adscribebant iidem diabolis, quod et Gentilium multi faciebant, corpora aut virtutem corpora sibi formandi, ac corporaliter hominibus nocendi, cum hominibus concumbendi, et consequenter etiam pacta et societates cum hominibus ineundi.

§ XL
Mixtura doctrinae Pharisaicae et Platonicae ac Stoicae apud Patres priorum seculorum.

Etsi igitur statim post Christi mortem ex novis Christianis Judaei et Graeci ob varias causas et doctrinas saepissimè collidebantur, ex qua collisione omnes haereses primum ortum ducunt, non respuebant tamen primi patres Ecclesiae Graeci, et postea Latini etiam, postquam Judaeos saeculo quarto suppresserant, Judaeorum doctrinas, quae cum superstitione Philosophiae Graecae, maximè autem Platonicae et Stoicae conveniebant. Plurimi enim Patrum Philosophiae Platonicae et Stoicae addicti erant et notum est vel ex Augustini libris *de civitate Dei,* in qua veneratione tum fuerit Philosophia Platonica: Igitur multi erant Patres et inter eos potissimum Lactantius *lib. II. divin. Instit.* (de aliis, Athenagora, Tertulliano, Hieronymo etc. vide Lipsii *Physiol. Stoic. lib. I.*) qui, cum de diabolis, et eorum potestate, de iis non multum invenirent in sacris literis multa tamen docere vellent, partim torquebant textus scripturae sacrae ad diabolum, qui tamen de eo non loquebantur, ut dum docebant, serpentem tentatorem fuisse diabolum, et eum sub nomine Luciferi indigitantis, de diabolo ejusque lapsu explicabant; partim supplebant silentium sacrarum literarum ex fabulis Judaicis et Platonicis aut Stoicis. Hinc communis illis temporibus expositio eorum, quae Moses de nuptiis filiorum Dei cum filiabus hominum tradit, quasi per filios Dei intelligantur Angeli, et et tali concubitu etiam angelorum cum foeminis nonnulli originem aut multiplicationem certè diabolorum deduxerunt. Hodiè verò postquam apud Protestantes plerique cordatiorum scripturae interpretum illam erroneam interpretationem doctrinae Mosaicae de conjugiis angelorum cum foeminis rejecerunt, debebant etiam simul rejecisse erroneas conclusiones, quae successu temporis errori, illi capitali accesserunt. Aut enim insigniter fallimur,

Mutter Lilis, von der Krafft und Wirckung der Buchstaben, der Nahmen und der Zahlen wider die Teuffel, welche schöne Sachen sie in ihrer Cabbala oder geheimen Lehre vorbrachten, ferner auch von der GOttheit des Batkol und mit andern dergleichen Mährlein ziemlich bey der Nase herum führeten. Sie schrieben den Teuffeln, welches auch viele von den Heyden gethan, Leiber zu, wie auch die Macht Leiber an zunehmen, und den Menschen leiblicher Weise schaden zuzufügen, mit den Menschen fleischliche Lüste zu treiben, folglich auch gewisse Bündnisse und Gemeinschafft mit ihnen auffzurichten.

§ 40

Vermischung der Pharisäischen, platonischen und Stoischen Lehre bey den Vätern der ersten Kirche.

Ob nun gleich bald nach Christi Tode unter den neuen Christen die Jüden und Griechen wegen vieler Ursachen, und Lehr-Sätze öffters an einander geriethen, von welcher Uneinigkeit in folgenden Zeiten alle Ketzereyen ihren ersten Ursprung haben, so verwurffen doch die Griechischen Kirchenväter, gleichwie auch nachmahls die Lateinischen, nachdem sie in dem vierdten Seculo die Jüden unterdrücket hatten, der Jüden Lehr-Sätze nicht, so mit der superstition der Griechischen Philosophie, sonderlich aber mit der Platonischen und Stoischen überein kamen. Denn die meisten unter den Patribus waren einer von diesen zweyen Secten zugethan, und es ist aus des Augustini seinen Büchern von der Stadt GOttes sattsam bekandt, in was Ansehen und Hochachtung damahls die Platonische Philosophie gewesen. Unter diesen Vätern waren nun viele und unter denselben vornehmlich Lactantius lib. 2. divin. Instit. (von den andern, als Athenagora, Tertulliano, Hieronymo, u. s. f. besiehe den Lips. Physiol. Stoic. lib. I.) welche, da sie von den Teuffeln und ihrer Macht nicht gar zu viel in der heiligen Schrifft funden, dennoch aber viel davon lehren wolten, so verdreheten sie die Oerter der heiligen Schrifft, wie sie nur konten, auff den Teuffel, die doch nicht davon handelten, in dem sie Z. E. vorgaben: Die verführerische Schlange sey der Teuffel gewesen, und die Propheceyung Esaiä, die von den Fall des Königes zu Babylon handelt, und ihn unter den Nahmen Lucifers andeutet, sey von den Teuffel und dessen Abfall von GOtt zuverstehen; theils ersetzen sie das stillschweigen der Heil. Schrifft mit Jüdischen, Platonischen und Stoischen Fabeln. Und daher ist zu denselben Zeiten die bekandte Erklärung desjenigen, was Moses von den Hochzeiten der Kinder GOttes mit den Töchtern der Menschen schreibet, entstanden, als wenn durch die Kinder GOttes die Engel zu verstehen wären. Und aus solchen Beyschlaff der Engel bey den Weibern haben einige, wo nicht den Ursprung, doch wenigstens die Vermehrung der Teuffel herleiten wollen. Nachdem nun heutiges Tages die meisten vernünfftige Ausleger der Heil. Schrifft unter den Protestirenden diese irrige Erklärung desjenigen, was Moses von den Hochzeiten der Engel mit den Menschen gelehret, verworffen haben, so hätten sie auch zugleich die irrigen Folgerungen, die nach der Zeit bey diesem Haupt-Irrthume mit eingeschlichen, verwerffen sollen. Denn ist mir sonsten recht, so ist

aut huic erroneae doctrinae de nuptiis angelorum et hominum, pleraque, si non omnia, quae de magia hodie homines sibi erroneè persuadent, de foederibus ac societatibus diabolorum cum hominibus, de incubis et succibis etc. originem debent. Ut taceam, illas multiplices fabulas de diaboli in specie corporea apparatione, quae exstant in vita Pauli et Anthonii, quasque, uti multi etiam nostratium habent pro vera historia, ita jam Erasmus notavit, totum eum libellum esse figmentum in cerebro Hieronymi natum.

§ XLI

Cur restauratis Academiis à Theologis Pontificiis quamvis Aristotelicam philosophiam profitentibus istae fabulae Platonicae ac Stoicae de daemonum commerciis cum hominibus fuerint canonisatae. Variae rationes afferuntur.

Post saecula barbara cum scholae interim et Academicae instituerentur, apud Protestantes in confesso est, regnasse summam superstitionem in Papismo. Etsi igitur Doctores Scholastici Aristotelem sequerentur, eumque explicarent, hic vero tot et tam absurdas fabulas, uti Platonici et Stoici faciebant, de Daemonibus eorumque efficacia corporea non tradidisset, ex variis tamen rationibus factum est, ut Scholastici et potissimum Scotistae ineptias omnes de Diabolorum pactis cum Magis arriperent.

Ut enim doctrinam suam catholicam esse jactare possent, eruendus erat consensus Patrum Ecclesiae priorum Saeculorum. Cum vero hi magnam partem Platonici et Stoici essent, tentanda erat (quamvis id non posset nisi ineptissimè fieri,) conciliatio Philosophiae Platonicae et Stoicae cum Aristotelica. Opus etiam erat multis Pseudomiraculis ad idololatriam Papisticam persuadendam, At haec autem maxime aptae erant etiam fabulae antiquae de foederibus Diaboli cum Magis, cum hoc pacto Clerus Pontificius in rebus inanibus, inanibus etiam remediis, quae partim in convertendis fictis Magis, partim in curandis fictis morbis consistebant, quos ex Magia ortum duxisse populum persuadebat, hunc facile in sui admirationem poterant perducere. Erat et alia utilitas fabulae de pacto cum Diabolo. Si quidam vir pius et probus esset, Clero Pontificio ob infinitas causas (quis enim eas ob quas quis Clero displicere poterat, omnes enumeraverit?) invisus, et hic ita prudentur actiones suas institueret, ut sub praetextu heterodoxiae aut haereseos ipsi nocere

dieser falschen Lehre von dem Beyschlaff der Engel mit den Menschen, das meiste, wo nicht alles, was man bißher von der Zauberey sich fälschlich eingebildet, und was man von den Bündnissen und Umgange der Teuffel mit den Menschen, von den incubis und succubis gegläubet hat, zuzuschreiben. Ich übergehe itzo mit Fleiß, diejenigen vielfältigen Fabeln, von der Erscheinung des Teuffels in einer leiblichen Gestalt, welche in dem Leben Pauli und Antonii stehen, die, ob sie wohl viel auch von den Unsrigen vor wahre Historien halten; so hat doch Erasmus schon angemercket, daß das gantze Buch nichts, als ein Gedichte sey, so aus des Hieronymi Gehirne entsprungen.

§ 41
Warum bey wieder-Auffrichtung der Universaeten von den papistischen Geistlichen, ob sie gleich die Aristotelische Philosophie gelehret, diese platonische und Stoische Fabeln von der Teuffel Umgange mit den Menschen canonisiret, werden unterschiedliche Ursachen angebracht.

Nach den Barbarischen Zeiten, als die Schulen und Academien wieder auffgerichtet wurden, da war, wie alle Protestirende bekennen müssen, in dem Pabsthum der Aberglaube auffs höchste gestiegen. Denn obwohl die Scholastischen Lehrer damals den Aristotelem folgeten und denselben erkläreten, er aber dergleichen absurde Mährlein von den bösen Geistern, und von derselben angenommenen Leibern ausgeübten Macht und Wirckung nicht vorgebracht hatte, wie oben gedachte Platonische und Stoische Weltweisen gethan, so geschahe es doch aus vielen Ursachen, daß die Scholastici, und unter ihnen vornehmlich die so genannten Scotisten alle solche Fratzen von den Bündnissen der Hexen, die sie mit dem Teuffel machten, annahmen und beybehielten. Denn weil sie behaupten wollten, daß ihre Lehre Catholisch sey, so musten sie sich nothwendig den Beyfall der Kirchen-Väter aus den ersten Seculis zu wege bringen. Welche aber diese grösten Theils aus der Platonischen und Stoischen Schule waren, so musten sie sehen, wie sie die Platonische und Stoische Philosophie mit der Aristotelischen (wiewol doch solches ohne die gröste Thorheit nicht geschehen könte) conciliiren möchten. Sie brauchten auch ihren papistischen Aberglauben zu bewehren, unterschiedliche falsche Wunderwercke. Hierzu schickten sich nun die alten Fabeln von der Zauberer Bündnisse mit dem Teuffel am allerbesten. Denn da erdichtete die Päbstliche Clerisey bald selbst dergleichen Zauberer, die sie bekehreten, bald unterschiedliche Kranckheiten, davon sie dem Volcke weiß machte, sie rühreten von den Hexen und Zauberern her, die sie curirten, bald andere Wunder mehr, dadurch sie sich in Ansehen bey dem gemeinen Pöbel setzte. Ja es dienete diese Fabel von den Bündnissen mit dem Teuffel noch dazu: Wann ein frommer und rechtschaffener Mann war, der der Clerisey aus vielfältigen Ursachen (denn wer kan alle diejenigen erzehlen weswegen man der Clerisey misfallen kan,) ein Dorn im Auge war, gleichwohl aber sich behutsam aufführete, daß sie ihm unter dem Vorwand eines Jrrthums in der Lehre oder Ketzerey nicht in die Haare konte, da war kein besser Mittel einen solchen auff den Scheiter-Hauffen zu bringen,

non possent, nullum aptius remedium erat, eum ad ignem damnandi, quam si de Magiae crimine eum suspectum redderent, et diris tormentis eo adigerent, ut infinitas nugas à Clero Pontificio excogitatas de commercio Diaboli cum Magis confessione sua confirmaret.

§ XLII
Leges Civiles nihil de pacto Diaboli cum hominibus memorant. Lex. 4. Cod. de Malef. et Mathem. ab injustitia vindicata.

Erat Italia istis superstitionibus infecta, cum studium Juris Civilis Justianianei in Academiis Italicis florere inciperet. In veniuntur ibi potissimum in Codicis titulo de Malef. et Mathem. leges de poenis veneficorum et astrologorum etc. Cur Astrologia tam invisa esset, potissima causa erat, quod multi homines superstitiosi Astrologos de morte Caesarum consulerent, quam et potissimam causam fuisse, cur jam ab Augusti temporibus Philosophi imprimis Platonici ac Mathematici ex toto Imperio Romano fuerint ejecti, et ob quam ipse Constantinus Magnus, utpote qui antea ipse eos consuluerat, illos timebat, et legibus peculiaribus in eos animadvertebat, alii jam annotarunt. At quod ad reliquam Magiam superstitiosam attinet, punire jubet Constantinus in 1. 4. Cod. d. tit. saltem Magos, quatenus damnum dant, aut ad libidinem excitant, superstitionem vero, quae ad curandos morbos et similia adhibetur, puniri non vult. Ob quam legem, ut istud obiter notem, etsi communiter malè audiat Constantinus, et nos nec superstitionem ipsam, nec rationem legis approbemus, putamus tamen non injustè fecisse Constantinum, quod eam, quae damnum non dat, poenis civilibus coërcere noluerit, cum talia vitia magis pertineant ad emendationem doctrinalem, quam ad civilem. Interim exinde videmus, quod tum temporis nondum persuaserint sibi Episcopi Christiani, ac si Magi haberent pactum cum Diabolo, alias Constantino, qui fere nihil citra consensum Cleri faciebat, non permisissent, in dicta lege eam distinctionem Magiae adhibere.

als wenn sie ihn wegen des Lasters der Zauberey verdächtig machten, und durch schwere Folter und Marter dahin brachten, daß er unzehlige und von der päbstischen Clerisey erdichtete Lügen von den Umgange, und den Bündnissen des Teuffels mit den Zauberern, durch sein erzwungenes Bekäntniß bekräfftigen muste.

§ 42
Die bürgerlichen Gesetze thun gar keine Meldung von dem Bündnisse des Teuffels mit den Menschen. Der L. 4. C. de Malef. & Mathem. wird von der Unbilligkeit befreyet.

Mit dergleichen Aberglauben war Italien albereit angefüllt, als des Justiniani Jus Civile auff den Jtaliänischen Universitäten zu floriren anfieng. Man findet daselbst, vornehmlich aber in dem Titel Cod. de Malef. & Mathem. einige Gesetze von der Straffe der Gifftmischer und Sternseher etc. Warum aber die Sternseher-Kunst damals so verhast gewesen, geschahe meist aus der Ursache, weil sehr viel abergläubische die Sternseher über den Tod der Kayser consulirten, welches wohl ebenfalls die Haupt-Ursache gewesen, warum schon zu Kaisers Augusti Zeiten die Philosophi, und unter diesen sonderlich die Platonici und Mathematici, aus dem gantzen Römischen Reiche verjaget wurden, und warum Constantinus Magnus, da Er sie doch zuvor selbst um Rath gefraget hatte, sich selbst vor ihnen fürchtete, auch besondere Gesetze, wornach sie solten gestrafft werden, gab. Was aber die übrige abergläubische Magie betrifft, wil zwar Constantinus L. 4 Cod. dict. tit. die Zauberer bestrafft wissen, so ferne sie jemand Schaden zufügen, oder zu unzuläßiger Lust Anlaß geben, den Aberglauben hingegen, welcher allerhand Kranckheiten curiret, und andere Dinge verrichtet, hat er niemahls vor straffwürdig erachtet. Ob er nun wohl (daß ich dieses beyläuffig erinnere) dieses Gesetzes wegen insgemein nicht pfleget zum besten gelobet zu werden, wie ich den selbst weder die superstition, noch die Art und Weise des Gesetzes approbire; so halte ich doch davor, daß Constantinus so ferne nicht Unrecht gethan, daß er dieselbe, welche den Leuten kein Schaden zufüget, mit keiner zeitlichen Straffe beleget, weil man solchen Lastern eher durch Lehre und Unterricht, als durch gerichtliche Straffen abhelffen kan. Unterdessen ist hieraus leicht abzunehmen, daß die Christlichen Bischöffe selbiger Zeit noch nicht in der Meynung gewesen, als wenn die Zauberer ein Bündnisse mit dem Teuffel hätten, denn sonst würden sie dem Kayser, der ohne dem fast nichts ohne Consens der Clerisey vornahm, nicht verstattet haben, in angezogenem Gesetze besagten Unterschied der Zauberey zu gebrauchen.

§ XLIII

Glossatores Itali Juris Civilis quibus de causis erroneas multas doctrinas de crimine Magiae Glossis inseruerint.

Quia tamen Glossatores juris Civilis a tenera juventute doctrinis Clericalibus erant infecti, inter quas et illa de foedere Diaboli cum sagis non erat ultima, ac Canonistae potissimum eam doctrinam etiam urgebant, inde et hi, etsi alias in aliis doctrinis saepè à Canonistis dissentiant, facile errorem communem contortis expositionibus juris civilis propagabant. Inde doctrinae communes de crimine Magiae, non ex Jure Justinianeo derivatae, sed a Glossatoribus ex praejudicio illo communi propagatae, quod Magia sit species criminis laesae Majestatis divinae, quod sit crimen extraordinarium, atrox et occultum, in quo sufficiant leviora indicia ad torquendum, e. g. nominatio facta à reo ejusdem criminis: Item, quod in hoc crimine et similibus graviora tormenta adhiberi possint quod reus convictus etiam post mortem damnari possit: quod ex causa hujus criminis confiscationi locus sit, non obstante novissima constitutione Justiniani. Conf. Ant. Matth. de crim. lib. 48. tit. 2. c. 1 n. 2. et t. 5. c. 7. n. 13.

§ XLIV

Origo et progressus in Germania sententiae de crimine magiae et Magis etiam non nocentibus igne puniendis, tam ante Reformationem.

Venio ad Germanos, de quibus alio tempore inquirendum, quid hi jam à Taciti temporibus de crimine Magiae senserint. Jam sufficiat, ex hodierna crassissima superstitione apud multos populos Germaniae, penes solum quos exercitium religionis. Pontificiae obtinet, imò ex superstitione apud ipsos Protestantes adhuc hodie durante facilè praesumi posse, quam firmiter ante reformationem Clerus Pontificius tot populo fabulas suas de crimine Magiae persuaserit. Unde nullum est dubium, quin apud Germanos etiam ante introductas Academias creditum fuerit, Magos habere pactum cum Diabolo, ita ut post institutionem Academiarum Glossatorum sententiae illae facilè approbationem invenerint. Plura suppeditabit Malleus Maleficarum, cujus *Part. I.* praemissa est Bulla Pontificia de Magis ab Inquisitoribus haereticae pravitatis in Germania puniendis. Non tamen ista sententia apertè in legibus invenitur, sed magis ad opiniones Communes et jus

§ 43
Aus was Ursachen die Jtaliänischen Glossen-macher über das Jus Civile so viel irrige lehren von dem Laster der Zauberey ihren Glossen einverleibet.

Weil nun die damahligen Ausleger des Bürgerlichen Rechts, von zarter Jugend auf die Lehren, worunter auch diejenige von den Bündnissen des Teuffels mit den Hexen nicht hinten an zu setzen, von den Pfaffen eingesogen hatten, hiernechst auch die Ausleger des Canonischen Rechts diese Lehre hauptsächlich urgirten; so geschahe es, daß sie ebenfalls, ohngeachtet sie in andern Stücken von den Canonisten abgiengen, mit leichter Mühe diesen allgemeinen Jrrthum, wiewohl nicht ohne gezwungene Auslegungen des Bürgerlichen Rechts, fortpflatzeten. Daher man sich nicht einbilden muß, als wenn die eingeführten Lehr-Sätze von dem Laster der Zauberey aus dem Justinianischen Rechte ihren Ursprung hätten, sondern sie sind von den Auslegern aus diesen allgemeinen Vorurtheilen fortgepflantzt worden, daß die Zauberey ein Laster der beleidigten Göttlichen Majestät, sie sey ein ausser ordentliches, abscheuliches, und ein verborgenes Laster, in welchen auch gantz geringe Anzeigungen zur Folter genung wären, als zum Exempel, wenn einer, der dieses Lasters beschuldiget wird, denselben benennet, imgleichen, daß man in diesen und dergleichen Lastern weit schärffere Foltern, gebrauchen könte; Ferner, man könne diejenigen, so solches Lasters überführet worden, auch nach dem Tode verurtheilen, ja man thäte nicht Unrecht, wenn man eines solchen Menschen Güter confiscirete, ungeachtet Justiniani neueste Constitution nicht damit übereinstimmet, besiehe hievon mit mehrern Anton, Matth. de Crimin. lib. 48, tit. 2 cap. 1 n. 2, & tit. 5, cap. 7. n. 13.

§ 44
Ursprung und Fortgang der Meynung in Teutschland von dem Laster der Zauberey und den Zauberern, ob sie gleich unschuldig, dennoch mit dem Feuer zubestraffen, so wohl vor der Reformation.

Was die Deutschen von des Taciti Zeiten an von dem Laster der Zauberey gehalten, wil ich bey anderer Gelegenheit weitläufftiger untersuchen. Jtzo mag es genung seyn, daß man aus dem heutigen grossen Aberglauben, der nicht nur bei vielen Völckern in Deutschland, die der Catholischen Religion ergeben sind, sondern auch noch heutiges Tages bey den Protestirenden übrig ist, abnehme, wie sehr sich die Päbstliche Clerisey vor der Reformation habe angelegen seyn lassen, einen jeden ihre Fabeln von dem Laster der Zauberey beyzubringen. Dahero ist gantz kein Zweiffel, daß auch die Deutschen vor Einführung der Academien, nicht solten geglaubet haben, daß die Zauberer mit dem Teuffel ein Bündniß hätten, daß also nachmahls bey Einführung derselben die Meynung der Ausleger, derer ich vorhin gedacht, gar leicht Beyfall gefunden. Wer hiervon mehr zu wissen verlanget, schlage dasjenige Buch auff, welches den Titel Mallei Malleficarum, oder Hammers der Hexen führet, vor dessen ersten Theile eine Päbstliche Bulle stehet, von den Zauberern, wie selbige von den Inquisitoribus der Ketzerey in Deutschland sollen bestraffet werden. Doch ist diese Meynung

non scriptum videtur esse referenda. Ita enim legitur, *lib. 2. art. 13.* Land-Recht: Welcher Christen-Mann oder Weib ungläubig ist, oder mit Zauberey umgehet, oder mit Vergifftung, und der überwunden wird, die soll man auf einer Horden brennen. Hunc enim textum, etsi commodé possit explicari, quod loquatur saltem de Magis nocentibus, tamen jam olim à Scabinis Lipsiensibus generaliter fuisse expositum, sive nocitum sit, sive minus docet Carpzovius *qu. crim. 49. n. 8.* Imò ipse auctor Constitutionis Criminalis Carolinae, qui verosimiliter fuit JCtus vel Italus, vel Germanus, tantum abest, ut disertè quid de Magiâ, quae pactum cum diabolo habeat, in Constitutione ista disposuerit, ut potius apertè sententiam Juris Justinianei modo memoratam cum distinctione inter magiam nocentem et non nocentem repetierit, nisi quod huic ultimae poenam arbitrariam dictaverit. So jemand denen Leuten, inquit art. 109. durch Zauberey Schaden oder Nachtheil zugefüget, soll man ihn straffen vom Leben zum Tode und man soll solche Straffe mit dem Feuer thun. Wo aber jemand Zauberey gebraucht, und damit niemand Schaden gethan, soll sonsten gestrafft werden nach Gelegenheit der Sache, darinnen die Urtheiler Raths gebrauchen sollen, wie von Rath suchen hernach geschrieben stehet. Etsi vero auctor hujus articuli secundum regulas bonae interpretationis velit, Magum non nocentem aliis debere mitius igne aut capitali poenâ puniri, et plane nihil de foedere Diaboli memoret, et verosimiliter etiam hoc foedus non crediderit, tamen interpretes uti adsueti sunt quilibet ex quolibet interpretari, etiam alterum casum constitutionis criminalis de Magia non nocente exposuerunt, quod ibi solum debeat respici ad eam circumstantiam, quod nullum damnum datum sit, sed et ad alias, an nimirum pactum cum Diabolo inierint Sagae et an simul Venere nefandâ cum Daemone usae fuerint, atque his casibus etiam ignis supplicium esse dictandum. *Carpz. d. l. n. 7.*

§ XLV

quam post eam apud JCtos utrisque religionis Protestantium.

Deberet tamen quis putare, quod reformatio Lutheri, uti homines ab aliis praejudiciis Paismi liberavit, ita et ab istis fabulis Clericalibus de pacto Diaboli cum Magis liberare debuisset. Se nihil minus. Quin potius sub Augusto Electore ista sententia, quae hactenus ut jus non scriptum obtinuerat, diserte Constitu-

nicht ausdrücklich in den Gesetzen enthalten, sondern sie ist vielmehr mit unter die allgemeinen Meynungen und zu dem ungeschriebenen Rechte zuzehlen. Denn so stehet in andern Buche, Artic. 13. Land-Recht: Welcher Christen-Mann, oder Weib ungläubig ist, oder mit Zauberey umgehet, oder mit Vergifftung, und der überwunden wird, die soll man auff einer Horde brennen. Diese Worte, ob sie schon füglich von den schädlichen Zauberern alleine angenommen werden könten, so sind sie doch schon vorlängst von den Leipziger Schöppen generaliter interpretiret, sie mögen Schaden verübet haben, oder nicht, wie solches Carpzov in seiner 49. Criminal-Frage n. 8 bezeuget. Ja der Auctor Caroli V. peinlicher Hals-Gerichts-Ordnung selbst, der dem Ansehen nach, entweder ein Teutscher, oder Jtaliänischer Rechts-Gelehrter gewesen, hat nichts ausdrückliches von denjenigen Zauberern, die ein Bündniß mit dem Teuffel haben sollen, in solcher Hals-Gerichts-Ordnung gesetzet, sondern vielmehr die kurtz angezogene Sentenz des Justinianischen Rechts mit der distinction unter der schädlichen und nicht schädlichen Zauberey offenbar wiederholet, nur, daß er der letzern eine willkürliche Straffe zuerkant hat. So jemand den Leuten, spricht er in dem 109. Artickel, durch Zauberey Schaden oder Nachtheil zugefüget, soll man ihn vom Leben zum Tode straffen, und soll solche Straffe mit Feuer thun. Wo aber jemand Zauberey gebraucht, und damit niemand Schaden gethan, soll sonst gestraft werden nach Gelegenheit der Sache, darinnen die Urtheiler Raths gebrauchen sollen, wie von Rathsuchen hernach geschrieben stehet. Ob nun gleich des Auctoris Meynung, wenn solche nach den Regeln einer guten Auslegung examiniret wird, dahin gehet, daß diejenigen, so durch ihre Zauberey andern keinen Schaden gethan, mit einer gelindern Strafe, als dem Feuer, oder einer andern Lebens-Straffe sollen beleget werden, und ob er gleich nichts von dem Bündnisse mit dem Teuffel gedencket, auch glaubwürdig ist, daß er solches Bündnisse nicht vor wahr gehalten; so haben dennoch die Ausleger, nach ihrer Gewohnheit, quidlibet ex quodlibet zu erzwingen, auch den andern casum in der peinlichen Hals-Gerichts-Ordnung ebenfalls von der schädlichen Zauberey erkläret, weil man, ihrer Einbildung nach, nicht allein auff den einen Umstand, daß niemand dadurch Schaden geschehen; sondern auch auff andere Umstände sehen müsse, nemlich, ob die Hexen ein Bündniß mit dem Teuffel gemachet, und ob sie sich mit demselben in fleischliche Vermischung eingelassen, als welches alles solche Umstände wären, die auch die Straffe des Feuers nach sich zögen. Besiehe hievon Carpzovium an angeführten Orte n. 7.

§ 45

Als nach derselben bey den Rechtsgelehrten beyder Protestierenden Religionen.

Nun solte zwar jemand meinen, daß die Leute durch Lutheri Reformation, dadurch sie doch sonst von vielen Päbstlichen Aberglauben befreyet worden, auch von diesen Mönchs- und Pfaffen-Geschwätze von der Zauberer Bündniß mit dem Teuffel frey worden wären, aber es ist, nichts weniger, als dieses geschehen. Vielmehr ist diese schöne Meynung unter der Regierung Churfürsts Augusti, da sie

tionibus Electoralibus P. 4. sonst. 2. fuit inserta, verb. So jemand in Vergessung seines Christlichen Glaubens mit dem Teuffel Verbündnisse auffrichtet, umgehet, oder zu schaffen hat, daß dieselbe Person, ob sie gleich mit Zauberey niemands Schaden zugefüget, mit dem Feuer vom Leben zum Tode gerichtet und gestraffet werden soll. Cum autem Elector Saxoniae esset primarius Princeps religionis Lutheranae non mirum, si posteà et in alias ditiones Lutheranorum imò uti ex variis scriptis ejus, et ex colloquiis mensalibus subinde apparet, vel quod Lutherus ipse adhuc multa praejudicia de Diaboli potestate et viribus habuerit, uti ex variis scriptis ejus, et ex colloquiis mensalibus subinde apparet, vel quod Philippus Melanchton post mortem Lutheri Philosophiam et Theologiam Scholasticam in Academiis Protestantibus firmiter iterum stabiliverit, cum à Lutheranis quantum ad Philosophiam attinet, pro communi praeceptore Germaniae fuerit habitus. Reformati autem insuper ei faverint, quod in controversiis illorum Theologicis cum Lutheranis valde ad eorum partes inclinaverit; vel quod nonnulli Theologi Evangelici gustaverint illas utilitates, ob quas suprà diximus errorum istum se valde insinuasse Theologis Pontificiis, vel denique, quod JCti Lutherani adsueti fuerint, exscribere suos tractatus criminales absque judicio ex Doctoribus Pontificiis.

§ XLVI

Frequentia processuum contrà sagas in terris Lutheranis. Zelus Spizelii. Impertinentia et eventus Processus Suecici.

Habes jam rationes, cur Processus contra Sagas etiam post tempora reformationis non solum apud Principes Pontificios adhuc sit frequentissimus, sed et apud Principes Protestantes Europae, maximoperè autem apud Lutheranos saepissimè miras et miseras tragoedias excitaverit, praesertim cum illi, qui conscientiam Judicum eâ in re melius informare debuissent, partim ex ratione status, partim ex bona intentione et pià simplicitate magistratus et Judices potius hic soliti fuerint inſtigare. Ipse Spizelius *in praefatione ad saepius citatum tractatum* laudat et commendat judices Processum contra Sagas diligenter formantes de se ipso praedicans: daß solches heilsame Werck nach äußersten Vermögen zu befördern er seines allerwenigstens Orts von vielen Jahren her sich hoch ver-

zuvor noch, als ein noch ungeschriebenes Recht paßirte, den Constitutionibus Electoralibus P. IV. Constit. 2 mit folgenden klaren Worten einverleibet worden. So jemand in Vergessung seines Christlichen Glaubens mit dem Teuffel Bündnisse auffrichtet, umgehet oder zuschaffen hat, daß dieselbige Person, ob sie gleich mit Zauberey niemands Schaden zugefüget, mit dem Feuer vom Leben zum Tode gerichtet und gestraffet werden soll. Diweil aber der Churfürst zu Sachsen einer von den vornehmsten Lutherischen Fürsten war, so ist kein Wunder, wenn auch nachgehends diese gemeine Phantasterey in andere Lutherische, ja auch Reformirte Länder fortgepflantzet worden, und kan solches entweder daher kommen sein, weil Lutherus selbst noch mit vielen Vorurtheilen von der Macht und Gewalt des Satans eingenommen gewesen, gleichwie aus seinen Schrifften, und hin und wieder aus seinen Tischreden erhellet; Oder weil Philippus Melanchton nach des Lutheri Tode, die Scholastische Theologie und Philosophie auff den Protestirenden Academien wieder feste gesetzet, weil er doch von den Lutheranern, was die Philosophie anbetrifft, für einen allgemeinen Lehrer Deutschlands gehalten wurde, hingegen die Reformirten ihm deswegen nicht übel affectionirt waren, weil er in ihren Theologischen Streitigkeiten mit andern Lutheranern ziemlich ihre Parthey hielte; Oder es kan auch dieses zugleich die Ursache mit gewesen seyn, weil etliche Evangelische Lehrer damahls den herrlichen Nutzen, wodurch, wie droben gedacht, sich dieser Irrthum bei den Päbstlichen Theologis sehr beliebt gemacht, und der ihnen gleichfalls daraus zuwachsen konte, schon zum voraus geschmecket, und sich solchen Gefallen lassen; Oder auch, weil die Lutherischen Rechts-Gelehrten ihre Bücher von Peinlichen Processen gewohnt waren, aus den Päbstlichen Scribenten gemeiniglich ohne Nachsinnen auszuschmieren und vollzumachen.

§ 46

Vielheit der Hexen Processe bei den Lutheranern. Spitzels Eyfer und des Processes in Schweden Unbilligkeit und Ausgang.

Dieses sind nun die Ursachen, warum nicht allein bey Papistischer Obrigkeit auch nach der Reformations-Zeit so viele Processe wider die Hexen vorgenommen; sondern auch bei den Protestanten in Europa, vornehmlich aber bei den Lutheranern öffters so wunderliche und grausame Specktacul angerichtet worden, vornehmlich da diejenigen, so der Richter Gewissen besser hätten unterrichten sollen, theils aus einer Staats-Maxime theils aus einem guten Absehen und frommen Einfalt die Obrigkeit und Richter vielmehr pflegen anzureitzen. Wie denn Spizelius selbst in der Vorrede des offtgedachten Tractats die Richter aufs beste herausstreichet und recommandiret, so die Hexen-Prozesse fleißig anstellen, von sich aber schreibt er: daß solches heilsame Werck, nach äussersten Vermögen zubefördern, er seines allerwenigsten Orts von vielen Jahren her sich hochverpflichtet geachtet habe. Solte man Nieder-Sachsen und Schweden hievon reden hören, würde man erfahren, was vor grosse Unordnungen die Hexen-Processe, und der unzeitige Eyffer vor Gottes Ehre daselbst angerichtet? Ich

pflichtet geachtet. Loquatur eâ de re Saxonia inferior, loquatur Svecia, quas turbas ibi dederit processus contra Sagas et intempestivus Zelus DEI honorem praetexens. Nobis ipsis narratum fuit illo temporé a Viro fide digno per Germaniam peregrinante, qui et ipse Assessor fuerat Judicii à Rege Sveciae contra Sagas constituti, quod ipse et alii assessores ab initio facile subodorati fuerint, nullum fundamentum adfuisse ad inquirendum contra personas denunciatas, cum nullum indicium adesset quam depositio phantastica puerorum quorundam minorennium et impuberum; sed vicisse tamen Theologos assessores praetexendo, Spiritum Sanctum honorem DEI contra regnum Diaboli vindicantem, non permissurum esse, ut pueri mentiantur et saepius inculcando dictum Psalmi: Aus dem Munde der jungen Kinder und Säuglinge hast du dir eine Macht zugerichtet, daß du vertilgest den Feind und den Rachgierigen. Tandem, postquam jam multae personae innocentes crematae essent, et aliquis ex pueris virum honestum denuntiasset, quod in convivio Satanico simul adfuisset, aliquis ex assessoribus Laicis, cum praescitu tamen reliquorum, puerum denuntiantem tentari curavit, promittendo dimidium thaleri, si se errasse confiteretur, et alium loco denuntiati denuntiaret, quo facile impetrato, et Theologis assessoribus jam palpantibus, quod Spiritus Sanctus non loqueretur per pueros, castigati quidem virgis a ministro judicii fuere denuntiantes pueri, et processus sublatus, sed nimis tarde, cum jam multi innocentes essent cremati. Et omnino plane pudendas fuisse fabulas, in quibus fundata fuit inquisitio Svecica, vel ex eo apparet, si quis absque praejudicio legat narrationem hujus inquisitionis, quam tractatui suo inseruit Spizelius *Part. I. c. 17. pag. 172. seq.* etsi et auctor relationis eam scripserit ad persvadendam sententiam communem, et Spizelius eum in finem eandem tractatui suo inseruerit. Praeprimis autem attentionem merentur ea, quae Spizelius ex dicto auctore *pag. 187. seq.* refert, ex quibus diserte apparet, innocentissimas personas a pueris istis, fuisse denuntiatas.

§ XLVII

Causae cur haec frequentia hodie cesset et spes adsit saniorum temporum.

In hoc Statu adhuc in Germania hodienum est processus contra Sagas, nisi quod, postquam Philosophia Cartesiana, utpote quae in doctrina de Spiritibus Platonicae et Scholasticae tota opposita est, in Belgio radices egit, et etiam Theologos reformatos quosdam in suas partes traxit, apud reformatos, praecipue non Voetianos in Belgio, et ex horum commercio cum Germanis etiam in Germania mitior et rationi magis conformis sententia obtinere, et inquisitionum magicarum

erinnere mich, daß mir damahls von einem glaubwürdigen Manne, der eben durch Deutschland reisete und selbst ein Adsessor des Gerichts gewesen, welches der König in Schweden wider die Hexen angeordnet, erzehlet worden, wie er, und die andern Adsessores gleich Anfangs leicht gemercket, daß gar kein Fundament vorhanden, eine Inquisition wider die angeklagten Personen anzustellen, indem kein ander Merckmal und Anzeigung vorhanden gewesen, als eine Phantastische Aussage einiger minderjähriger und noch nicht erwachsener Knaben, diesem aber ungeachtet hätten die Geistlichen die Oberhand behalten, indem sie vorgegeben, der Heilige Geist, der jederzeit die Ehre GOttes wider des Teuffels Reich zuretten beflissen sey, würde nimmermehr zugeben, daß diese Knaben Lügen aussageten, zu welchen Ende sie auch immer die Worte aus dem Psalm angeführet: Aus dem Munde der jungen Kinder und Säuglinge hast du dir eine Macht zugerichtet, daß du vertilgest den Feind und die Rachgierigen. Endlich, da schon viele unschuldige Personen waren verbrandt worden, und einer von den Knaben einen ehrbahren Mann angegeben, daß er auch mit auf den Schmause gewesen, habe einer von den weltlichen Adsessoribus, mit Vorbewust der andern diesen Knaben versuchen und ihm einen halben Thaler versprechen lassen, wenn er gestehen würde, daß er geirret, und an stat des angegebenen einen andern anzeigen wolte, da nun solches mit leichter Mühe von ihm erhalten worden, auch die Theologi augenscheinlich gesehen, daß der Heilige Geist nicht durch die Knaben geredet, wären die anzeigenden Knaben zwar von dem Gerichtsdiener mit Ruthen gezüchtiget, und also der Proceß, wiewohl viel zu späte, auffgehoben, weil schon viele unschuldige mit Feuer wären verbrandt worden. Und daß auch diese Schwedische Inquisition nur auff lauter schändlichen Fabeln beruhet habe, kan ein jedweder leichte schliessen und erkennen, der nur ohne Vorurtheil die davon heraus gegebene Beschreibung lieset, welche Spizelius in seinem Tractat im Ersten Theil Cap. 17. p. 172. seq. anführet, wiewohl solche Relation der Auctor derselben deswegen geschrieben, damit er die gemeine Meynung feste setzen möchte, und Spizel hat dieselbe zu dem Ende seinem Tractate einverleibet. Ist aber etwas merckwürdig, ist es gewiß das, was Spizel aus besagten Scribenten pag. 187. seq. erzehlet, woraus klärlich erhellet, daß auch die allerunschuldigsten Leute von den Knaben angezeiget worden.

§ 47

Ursachen, warum diese Vielheit heutiges Tages auffhöre und man Hoffnung habe zu besseren Zeiten.

In diesen Zustande befindet sich auch noch heutiges Tages in Deutschland der Hexen-Proceß, ohne daß es scheinet, nach dem die Cartesianische Philosophie, als welche in der Lehre von den Geistern der Platonischen und Scholastischen gantz entgegen gesetzet ist in den Niederlanden ihren Sitz genommen, auch allmählich einige Reformirte Theologos auff ihre Seite gebracht; als wolten die Reformirten in den Niederlanden, die keine Voetianer sind, ja auch die Deutschen, weil sie zum öfftern mit jenen zuthun haben, mit der Zeit gelindere Seiten

exempla etiam in Germania coeperunt fieri rariora, ac sperandum erit, cum reliquis praejudiciis, quorum jam plurima Germani et Theologi et JCti rejecerunt, et hoc mox rejectum iri. Etsi enim nequaquam adhaereamus Philosophiae Cartesianae nimis in doctrina de spiritibus in alterum extremum inclinanti, atque haec inconvenientia pluribus jam appareat; sufficit tamen, quod ope Philosophiae Cartesianae grilli isti Scholastici, ad quos etiam vani conceptus de crimine Magiae sunt referendi, ex multis Academiis sint exstirpati, nec timendum sit, ut in terris Principum Protestantium rursus sint in solium evehendi.

§ XLIIX
Nunquam in processu contra sagas adfuit corpus delicti, adeoque otiosum est quaerere de indiciis hujus delicti.

Cum enim in hoc crimine nunquam ullum verum corpus delicti affuerit, quilibet videt, quod nec unquam ullum verosimile indicium adesse potuerit, quia non entis nulla sunt indicia. Fac vel mille Sagas illa omnia confessas, quae apud Carpzovium in sententiis quaestione 50. criminali recensentur, quilibet tamen facile palpat, quod omnia illa sint suppeditata a Judicibus et crudelissimis tormentis extorta. Imo demus etiam mille Sagas sponte de se talia fuisse confessas, quamvis verear, an ex tot myriadibus igne combustis, decem allegari possint, quae id fecerint, quis judex tam absurdus esset, ut crederet, mille feminis unanimiter deponentibus, v. g. se in coelo fuisse, et cum S. Petro saltasse, aut cum ejus cane venatorio consubuisse? Nam magis (non dicam ridicula, quia crudelitas processus contra Sagas quid tristius postulat,) stulta sunt ea, quae leguntur in depositionibus Sagarum. Hinc facile responderi poterit communi effugio JCtorum nostrorum, in criminibus occultis et facti transeuntis, ut Adulterio, Stupro, Sodomia, Haeresi, Veneficio, Sortilegio etc., de corpore delicti aliter constare non posse, quam per conjecturas et indicia, adeoque in his praesumtionem et conjecturatam probationem haberi pro plena. *Vid. Carpz. qu. 119. n. 61.* Nam in reliquis delictis omnibus saltem de aliquo corpore delicti aliquando constitit, de

auffziehen, und diejenige Meynung, welche mit der gesunden Vernunfft weit mehr übereinkömmet, abnehmen, wie denn auch schon itzo nicht mehr von so viel Hexen-Inquisitionen gehöret wird, und kan man sich beynahe die Hoffnung machen, weil schon in Deutschland beydes Theologi und Juristen die meisten Vorurtheile verworffen haben, es werde auch dieses bald auff die Seite geschaffet werden. Denn ob ich es zwar nicht mit dem Cartesio halte, weil er in der Lehre von den Geistern zu sehr auff das andere Extremum gefallen, auch schon andere angemercket haben, wie ungereimt in diesem stücke verfahren worden, so ist genung, daß durch die Cartesianische Philosophie die Scholastischen Grillen, worunter mit gutem Rechte die nichtige Einbildung von dem Laster der Zauberey zu rechnen, auff vielen Universitäten allbereit sind ausgemertzet worden, man hat auch so leicht nicht zu besorgen, daß sie in der Protestirenden Fürsten Landen zu ihren vorigen Ansehen wiederum gelangen werden.

§ 48

Es ist niemahls in den Hexen Processe ein Corpus delicti vorhanden gewesen, derohalben ist vor die lange Weile von den Anzeigungen dieser Übelthat bekümmert zu seyn.

Denn weil niemahls bey diesem Laster ein warhafftes Corpus delicti angetroffen worden, so folget von sich selbsten, das unmöglich auch eine wahrscheinliche Anzeigunge vorhanden seyn könne. Denn ein Ding daß nicht ist, kan auch keine Anzeigungen haben. Und gesetzt, es hätten tausend Hexen alles dasjenige bekandt, was Carpzovius in den Urtheilen, die er seiner 50. Peinlichen Frage beyfüget erzehlet; so kan doch jedweder mit Händen greiffen, daß solches nicht freiwillig von ihnen bekannt, sondern, daß es alles, theils von den Richtern ist unter den Fuß gegeben, theils durch die greulichen und entsetzlichen Martern erzwungen worden. Gesetzet auch, es hätten tausend Hexen solches freywillig und ungezwungen bekandt, wiewohl ich besorge, ob von so viel Million Tausenden, die durchs Feuer hingerichtet worden, zehen angeführet werden können, die solches gethan; so frage ich, welcher Richter würde doch immermehr so absurd und unverständig seyn, tausend Weibern alsobald Glauben zuzustellen, wenn sie z. E. einmüthig aussageten: Sie wären im Himmel gewesen, hätten mit St. Petro getantzet, oder hätten bey seinem Jagd-Hunde geschlaffen. Nun ist ja gewiß dasjenige, was von der Hexen ihren Aussagen berichtet wird, ich wil nicht sagen weit lächerlicher, (denn das grausame Verfahren mit den Hexen erfordert wohl eine betrübte Expression) sondern weit thörichter, denn dieses. Dahero auch mit leichter Mühe die gemeine Ausflucht unserer Rechts-Gelehrten wegfället, wenn sie fürgeben, daß man in den verborgenen Lastern, und die nach ihrer Redens-Art, facti transeuntis seyn, als in dem Ehebruch, Hurerey, Sodomiterey, Ketzerey, Gifftmischerey, Zeichendeuterey u. s. f. die Gewißheit des begangenen Verbrechens aus nichts anders, als Muthmassungen und Kennzeichen haben könne, dahero in solchen Verbrechen die Muthmassungen an statt des völligen Beweisses wären, siehe Carpzovii 119. Frage 61. Denn in allen übrigen Verbrechen hat man wenig-

eorumque exsistentia nulli homini sanae mentis restare potest dubium. At cum nunquam exstiterit corpus delicti in ullo casu Magiae, parum apta est criminis hujus cum reliquis recensitis comparatio.

§ XLIX
Falsa indicia Magiae illegalia.

Unde jam sua sponte ruunt, quae Doctores de indiciis Magiae tradere solent. Sunt vero illa duplicis generis. Alia enim vel in lege publica Imperii et scilicet in Constitutione Carolina sunt fundata, alia iis à Doctoribus superaddita. Posteriora quod attinet, pudet ea referre, cum ea non aliis rationibus, quam auctoritatibus Inquisitorum Pontificiorum nitantur, ac propter superius dicta, nullam mereantur fidem. Solent tamen JCti Protestantes ea absque judicio commentariis suis cum approbatione inserere. Unus instar omnium sit Christophorus Crusius, qui *in Tractatu de indiciis delictorum specialibus cap. 32.* tales nugas magno cumulo adscripsit, et defendere intendit. Neque è re erit, in his latius refuntandis actum agere, cum nuperrime in hac ipsa Academia fallacia ista Magiae indicia peculiari dissertatione inaugurali fusius jam sint rejecta, et Auctor cautionis criminalis ista etiam solidissime impugnaverit.

§ L
Absurdissimum, quod insignis testatio externa pietatis sit signum Magiae.

Illud tamen omittere nequeo, quod etiam pro peculiari indicio Magiae venditetur, si reus vel rea signis eminentibus externae pietatis sint conspicui. *Vid. Crusius d. l. n. 102 seq.* Dixit Apostolus, Pietatem ad omnia esse utilem. Nostri vero indicium gravissimi et horrendi delicti eam esse volunt. Quis homo sanae mentis vel in profundissimo somno tale argumentum sibi imaginari posset? At, inquiunt, fucata est illa pietas non vera. Demus initio, id verum esse. Non tamen propterea erit indicium Magiae. Est hypocrisis vitium, quo omnes homines, maxime autem, qui honestiori vitae generi, vel a natura, vel assuefactione dediti sunt, tentantur. Ergone homines turpissime viventes damnabunt homines honestati dantes operam, ut Magos, ob suspicionem fucatae pietatis sive levem, sive etiam gravem? Quis haec concoqueret absque indignatione? Sed nec verum est,

stens dann und wann ein Corpus delicti gehabt, deswegen auch an dessen warhaffter Existenz kein vernünfftiger Mensch zweiffeln kan. Aber da niemahls bey der Zauberey dergleichen wahrgenommen worden, so sehe ich nicht, wie dieses Laster mit den übrigen, so wir ietzt erzehlet haben, könne verglichen werden.

§ 49

Die wiederrechtlichen falschen Anzeigungen der Zauberey.

Und auff solche Weise fält nun auch von sich selber weg, was die Juristen von denen Kennzeichen der Zauberey zu lehren pflegen. Diese Kennzeichen aber sind zweyerley. Einige haben in dem öffentlichen Reichs-Gesetze, nemlich in der Peinlichen Halß-Gerichts-Ordnung ihren Grund, andere sind von den Juristen hinzugesetzet worden. Was diese letztere anlanget, so achte ich sie nicht vor würdig hieher zusetzen, weil sie sich eintzig und allein auff die Auctorität der Papistischen Inquisitorum gründen und aus oben angeführten Ursachen gar keinen Glauben haben; jedennoch werden sie von den Protestirenden Rechts-Gelehrten vor wahr gehalten, und ohne alles Nachsinnen ihren Commentariis einverleibet. Ich will ietzo nur den eintzigen Christoph. Crusium zum Beweiß anführen, aus welchem man sehen kan, wie häuffig und sorgfältig Er alle solche Possen in seinem Tractat, welchen er de indiciis delictorum specialibus cap. 32. geschrieben, zusammen getragen, und wie eyffrig er solche zu vertheidigen sich angelegen seyn lässet. Dieses alles aber vorjetzo zu widerlegen, würde eine vergebliche Arbeit seyn, weil nicht nur neulich schon auff hiesiger Universität in einer Inaugural-Disputation solche nichtige und ungewisse Kennzeichen seyn abgefertiget worden, sondern es hat auch bereits der Auctor Cautionis Criminalis, dieselben recht nachdrücklich widerleget.

§ 50

Es ist höchst ungereimt, daß die äuserliche Bezeugung der Gottesfurcht ein Zeichen der Zauberey sey.

Jedennoch kan ich itzo nicht umhin, nur dieses noch zuberühren, daß man auch vor ein besonders Kennzeichen der Zauberey halte, wenn beschuldigte Personen grosse Merckmahle äusserlicher Gottesfurcht von sich verspühren lassen, wie aus des Crusii gemeldeten Buche 102. seqq. zu ersehen.
Der Apostel spricht, die Gottesfurcht sey zu allen Dingen nütze, nichts destoweniger machen sie solche Leute zu einen Merckmahle des abscheulichsten und allergrösten Verbrechens solte sich wohl ein vernünfftiger Mensch dergleichen Argument träumen lassen oder einbilden können? Ja, sprechen sie, diese ist eine heuchlerische und keine wahre Gottesfurcht. Ich wil anfänglich zugeben, daß ihm so sey, alleine deswegen ist sie nicht alsobald ein Kennzeichen der Zauberey? Die Heucheley ist ein Laster, wovon alle Menschen, am meisten aber diejenigen, so entweder aus Gewohnheit, oder von Natur einer erbahren Lebens-Art ergeben sind, angefochten werden. Wie, wenn denn auch diejenigen, so ein lasterhafftes Leben führen alle honette Leute, wegen eines leichtsinnigen oder auch grossen

insignem professionem pietatis externae esse indicium hypocriseos. Ergo nec talis professio potest justum indicium Magiae esse, sed alio indicio opus esset ad firmandum prius hoc pseudo-indicium, et nulla alia re suspecti de Magia tunc opus haberent pro sua defensione, quam ut afferent vulgatum versiculum:

Omnia cum liceant, non licet esse pium.

Quin potius, absurdissimum hoc indicium coroborat ea, quae supra §. 41 observavimus, nempe Clerum Pontificium crimen Magiae invenisse, ut sub hoc praetextu viros pios sibi invisos possit sub specie justitiae et Zeli divini interimere. Legant omnes, qui specimen illustre malitiae Clericalis in hoc genere cognoscere desiderant, integrum tractatum Gallicum, cui titulus: *Histoire des Diables de Loudun,* et conferant Beckeri *mundum fascinatum L. IV. C. II.* ac stupescent. Hoc facto legant etiam attente fabulam de horrenda Magia Ludovici Godofredi, quam Franciscus Rossetus inseruit Historiis tragicis sui temporis, et inde et Gallico in Germanicum idioma transtulit Martinus Zeilerus *in traurigen Mord-Geschichten,* et deprehendent, Spizelium sine ratione in saepe allegato tractatu saepius hoc exemplum adduxisse, sed potius vel ex ipsa descriptione Rosseti multas circumstantias transparere indicantes, Ludovicum Godofredum fuisse virum optimum et valde pium, ac ex sola invidia à Clero per calumniam ac subornationem falsae accusatricis fuisse ut magum condemnatum. Ulteriorem demonstrationem reservamus curis secundis.

§ LI

Indicia Magiae quae suppeditantur in Constitutione Criminali sunt etiam insufficientia.

Sed videamus jam indicia, quae lege Carolina continentur. Ita vero Articulus 44. Constit. Criminalis. *Wenn jemand sich erbeut, andern Menschen Zauberey zu lernen, oder jemand zu bezaubern bedrohet,* und dem bedrauten dergleichen geschicht, auch sonderliche Gemeinschaft mit Zauberern oder Zauberin hat, oder mit solchen verdächtigen Dingen, Gebärden, Worten und Wesen umbgehet, die Zauberey auf sich tragen, und dieselbige Person desselben auch berüchtigt, das giebet eine redliche Anzeigung der Zauberey, und genugsame Ursache zu peinlicher Frage.

Verdacht einer verstellten Gottesfurcht für Zauberer halten wolten, wer würde solches ohne gerechten Zorn ertragen können? Hiernechst ist auch nicht einmahl wahr, daß äusserliche grosse Frömmigkeit eine Anzeige der Heucheley sey. Derowegen kan auch solche Verstellung kein rechtmäßiges Merckmahl der Zauberey seyn, sondern man muß erst noch ein ander Merckmahl erfinden, dadurch dieses falsche Kennzeichen könne bekräfftiget werden, es könten auch füglich alle aus der Ursachen verdächtige Personen den bekandten Vers zu ihrer defension anführen:

Omnia cum liceant, non licet esse pium.

Das heist: Alles ist zugelassen, aber nicht die Gottesfurcht. Vielmehr bekräfftiget dieses abgeschmackte Kennzeichen der Zauberey dasjenige, was wir droben §. 41. beobachtet haben, nemlich daß die Päbstliche Clerisey das Laster der Zauberey deswegen erfunden, damit sie die ihnen gehäßige Gottesfürchtigen Leute unter den Schein der Gerechtigkeit und eines göttlichen Eyfers aus dem Wege räumen möchten. Wer von dieser Boßheit der Päbstlichen Clerisey eine sonderliche Probe verlanget, der kan davon nachlesen den gantzen Frantzösischen Tractat: Historie des diables de Loudun, und Beckers bezauberte Welt Cap. II. des IV. Buches dagegen halten, gewiß er wird solches nicht ohne Entsetzen thun können. Wer auch mit gleichen Bedacht die Fabel von der greulichen Zauberey Ludovici Godofredi lesen wird, die Franciscus Rossetus den Traurigen Begebenheiten seiner Zeiten, Martin Zeiler aber aus dem Frantzösischen ins Teutsche übersetzet und seinen Traurigen Mordgeschichten einverleibet, der wird leichte erkennen, daß Spitzel in seinem offt erwehnten Buche ohne Ursache diese Geschichte so vielmahl angeführet, da viel eher aus Rosseti seiner Beschreibung selbsten vielfältige Umstände vorhanden, welche sattsam anzeigen, daß Ludewig Godofredy ein honetter und frommer Mann gewesen und aus keiner andern Ursache, als aus blossem Haß und Neid von der Clerisey, als ein Zauberer verdammet worden, sintemahl sie alles zuvor so gespielet hatten, daß er von einer Weibs-Person fälschlich muste angeklaget werden. Was weiter hierbey könte erinnert werden, wil ich biß zukünfftiger Arbeit versparen

§ 51

Auch diejenigen Anzeigungen der Zauberey, so in der peinl. Halß-Gerichts-Ordnung suppeditiret werden, sind unzulänglich.

Nunmehro muß ich auch die Kennzeichen der Zauberey betrachten, die in der Peinlichen Halß-Gerichts-Ordnung Caroli V, enthalten sind. Die Worte hievon lauten in den 44. Artic. also: Wenn jemand sich erbeut, andern Menschen Zauberey zu lernen, oder jemand zu bezaubern drohet, und den bedroheten dergleichen geschicht, auch sonderliche Gemeinschaft mit Zauberern und Zäuberinnen hat, oder mit solchen verdächtigen Dingen, Gebärden, Worten und Wesen umgehet, die Zauberey auff sich tragen, und dieselbige Person desselben auch berichtiget, das giebet eine redliche Anzeigung der Zauberey und genungsame Ursache zur peinlichen Frage.

§ LII
I. Oblatio ad docendam Magiam.

Forent haec indicia nonnullis momenti, si probatum fuisset, exsistere crimen Magiae. Hoc véro nondum monstrato, et illa sunt inania, nec verosimilitudinem aliquam inferunt. Demus primò esse aliquem probe convictum, quod se obtulerit, quod alios magiam, (adde etiam Diabolicam) docere voluerit. Nullum inde oritur indicium, quod ipse pactum cum daemone inierit. Diximus supra, §. 36. multos homines tam stultos esse, ut foedera cum Diabolo quaerant, neque est dubium, multos homines tam profanos esse, ut talia desiderantibus illudant, eosque pecunia emungant, offerendo se, quod illud pactum tamquam mediatores promovere velint, et revera alios homines subornent, qui Diaboli personam sustineant. Propterea tamen nec ipsi Magi sunt, nec Magiae crimen exsistit. Non laudo eos, non excuso, non volo decipientis pariter ac deceptos à poena etiam graviori esse eximendos, sufficit, quod non puniendi sint ut magi, et quod hoc non sit genuinum Magiae indicium.

§ LIII
II. Minae de damno dando alteri per Magiam.

Secundum vero indicium non intelligo. Nam initio nemo facile tam stultus erit, ut alteri minetur, *daß er Ihn wolle bezaubern.* Quod si minetur, quod velit damno afficere vel intuitu vitae aut sanitas, vel intuitu honorum, minae hae non inferunt damnum per Magiam et foedus cum Diabolo. Sed fac etiam, aliquem expresse minatum esse, quod velit per Magiam ipsi nocere, unde constabit de altero hujus indicii requisito, quod reverà PER MAGIAM alteri nocitum sit, cum nulla detur Magia? Vel certum est et apertum, quod is, qui ita minatus est, alteri per media evidentur naturalia aut moralia damnum dederit, tum non est Magus; vel suspicio saltem est, damnum subsecutum ab isto per media occulta esse perpetratum, tum non poterit pro Mago haberi: partim, quia valde dubium est an damnum subsecutum ab eo processerit, partim quia media occulta non statim sunt Diabolica. Multa sunt in natura occulta per quae alteri etiam damnum dari potest absque concursu Diaboli propter magnetismum naturae,

§ 52

1) Wenn sich jemand, andern die Zauberey zu lernen, erbiethet.

Nun wären wohl diese Kennzeichen noch von einiger Wichtigkeit und nicht so schlechter Dinges zu verwerffen, wenn nur erst erwiesen wäre, daß dergleichen Laster der Zauberey sey. Da aber solches noch zur Zeit nicht probiret ist, so müssen folglich auch die Kennzeichen desselben vergeblich und unwahrscheinlich seyn. Ich setze erstlich denn Fall, es wäre jemand zur Genüge überführet worden, daß er sich bey jemand anders erbothen, ihm die Zauberey (auch wohl gar die Teuffelische) zu lernen, solte denn dieses gleich ein Zeichen seyn, daß er ein Bündniß mit dem Teuffel gemacht habe? Ich halte keines weges. Ich habe droben schon §. 36. Meldung gethan, daß es viel thörichte Leute gebe, die wohl gar nach dem Bündnisse mit dem Teuffel ein Verlangen tragen, und ich zweifle auch nicht, es werden sich auch viel verwegene Leute finden lassen, die solche Thoren zu betriegen, und sie umbs Geld zu bringen, trachten werden, sich zugleich erbietende, daß sie zu dem Bündnisse, als Mittels-Personen, behülflich seyn wollen, ja ihrem Versprechen nach zukommen, bereden sie wohl gar andere, des Teuffels Personen zu repraesentiren. Nichts desto weniger sind sie deswegen keine Zauberer, noch ist deswegen eine Zauberey. Ich lobe solche Leute zwar nicht, ich entschuldige sie auch nicht, und gestehe gar gerne, daß sie beyderseits, so wohl der Betrüger, als Betrogene hart gestrafft werden müssen, aber dieses sage ich auch, daß man sie nicht, als Zauberer straffen könne, und daß dergleichen That noch kein zulängliches und eigentliches Kennzeichen der Zauberey sey.

§ 53

2) Die Bedrohungen anderen durch die Zauberey Schaden zuzufügen.

Das andere Merckmahl verstehe ich selbst nicht. Denn wer wird doch immermehr so närrisch seyn, und einem andern, daß er ihn bezaubern wolle, drohen? Und wenn auch da jemand drohete, er wolte dem anderen entweder an seinem Leben, oder an seiner Gesundheit oder an seinen Gütern Schaden thun, so zeigen doch solche Droh-Worte nicht flugs einen Schaden, der durch Zauberey und vermittelst eines Bündnisses mit dem Teuffel geschiehet. Doch gesetzt auch, es hätte einer ausdrücklich gedrohet, dem andern durch Zauberey Schaden zuzufügen, woher ist man so fort gewiß, daß solcher Schade durch die Zauberey geschehen, denn es ist ja keine Zauberey? Oder ist es bekandt und offenbahr, daß der, welcher solcher Droh-Worte sich vernehmen lassen, dem andern durch blosse natürliche, oder durch Moralische Mittel Schaden gethan, so ist er doch so ferne vor keinen Zauberer zu halten; Oder ist es nur ein blosser Argwohn, daß der darauff erfolgete Schade von ihn durch verborgene Mittel sey verübet worden, so kan er gleichfalls vor keinen Zauberer gehalten werden, theils, weil es noch zweiffelhafftig ist, ob der erfolgete Schade von ihm herrühre, theils auch, weil die verborgenen Mittel nicht also bald vor teufelische zu halten. Denn es ist viel in der Natur verborgen, wodurch man einem andern ohne des Teuffels Hülffe Schaden zufügen kan, welche wunderbahre Wirckung ohne Zweiffel in der Magnetischen Krafft der Natur gegründet ist, davon aber weder die Aristo-

cujus rationem dare possunt nec Aristotelici nec Cartesiani. Sed hoc est antiquum asylum ignorantiae Academicae: Quicunque effectus non possunt demonstrari ex libellis Physicae Academicae, et tamen non commode possunt DEO adscribi, adscribendi sunt Diabolo.

§ LIV

III. Conversatio cum Magis et sagis.

Tertium indicium, conversatio cum magis et sagis petit id, quod in quaestione est. Cum enim non sint magi et sagae. nulla etiam est cum eis conversatio. Deinde, etiamsi demus, dari sagas, tamen conversatio cum iis esset indicium maxime fallax, cum multae possint esse causae aliae, v. g. cognatio, vicinitas, educatio, interesse pecuniarium, paritas status et infinitae aliae, cur aliquis cum Mago ejusmodi conversatus fuerit. An putabimus eos esse adulteros, falsarios, heluones, qui cum ejusmodi hominibus etiam familiariter conversantur? Notus quidem est versiculus: Noscitur ex socio, qui non cognoscitur ex se. Sed notum etiam est, versiculos ejusmodi non esse sufficientes ad torturam; alias ex simili dicterio, quod solus cum sola non praesumatur orare Pater noster, quilibet etiam torquendus esset, qui solus cum sola deprehenderetur. Oriuntur ejusmodi dicteria ex eo, quod saepius fieri solet, sed praesupponunt communiter multas circumstantias alias in ipsis dicteriis non expressas. Fallit autem maxime istud axioma de socio, in delictis occultis. Quid enim, si nesciam cum reliquo populo, Titium esse de aliquo crimine suspectum, an conversatio cum Titio, cujus scelus postea detegitur, mihi fraudi foret? At Magia dicitur esse delictum occultum. Igitur si aliquis cum homine, postea Magiae accusato et secundum processum consuetum convicto, conversatus est eo tempore, quo habebatur pro viro honesto, qualis absurditas esset, si conversatio haec alterum redderet suspectum. Nam articulus non potest loqui de eo, qui Magiae est accusatus. Aut enim is condemnatus est, aut absolutus, et posterius vel ob monstratam innocentiam, vel ob purgata aut alias non sufficientia indicia. Si condemnatus est, casus vix erit, dabilis, ut alius cum tali conversari possit, cum nullum forte detur exemplum, quod magus condemnatus poenae gratiam impetraverit. Si absolutus est, etiam

telici, noch die Cartesianer Rede und Antwort geben können. Allein dieses ist das alte Asylum der Academischen Unwissenheit, wenn man schliesset: Welche Wirckungen nicht aus den Academischen Physicen erwiesen, GOtt auch nicht füglich zu geschrieben werden können, daß solche nothwendig dem Teuffel müssen beygeleget werden.

§ 54
3) Der Umgang mit den Zauberern und Hexen.

Von dem dritten Kennzeichen, nemlich der Conversation und Gemeinschafft mit Hexen und Zauberern ist eben noch die Frage? Denn wenn gar keine Hexen und Zauberer sind, so kan auch niemand mit denselben einige Gemeinschafft haben. Und wenn ich auch gleich zu liesse, daß es Hexen gebe, so würde dennoch die Conversation ein sehr betriegliches Kennzeichen seyn, weil viel andere Ursachen seyn können, z. E. Freundschafft, Nachbarschafft, gleiche Aufferziehung, Gewinnsucht, Gleichheit des Standes und unzehlige andere mehr, warum jemand mit einem Zauberer umzugehen pfleget. Hält man denn alle die auch vor Ehebrecher, vor Betrüger, vor Schwelger, die mit dergleichen Leuten familiär umgehen; Es ist zwar ein sehr bekandter Vers: Noscitur ex socio, qui non cognoscitur ex se: Wen man sonst nicht kennen kan, den lernet man aus seiner Gesellschaft kennen. Allein es ist auch mehr als zu bekannt, daß solche Versgen keines weges zureichend seyn, jemanden auff die Tortur zu bringen. Denn sonst muste gleichfalls nach diesem Sprüchworte folgen: Solus cum sola non praesumitur orare Pater noster, das ist, Es ist schwer zu glauben, wenn eine Mann- und Weibs-Person alleine beysammen seyn, daß sie ein Vater Unser beten werden, daß ein jeder, der bey einer Weibs-Person allein angetroffen würde, gleichfalls müste gepeiniget werden. Es ist zwar wahr, solche und dergleichen Sprichwörter entstehen daher, weil es gemeiniglich so zu geschehen pfleget, unterdessen schliessen sie doch die Umstände, die darinne unberühret gelassen, nicht aus. Hauptsächlich aber fallirt der oben angeführte Vers von der Erkäntniß des Mitgehülffens in den verborgenen Lastern. Denn wenn ich zum Exempel nebst andern nicht wüste, daß Titius wegen eines Lasters verdächtig wäre, und ich gienge nichts destoweniger mit ihm um, biß solches offenbahr würde, solte mir solches wohl nachtheilig seyn können? Nun aber hält man ja die Zauberey vor ein verborgenes Laster. Wenn also jemand mit einem solchen Menschen, der nachmals der Zauberey beschuldiget, und nach dem gewöhnlichen Proceß überführet worden, zu der Zeit, da er noch vor einen ehrlichen Mann paßirte, umbgegangen wäre, würde es nicht eine grosse absurdität seyn, den andern bloß um solche Conversation willen in gleichen Verdacht ziehen wollen? Denn der Articul kan wohl schwerlich von denjenigen reden, der wegen der Zauberey angeklaget worden. Denn dieser ist entweder schon zum Tode verurtheilet, oder wegen seiner Unschuld und unzulänglichen Anzeigungen loßgesprochen worden; ist er verurtheilet, so wird es sich schwerlich zu tragen, daß ein andrer mit einem solchen Menschen umgehen könte, weil leichte kein Exempel zu finden, daß ein zum

si id propter insufficientia indicia factum est, quaenam esset ratio hunc pro suspecto de Magia haberi, qui conversatur cum eo, quem judex praemissa causae cognitione pro mago non habet? Alia infinita ut jam taceam.

§ LV
IV. Si quis utatur rebus de Magia suspectis.

Nimis autem generale, confusum, et obscurum est indicium quartum: si quis utatur rebus, verbis et gestibus, quae suspecta sint de Magia, ut revera pudere debuisset auctorem Constit. Criminalis, quod in re tanti momenti tam vagum indicium posuerit, et ita inquisitoribus fenestras apparuerit, quidlibet, etiamsi sit res absurdissima, sub hoc indicio comprehendendi. Neque enim alias qui de indiciis delictorum commentati sunt, solent in enarrandis indiciis delictorum quà generalibus, quà specialibus à praescriptione Constitutionis Criminalis latius abire, et indicia multiplicare. At cum in Magia id fecere communiter soleant, verosimile est, interpretes ab eum errorem seductos esse, quod putaverit quilibet, se indiciis illis afferre casum, quartum hoc indicium declarantem, v. gr. si quis deprehendat apud inquisitum ollam repletam bufonibus membra humana, librum Magiae, aut si proponatur effossum limen domus vel stabuli, inibique defossum quid deprehendatur, quo homines inficerentur etc. *Vid. Crus. d. Cap. 32. n. 4.* Ubi semper supponitur et Magiam dari, et tales res probare, aliquem esse magum, quorum utrumque tamen falsum est.

§ LVI
Cautio unica circa processum. Ne Princeps permittat processum, neve iudex inferior de Crimine Magiae inquirat.

Quaenam ergo cautiones Judici in processu contra sagas adhibendae sunt, ne innocentes puniantur? Plures equidem recenset Auctor *Cautionis Criminalis dub. 16. et seq.* quia prae se fert, ac si credat existentiam criminis Magiae sed quarum tamen singulae infinitis abusibus subjacent, alibi examinandae. Nobis unica cautio est, quia crimen Magiae pro fabula habemus, ut Princeps non per-

Tode verdammeter Zauberer Gnade erlanget hätte. Ist er aber loß gesprochen, wenn es auch gleich wegen der unzulänglichen Anzeigungen geschehen, warum solte man denjenigen wegen der Zauberey verdächtig halten, welcher mit dem, der nach Untersuchung der Sache von dem Richter selbst nicht vor einen Zauberer gehalten wird, umgegangen. Vieler andern Dinge mehr jetzo zu geschweigen.

§ 55

4) Wenn sich jemand verdächtiger Zauber-Sachen bediene.

Das vierdte Kennzeichen, wenn sich jemand solcher Sachen, Worte und Minen, die einigen Verdacht der Zauberey nach sich ziehen, bedienet, ist viel zu general, verwirret und dunckel, daß sich der Auctor der Peinl. Hals-Gerichts-Ordnung hätte schämen sollen, ein solch ungewisses Zeichen in einer so wichtigen Materie zu setzen, und also den Inquisitoribus Gelegenheit zu geben, alles, auch die aller absurdesten Sachen unter diesem Merckmahle zu begreiffen. Denn das pflegt freylich wohl nicht leicht zu geschehen, daß diejenigen, so über die Anzeigungen anderer Verbrechen zu commentiren pflegen, in Erzehlung der general und special Anzeigungen der Verbrechen von der Vorschrifft der Peinl. Hals-Gerichts-Ordnung allzuweit abgehen, und die Zahl derselben vermehren. Da sie aber solches bey der Zauberey gemeiniglich zu thun pflegten, scheinet es nicht unwahrscheinlich zu seyn, daß solche Ausleger eben deswegen in diesen Irrthum gefallen, weil ein jedweder ihm die Einbildung gemachet, als hätte er durch diese oder jene Anzeigung einen neuen Casum erfunden, wodurch dieses vierdte Kennzeichen könte deutlicher erkläret werden, z. e. Wenn einer bey einem, der in der Inquisition wäre, einen mit Kröten angefülleten Topf, Menschliche Gliedmassen, ein Zauber-Buch oder sonsten was unter der auffgegrabenen Schwelle des Hauses oder Stalles, dadurch die Leute angestecket würden, etc. fünde. Besiehe hievon Crusium c. 32. n. 4. Aus welchem und dergleichen Sachen mehr man allezeit gewiß schliesset, es sey würcklich eine Zauberey vorhanden, und alle diese Merckmahle erwiesen zur Gnüge, daß jemand ein Zauberer sey, da doch beydes in der That falsch ist.

§ 56

Die eintzige Behutsamkeit bey den Hexen Processen ist diese, daß der Fürst keinen Proceß verstatte, noch die Unter Richter wieder das Laster der Zauberey inquiriren. § 96.

Was hat aber endlich ein Richter vor Behutsamkeit in Processe wider die Hexen zugebrauchen, damit er nicht die Unschuldigen bestraffe: Es hat zwar der Auctor Cautioni Criminalis, oder der peinlichen Vorsichtigkeit, in der 16. und folgenden Frage unterschiedliche angeführet, weil er sich gestellet, als glaube er das Laster der Zauberey, da sich doch bey einer jeden noch vielfältige Mißbräuche hervorzeigen, die anderswo sind untersuchet worden. Was mich betrifft, weil ich das Laster der Zauberey vor eine Fabel halte, rathe diese eintzige Behutsamkeit. Ein

mittat inquiri de crimine Magiae, i. e. de foedere hominum cum Diabolo, (nam de damno hominibus per Magiam occultam vel naturalem vel artificialem dato nobis sermo non est,) et ut judex inferior nunquam inquirat. Et quamvis probe nobis constet, magistratus intermedios esse exsecutores postestatis summae in Republ., nec posse eos vel leges vel mores receptos corrigere, simul tamen certi sumus, nunquam adfutura esse indicia sufficientia ad inquisitionem, adeoque Judicem inferiorem etiam legibus ipsis, et quae illae de indiciis delictorum disponunt, si concedat denuntiatis defensionem pro avertenda inquisitione, se ac suum procedendi modum defendere posse.

Finis

Fürste solle niemahls verstatten, daß wegen des Lasters der Magie, das ist, wegen des Bündnisses der Menschen mit dem Teuffel (denn von dem Schaden, den einer dem andern durch die verborgene Magie, sie sey natürlich oder künstlich, zufüget, ist hier die Frage nicht) eine Inquisition angestellet werde, und die niedrige Obrigkeit vollziehe solche niemals. Und ob mir wohl nicht unwissend, daß die mitlere Obrigkeit die höchste Gewalt in der Republic ausüben müssen, daß sie auch die einmahl eingeführten Gesetze und Gebräuche nicht verbessern oder gar abschaffen kan, so bin ich doch versichert, es werden niemahls zulängliche Anzeigungen zu einer Inquisition vorhanden seyn, und der Unter-Richter werde sie und sein Verfahren durch die Gesetze selbst und durch dasjenige, was sie von den Kennzeichen der Verbrechen gebieten, wenn er nemlich denen bey ihm der Zauberey wegen angegebenen Personen die defension wegen Abwendung der Inquisition verstattet, satsam schützen können.

ENDE.

Disputatio Juris Canonici

De

Origine ac Progressu Processus Jnquisitorii

contra Sagas

quam

Rectore Magnificentissimo,

Serenissimo Principe

ac Domino

Dn. Friderico Wilhelmo

Principe Borussiae, Marchione Brandenb.

Ducatus Magdeb. Gubernat. etc etc.

Praeside

Dn. Christiano Thomasio

Potentissimi Borussiae Regis Consiliario Jntimo,

Universitatis Fridericianae Directore ac Professore

Primario, et Facultatis Juridicae Ordinario,

Placido Eruditorum Examini

Subiicit

Die XXX. Aprilis A. MDCCXII

H. L. Q. C.

Johannes Paulus Ipsen

Huso Slesvicensis

Halae Magdeburgicae Typis Johann. Christiani Zahnii

Acad. et Senat Hallensis Typogr.

Herrn Christian Thomasens /

Sr. Königl. Majestät in Preussen Geheimden Raths / der Friderichs-Universität Directoris, Professoris Primarii, und der Juristen Facultät Ordinarii,

Historische Untersuchung

Vom

Ursprung und Fortgang

Des

INQUISITIONS

PROCESSES

Wieder die

Hexen/

Worinnen deutlich erwiesen wird / daß der Teuffel / welcher nach

buhlet / und sie auff den Blockers-Berg führet / nicht über

anderthalb hundert Jahr alt sey

Als eine Beylage zu dem Tractat

Von der

Zauberey und Hexen-

PROCESSE

Denen Liebhabern mitgetheilet.

der gemeinen Meynung pacta mit denen Hexen macht / mit denenselben

---

HALLE im Magdeburgischen / A. 1712.

Zu finden in der Rengerischen Buchhandlung.

§ 1

Scopus dissertationis, succurere imbecillitati errantium.

Scopus dissertationis praesentis est, doctrinam sanam de crimine magiae, hactenus crude [a]) propositam, alio modo proponere, ut aptior sit ad palatum eorum, qui praeiudicio auctoritatis nimis adhuc immersi sunt [b]). Cum enim ipsi Iovem lapidem iurent, persuasionem de pactis diaboli cum sagis esse longe antiquissimam, et cum ipsa, si non creatione, saltem cum lapsu hominis coepisse, et adeo hactenus valde scandalizati fuerint, quod alii ausi sint, rem intuitu totius humani generis per tot saeculorum decades publicae fidei, his ultimis demum mundi temporibus, in dubium vocare [c]); tentabimus, an iis, aut horum similibus, forte ruborem excutere possimus, si ad oculum ostenderimus, persuasionem publicam

a) Scilicet a Praeside, et resp. Reichio in huius Dissert. inaugurali de crimine magiae a. 1701. habita. Crude autem proponi hic voco, si veritas aliqua, quae communiter hactenus pro errore fuit habita, proponatur cum rationibus etiam palpabilibus et evidentissimis, absque praecedente praeparatione ostensionis, vel obiter saltem, et quasi aliud agendo factae, unde persuasio communis vere erronea originem et initium sumserit.

b) Est hoc vitium commune humano generi, ut omnes a nativitate praeiudicio auctoritatis simus immersi, et credamus, opiniones communes, etsi maxime erroneas, perpetuo pro veris esse habitas, et indignemur illis, qui contrarias assertiones etiam evidentissime demonstrant. Recordatur adhuc ipse Praeses, quid ipsi in simili caussa olim acciderit, cum Pufendorfius immortale illud opus de iure naturae et gentium ederet, de quo iam dixit in Dissert. prooem. ad Inst. iuris prud. divin. § 6 caet.

c) Pertinet huc potissimum scriptum Pastoris cuiusdam tum temporis in patria mea virulentissimum, anno 1715. Hamburgi editum, ab auctore forte bona fide collectum, sub titulo: verworffener Hexen- und Zauber-Advocat. Dolet equidem Praeses, quod auctor magno, quamuis vano, impetu, veritatem illam in dict. Diss. propositam aggredi et destruere conatus fuerit. Cum vero experientia testata fuerit, eiusmodi scriptis nil nisi nuditatem erroris communis magis magisque detegi, et veritatem magis magisque per tales erroris vulgaris promachos propagari; non irascitur, sed potius auctorem et eius similes misericordiae divinae (quam ipse hactenus per aliquot annorum decades indultu suorum praeiudiciorum expertus est), abundantissime ex sincero cordis adfectu commendat.

§ 1
Fürhaben der gegenwärtigen Dissertation.

Das Fürhaben dieser gegenwärtigen dissertation ist, die rechte wahre Lehre von dem Laster der Zauberey, welche bißher gar zu rohe [a]) vorgetragen worden, auff eine andere Art und Weise fürzustellen; damit sie mehr nach dem Geschmack dererjenigen sey, welche noch gar zu sehr von dem Vorurtheil menschlicher auctorität eingenommen sind [b]). Denn da diese Leute Stein und Bein schwüren, daß die gemeine Meynung von dem pacte des Teuffels mit den Hexen sehr alt sey, und wo nicht von der ersten Schöpffung an, dennoch wenigstens von dem Fall des ersten Menschen seinen Ursprung nehme; und dannenhero bißher dadurch sehr geärgert worden, daß sich einige unterstanden, eine Sache die von so vielen saeculis her von dem gantzen menschlichen Geschlecht geglaubet worden, in diesen letzten Zeiten in Zweifel zu ziehen [c]), so wollen wir versuchen, ob man diese Leute, oder die sich ihnen gleich stellen, nicht beschämen könne, wenn man ihnen deutlich vor Augen leget, daß die gemeine Meynung von dem Bunde des Teuffels mit denen Hexen und mit desselben fleischlicher Vermischung, wie auch

---

a) Nehmlich von dem Herren Praeside, und dem Herrn Doctor Reichen, in desselben inaugural Disputation von dem Laster der Zauberey. Durch die Redens-Art aber, gar zu rohe für getragen, verstehe ich wenn man eine Wahrheit, die bißher insgemein vor einen Irrthum gehalten worden, mit handgreiflichen und sonnenklaren Gründen fürtraget, ohne daß man die Leute ein wenig zu vor praepariret und ihnen gleichsam von ungefehr zeiget, woher der gemeine Irrthum seinen Ursprung nehme.

b) Dieses ist dem menschlichen Geschlechte gantz gemein, daß man von Jugend auff in dem Vorurtheil menschlichen ansehens stecket, und sich einbildet, daß die gemeine Meynungen wenn sie auch gleich noch so irrig, jederzeit für wahr wären gehalten worden, ja man erzörnet sich über diejenige welche das Gegentheil solcher Irrthümer gantz klärlich zeigen; der Herr Praeses erinnert sich noch was ihm in eben dergleichen casu begegnet, als der Herr von Pufendorf das unvergleichliche Werck von dem Natur und Völcker-Recht edirte, wovon die Vorrede bey denen Institutionibus Iurisprudentiae zu lesen ist §. 6. 9.

c) Hierher gehöret sonderlich einen gewissen Predigers in Hollstein hefftige Schrift so zu Hamburg An. 1705. edirt worden, welche der Auctor vielleicht guter Meynung unter dem Titel verworffener Hexen- und Zauberer-Aduocat collegiret. Der Herr Geheimter Rath Thomasius bedauret zwar, daß der auctor mit großem doch blinden eyffer, die in der allegirten dissertation fürgetragene Warheit anzugreiffen und umzustossen sich unterstanden; allein, da dic Erfahrung gelehret, daß durch dergleichen Schriften nichts als die Blösse des gemeinen Irrthums mehr und mehr entdecket, und die Warheit durch solche Vorfechter der gemeinen Irrthümer fortgepflantzet wird, so erzörnet er sich nicht über denselben, sondern empfiehlet ihn nebst andern seinen Mit-Brüdern, der Barmhertzigkeit Gottes welche er selbst nun schon einige Jahre her, bey seinen eigenen Vorurtheilen sattsam gespüret hat und zwar aus Hertzens Grunde.

de pactis diaboli cum sagis, deque eius cum ipsis concubitu et conventibus sagarum, esse valde recentem, et aetatem diaboli ex ista publica persuasione, cum sagis pacta expressa facientis, vix sesqui saeculum excedere[d]).

§ 2
Ratio tituli, et methodes dicendorum.

Quod autem titulum dissertationis nostrae fecerimus de ortu ac progressu processus inquisitorii contra sagas, ideo factum, ut una quasi fidelia duas dealbemus parietes, hoc est, initio docebimus, persuasionem communem et publicam de modo memoratis actis vel agendis diaboli cum sagis non fuisse receptam ante institutionem processus inquisitorii contra sagas; processum autem inquisitorium contra sagas ostendemus incoepisse demum sub finem saeculi decimi quinti. Deinde probabimus, istam persuasionem publicam de hisce agendis diaboli cum sagis esse adhuc multo recentiorem processu inquisitorio contra sagas, et demum, si non sub finem, certe post medium saeculi decimi sexti ab inquisitoribus pravitatis magicae fuisse defensam et propagatam.

§ 3
Cur sagarum tantum in titulo facta mentio.

Quod vero titulus de sagis loquatur, non ideo factum, acsi vellemus excludere mares a consideratione praesentis dissertationis; sed ut hic aliquid indulgeremus communi loquendi usui[e]), haud dubie a primis inquisitoribus originem ducente,

d) Quis enim non erubesceret, nisi omnem pudorem eiuraverit, qui convincitur, errorum aliquem, quem credidit fuisse antiquissimum, esse tam recentem? Notanter vero dico, persuasionem publicam. Cum autem nulla persuasio erronea in momento publica et communis fiat, quae non antea per sensibile aliquod temporis spatium, pro diversitate circumstantiarum aliquando valde diuturnum, privata fuerit, inde et infra suo loco docebimus, prima initia persuasionis illius privatae de pactis diabolicis cum sagis, de concubitu diabolicocum iisdem, et de conventu sagarum; sed utrumque breviter, et quasi per indicem: cum prolixior ex eruditior eius rei demonstratio postulet volumen aliquod ingentis molis, et transscendat terminos disputationes, quam meditamur, academicae.

e) Adpellamus enim adhuc hodie processum contra magos, den Hexen-Proceß.

denen Zusammenkünften derer Hexen etc. gar sehr neu, und der Teuffel, welcher nach dieser gemeinen Meynung ausdrückliche Bündnisse machet, kaum über anderthalb hundert Jahr alt sey[d]).

§ 2

Erklährung des Titels, und der darinn gebrauchten Methode.

Daß ich aber dieser disputation den Titel von Ursprung und Fortgange des inquisition processes wieder die Hexen gegeben, ist desfalls geschehen, damit ich unterschiedliche Dinge mit einmal abthun könte, das ist, erstlich will ich zeigen, daß die gemeine und öffentliche persuasion von oberwehnten Thaten des Teuffels mit denen Hexen, nicht vor dem inquisitions process wieder die Hexen recipiret sey; den inquisitions process aber wieder die Hexen will ich darthun, daß er erst zu Ende des XVten Seculi seinen Anfang genommen habe. Nachmahls will ich beweisen, daß diese öffentliche persuasion von denen Sachen, die der Teuffel mit den Hexen thun könne; noch viel neuer als der inquisitions process wieder die Hexen sey; und erstlich wo nicht zu Ende, dennoch nach der mitte des XVI Saeculi von denen inquisitoribus wieder die zauberischen Laster vertheydiget, und fortgepflanzet worden.

§ 3

Warum man bloß von Hexen (und) nicht (von) Hexenmeistern rede.

Daß aber der Titel bloß von Hexen redet, ist nicht desfalls geschehen, als wenn ich die Mannspersohnen von der Betrachtung in gegenwärtiger Disputation ausschliessen wolte, sondern ich habe mich nach der gemeinen Redensart[e]) derer Leute gerichtet, welche ohne Zweiffel von denen ersten Inquisitoribus ihren Ur-

---

d) Denn wie solte sich einer nicht schämen, wo er nicht gar der Scham den Kopff abgebissen hat; wenn er überzeuget wird, daß derjenige Irrthum welchen er so gar alt zu seyn geglaubet, so jung sey. Ich sage aber mit Fleiß die gemeine Meynung. Gleichwie aber keine irrige Einbildung in einem Augenblick gemein wird, die nicht eine merckliche und nach Gelegenheit der Umstände, lange Zeit zuvor besonder gewesen; also werde ich unten den Anfang dieser besonderen Meynung von dem Bündnüß des Satans mit denen Hexen, von fleischlicher Vermischung mit denenselben, wie auch von denen Zusammenkünfften derer Hexen, doch nur gantz kurtz zeigen, weil man sonst zu einer weitläuffigern und gelehrter ausgeführten Abhandelung dieser Dinge ein grosses Werck zu schreiben nöthig hätte, welches aber die Gräntzen dieser disputation überschreitet.

e) Denn wir nennen noch heute zu Tage den process wieder die Zauberer den Hexen-Prozeß.

ut qui anxie, quamvis ineptis plane rationibus, demonstrare annisi sunt, feminas praemaribus crimini magiae esse magis obnoxias[f]).

§ 4

Sagae definitio.

Ut vero omne litigium de vocum significatione tollatur, sagam definio, quod sit femina, pactum cum diabolo faciens expressum cum abnegatione fidei, item concubitu eius utens, et in sollemni aliarum sagarum conventu eum sub specie hoedi vel simili adparentem impudicis et turpissimis actibus adorans[g]).

§ 5

Probatur, sagas non exstitisse ante introductum processum inquisitorium.

Iam ad rem. Videamus, an persuasio illa publica de T A L I B U S[h]) sagis fuerit ante introductum processum inquisitorium recepta. Negamus. Ubi quidem iure

f) Vid. Malleus malefic. parte I. qu. 6. p. 91.—104. Ut praegustum de huius auctoribus lector habeat, sequentia inde excerpimus. Primaria ratio, quam adferunt, haec est: dicunt, tria esse in rerum natura, linguam, malitiam ecclesiasticorum, et feminam, quae medium in bonitate et malitia tenere nesciant. Unde post locos communes contra malitiam ecclesiasticorum absque iudicio allatos, quos utique in honorem ordinis ecclesiastici referre abstinemus, multa deblaterant contra mulieres, quod mulier sit necessarium malum, naturalis tentatio caet. quod muliebrium vitiorum fundamentum sit avaritia, quod mulieres sint incontinentis linguae, quod minus valeant intelligendo bona, quam viri, quod Eva formata fuerit de costa curva et torta pectoris, quasi contraria viro; quod femina dicta sit a fe et minus (risum teneatis amici), quia semper minorem habeat et servet fidem, quod mulieres sint proclives ad odia, aemulationem, impatientiam, vindictam, inobedientiam; quod omnia fere mundi regna propter mulieres sint eversa, et quod mundus sine mulieribus esset conversatio Deorum; quod mulier sit chimaera, et cat. pudet enim ineptiarum. Obiter saltem notamus; si laicus protulisset illud dicterium de muliere ex costa curva creata, non sine ratione blasphemiae fuisset accusatus. At cum illi domini in sancto actu haeretificationis et sagificationis constituti sint, ipsis licent omnia.

g) Conf. Dissert. Praesidis de crimine magiae § 12.

h) Hic est momentan totius controversiae. Concedimus, magorum utriusque sexus mentionem fieri in Scripturis, iure civili, canonico, caet. Sed negamus uspiam ibn doceri, quod magi pacta cum Daemone expressa fecerint, eius concubitu usi fuerint, conventus sollemnes cum aliis sagis celebraverint, caet. Inprimis autem in sequentibus solliciti erimus de pactis diabolicis.

sprung nimmt, als welches mit grosser Mühe, wiewol mit sehr einfältigen Gründen beweisen wollen, daß das weibliche Geschlecht weit mehr der Hexerey zugethan seye als das männliche.[f])

§ 4
Beschreibung einer Hexe.

Auf daß nun aber aller Streit von dem Wort-Verstande gehoben werde; so beschreiben wir eine Hexe also: daß es ein Weib sey, so einen ausdrücklichen Bund mit dem Teuffel mit Abschwerung des Glaubens macht, auch bey demselben schläfft, und in der solennen Zusammenkunfft derer Hexen, denselben in der Gestalt eines Bockes, oder dergleichen erscheinend, auf eine garstige, und schändliche Weise anbetet[g]).

§ 5
Beweiß, daß es keine Hexen vor dem Inquisitionsprozeß gegeben.

Damit wir also zur Sache selbst schreiten, so wollen wir zusehen, ob die öffentliche Meinung von solchen[h]) Hexen vor dem inquisitions-Process recipiret sey.

---

f) Siehe hievon den Malleum Maleficarum Part. I. qu. 6. p. 91. bis 104. damit der geneigte Leser einen Vorschmack von diesen Actoribus habe, so habe ich nachfolgendes daraus excerpiret. Die vornehmste Ursache, welche sie beybringen, ist diese: sie sagen, es wären drey Dinge in der Welt, welche in dem Guten und Bösen das Mittel nicht treffen könten, die Zunge, die Geistlichen, und die Weiber. Daher, nachdem sie ein hauffen wider die Boßheit der Geistlichen ohne Verstand zusammen colligiret, (welches wir aus Hochachtung für dem geistlichen Stande nicht hersetzen mögen,) schwatzen sie sehr viel wieder das Frauenvolck, Z. E. daß eine Frau ein nöthiges Übel sey, eine natürliche Versuchung, daß der Grund der weiblichen Laster der Geldbesitz sey, daß das Frauenvolck eine unbändige Zunge hätte, daß sie auch nicht so geschickt wären das Gute zu erkennen, als die Männer, daß Eva aus einer krummen Rippe gleichsam dem Manne zuwieder gemacht sey, daß das lateinische Wort femina herkomme von fe und minus, weil sie stets eine schlechtere Treue haben, als die Männer, daß die Weiber geneigt seyn zum Haß, aemulation, Ungeduld, Rache und Ungehorsam; daß fast alle Reiche der Welt durch Weiber zu Grunde gangen, und daß die Welt ohne die Weiber ein Umgang der Götter wäre, daß ein Weibsbild eine chimaere sey. Dieses will ich nur obenhin bemerken; wenn ein Laye das von der Erschaffung des Weibes aus der krummen Rippe gesagt hätte, so wäre er nicht ohne Ursache der Zauberey wegen angeklaget. Allein diese Herren, da sie in der heiligen Ketzer und Hexenmacherey begriffen seyn, so stehet ihnen alles frey.

g) siehe des Herrn Praesidis Dissert. von dem Laster der Zauberey. §. 12.

h) Dieses ist der Punct, worauf der gantze Streit ankommt. Ich gestehe, daß der Zauberer von beyderley Geschlechtern in der Heil. Schrifft gedacht werde, auch im Römischen und Päbstl. Rechte. Aber das läugne ich, daß dasselbst irgendwo gelehret werde, daß die Zauberer ausdrückliche Bündnisse mit dem bösen Geiste gemacht, mit ihm Unzucht getrieben, und ordentliche Zusammenkünffte mit andern Herren gehalten. Ich werde aber im nachfolgenden fürnehmlich von den Bündnissen mit dem Teuffel handeln.

stricto poteramus a probatione negativae abstinere. Sed tamen, ut eo palpabilior reddatur error communis, utemur inductione, ostensuri, tales sagas et sacris litteris, et iuri Justinianeo, et iuri canonico, et legibus Francorum antiquiori, fuisse incognitas.[i])

§ 6
Non in Scriptura Sacra.

Quod de talibus vero nihil exstet in Scriptura Sacra, vel inde fortissimum argumentum sumere licebit, quod ipsi primi inquisitores contra sagas constituti, ubi de pacto sagarum cum diabolo loquuntur, saltem obiter ex Scriptura adferant, quod sagae pactum fecerint cum inferno, et foedus cum morte[k]); et quod Theologi ac ICti pontificii communiter[l]) nullo alio argumento utantur pro adstruendo pacto illo, quam isto Esaiae dicto. Ad quod tamen multiplex est responsio.

---

i) Unde non curamus fabulas poëticas, Apuleii opera vel Asinum aureum, et similia scripta, quibus valde delectantur in quaestione de sagarum exsistentia Apuleiani illi sagifices; qui utinam semper aurei, et non saepe lignei essent. Conf. Ioann. Wagstaff, von der Hexerey, cap. 2. Horatium Epist. ult. in fine. Senec. Quaest. nat lib. IV cap. 7. Luciani Philopseudeis.

k) In Apologia Malleo Maleficarum praemisso. Mundo vespere ad occasum declinante, insolitam quamdam haereticam pravitatem in agro dominico succrescere fecit (Satanas); haeresin inquam maleficarum, a principaliori, in qua vigere noscitur sexu denotando. Quae dum innumeris machinatur insultibus: hoc tamen in singulis, quod cogitatu terribile, Deo nimium abominabile, et omnibus Christi fidelibus odibile cernitur, operibus expletur. EX PACTO ENIM CVM INFERNO ET FOEDERE CVM MORTE foetidissimae servituti pro eorum pravis explendis spurcitiis se subiiciunt.

l) Torreblanca de magia, lib. II, cap. 6 ad init. Hoc pactum (daemoniacum) affirmat communis theologiae et iuris prudentiae schola cum Propheta D. Isaia cap. 28. Percussimus foedus cum morte, et cum inferno fecimus pactum. Quod D. Thomas satis probabili interpretatione Magis accommodat, ut et pontifices Ioannes XXII. in extravag. contra magos, quae incipit super specula, et Sixtus V. in bulla contra astrologos anno 1591.

Wir läugnen es. Da wir denn, wann wir uns unsers Rechts bedienen wollten, nicht nöthig hätten, solches zu beweisen, auf daß aber der gemeine Irrthum desto handgreifflicher gewisen werde, so wollen wir uns der in Schulen so genandten induction bedienen, und weisen, daß weder die H. Schrifft, noch die Römische und Päbstl. Rechte, oder die Gesetze der alten Francken, von solchen Hexen etwas gewust haben[i]).

§ 6

In der heiligen Schrifft wird nichts von Hexen gedacht.

Daß in der Heil. Schrifft nichts von solchen Hexen gedacht werde, kan man auch hieraus kräfftig beweisen; weil die ersten Hexen-Inquisitores, da sie von dem Bunde des Teuffels handeln, nur so ohnehin aus der H. Schrifft beybringen, daß die Hexen einen Verstand mit der Hölle, und einen Bund mit dem Tode gemacht hätten[k]), und denn daraus, weil die Päbstl. Theologie so wohl als die Juristen insgemein[l]) kein ander argument zu behauptung des Bundes mit dem Teufel beyzubringen wissen, als diese Stelle des Propheten Esaia, worauff doch vielfältig kan geantwortet werden.

---

i) Daher achte ich die poetische Gedichte nicht, noch des Apuleii opera, oder den güldenen Esel, und andere dergleichen Schrifften, über welche, wenn gefraget wird, ob es Hexen giebet, die Apulejanischen Hexenmacher sich sehr ergötzen können, von welchen doch zu wünschen wäre, daß sie stets gülden und nicht höltzern wären; Siehe Waagstaf von der Hexerey, c. 2 Horatium epist. ultima in fine; Senec. Lib. 4. Nat. qu. c. 7. Luciani philopseudeis.

k) In der Apologi welche dem Malleo maleficarum vorgesetzet ist: stehen nachfolgende Worte: Der Teuffel hat am Abend der Welt eine unerhörte ketzerische Schandthat aufwachsen lassen; die Ketzerey nehmlich derer Zauberey, welche von dem Geschlecht bey welchem sie sich fürnehmlich äussert zu benennen ist, welche, da sie unzehlige Beleydigungen vornimmt, so wird doch dieses, (welches erschröcklich dran zu gedencken, dem höchsten Gott gar zu verschmählich, und allen getreuen Christen verhaßt ist) in allen Wercken ausgiebet. Denn vermöge des Verstandes mit der Höllen, und des Bundes mit dem Tode, unterwerfen sie sich der schändlichen Dienstbarkeit um ihre unflätige Lüste zu stillen.

l) Torreblanca de magia L. 2. c. 6. ab init. Dieses Bündnis mit dem bösen Geiste, bejahen alle Theologi und Juristen mit dem Propheten Esaia c. 28. Wir haben einen Bund mit dem Tode, und mit der Hölle einen Verstand gemacht. Welches der Heil. Thomas sehr wahrscheinlich denen Zauberern adpliciret, wie auch die Päbste Ioannes XXII. in extravag. contra magos, so da anfängt, super specula. Und Sixtus V. in bulla contra Astrologos. Anno 1591.

§ 7

Respondetur ad textum Esaiae

1) Enim apud Esaiam est locutio metaphorica, quae proprie nequidem de pacto tacito intelligi potest, tantum abest, ut de expresso. 2) Thomas, ut infra videbimus, explicuit saltem de pacto tacito. 3) Dubium, an textus hebraicus ibi loquatur de inferno, annon potius de sepulchro, ut contextus ostendit [m]). 4) Non magis pactum expressum cum diaboli inde probari potest, quam pactum expressum cum morte [n]).

§ 8

Item ad exemplum Satanae pactum offerentis Christo

Novissime tamen Torreblanca [o]) novo argumento utitur ex Scriptura Sacra unde probare vult, daemones cum hominibus libenter pacta inire, quia Christo domino ausi fuerint pacti conditionem offerre [p]). Etsi enim per id directe non probetur pactum diabolicum cum sagis, sufficit tamen, quod exinde probetur diaboli in forma corporea adparentis desiderium pacta ineundi cum hominibus; cum de desiderio hominum improborum pacta ineundi cum diabolo a nemine, quod credam, dubitatum fuerit umquam; et experientia tantum non, proh dolor! quotidiana istud desiderium probet.

§ 9

Scilicet, eius loci interpretationem apud Protestantes esse dubiam.

Haberet utique illud argumentum magnum pondus, si modo hactenus sufficienter probatum fuisset, daemonem in forma corporea Salvatori adparuisse. Iam cum id nondum fuerit factum, liceat nobis cum theologis quibusdam pro-

m) Conf. Pasor. Lex. Graec. voce ᾅδης: Nec putes, nos cum iis facere, qui per Scheol hebraicum semper putant intelligi sepulchrum.

n) Et vel ex hoc solo deberent, qui sagarum exsistentiam ex Scriptura probare intendunt, cognoscere, quod impudentiores sint, quam ipsi pontificii: cum hi bene cognoverint, terminos magorum in S. Scriptura saepius occurrentes non probare pacta sagarum cum diabolo.

o) d. lib. II. cap. 6. n. 3.

p) Matth. cap. 4. Haec omnia tibi dabo, si callens adoraveris me.

§ 7

Antwort auff die von denen wiedrig Gesinnten angeführte Stelle aus dem Esaia.

1) Denn bey dem Propheten Esaia ists eine metaphorische Redens-Art, welche eigentlich nicht einmahl von einem heimlichen, geschweige von einem ausdrücklichen Bündnisse kan verstanden werden, 2) hat der Thomas selbst, wie wir unten sehen werden, solches nur von einem heimlichen Bündnisse verstanden, 3) ist noch nicht ausgemacht, ob der Hebräische Text von der Höllen, oder nicht vielmehr von dem Grabe rede, welches auch der context mit sich bringet [m]). 4) So kan daraus eben so wenig ein ausdrücklicher Bund mit dem Teuffel, als ein ausdrücklicher Bund mit dem Tode [n]) bewiesen werden.

§ 8

Jtem auff das Exempel des Satans, der Christum versucht.

Der Torreblanca [o]) aber hat neulicher Zeit ein neues argument aus der H. Schrifft vorgebracht, womit er beweisen will, dass die bösen Geister gerne mit dem Menschen Bündnisse machten, nemlich weil sie sich unterstanden, dem Herrn Christo einen Vertrag unter gewissen conditionen anzubieten. [p]) Denn ob gleich hieraus nicht gantz klar die Bündnisse mit dem Teuffel können bewiesen werden, so ists doch genug, daß daraus kan bewiesen werden, des in Cörperlicher Gestalt erscheinenden Teuffels Begierde, Bündnisse mit denen Menschen zu machen, denn an dem Verlangen der ruchlosen Menschen, Bündnisse mit dem Teuffel zu machen, glaube ich nicht, daß jemand jemahls gezweiffelt habe, zumahl da es die tägliche Erfahrung auch leider genugsam lehret.

§ 9

Jtem.

Und gewiß, dieses argument würde von grosser Wichtigkeit seyn, wenn nur das genugsam erwiesen wäre, daß der böse Geist in leiblicher Gestalt Christo erschienen sey. Allein, da dieses noch nicht geschehen, so wird uns frey stehen, daß

m) Siehe Pasoris Griechisches Lexikon unter dem Worte: ἅδης. Doch halte ich es nicht mit denen, welche durch das Hebräische Wort Scheol ein Grab verstehen,

n) Und aus diesem eintzigen solten diejenige, welche sich unternehmen aus der H. Schrifft zu beweisen, daß es Hexen gebe, erkennen, daß sie viel unverschämter sind, als die Catholicken selbst, weil diese wohl erkennen, daß das Wort Zauberer, so in der Heil. Schrifft öfters vorkömmt, nicht beweise, daß es Bündnisse der Hexen mit dem Teuffel gebe.

o) d. l. 2. c. 6. n. 3.

p) Math. cap. 4. Dieses alles will ich dir geben, so du niederfällest, und mich anbetest.

testantibus[q]) tamdiu de ea expositione dubitare; inprimis cum hactenus a nostratibus pro articulo fidei non fuerit agnita[r]).

§ 10
Non in iure Justinianeo.

Porro in iure civili nihil legitur de sagis, pacta cum diabolo facientibus, aut cum eo concumbentibus aut conventus sollemnes agentibus. Sedes materiae est in titulo de maleficis et mathematicis[s]), ex quo tamen ne ipse quidem Petrus Binsfeldius[t]), magnus alias fabularum illarum defensor, argumentum aliquod desumere ausus est[u]).

§ 11
Non in Decreto

Pergo ad ius canonicum. In Decreto tantum abest, ut defensores erroris communis aliquid pro sua sententia inveniant, ut potius graviter ipsis obstent in

q) Ita Theodorus Beza in Luc. 4. u. 5. Hoc videtur satis ostendere haec omnia per visionem quamdam, non corporali transvectione et ostensione esse gesta. Quomodo nempe humanitus videre potuisset omnis regna orbis, et gloriam in momento?

r) Nec de ea quidquam exstat in Augustana confessione. Unde mirarer, qui fieri potuisset, ut propter dubium hoc a Praeside alibi propositum, tantis animorum motibus efferuescerent etiam illi, qui alias praetendunt maxime sedatos adfectus possidere; nisi constet, eos, qui sanam rationem docent esse abiiciendam tamquam penitus corruptam, non posse non etiam omnem interpretationem rationabilem Scripturae S. simul reiicere, et sub hoc praetextu inprimis occultare alte radicatum odium erga Reformatos, quoties talibus interpretationibus utuntur. Nos vero credimus, salva caeterum religione Lutherana posse a nobis retineri interpretationem Bezae ut piam, aut certe ut non impiam, praesertim, cum insuper non meminerimus, etiam in Formula Concordiae circa expositionem huius dicti aliud quid esse ab auctoribus determinatum.

s) Vide Iac. Gothofred. ad l. 5. sq. C. Th. de malef. et mathem. tom. III. p. 21 seq.

t) Petrus Binfeldius, theologus Trevirensis, anno 1591 edidit Commentarium in illum titulum Codicis Iustinianei.

u) Etsi in illo tractatu perpetuo textus iuris civilis misere torqueat ad hypotheses inquisitorum magicae pravitatis; etsi in tractatu praemisso de confessionibus maleficorum et sagarum p. 33. seq. adsertionem de diabolorum cum sagis inepte probare velit.

wir mit einigen protestirenden[q]) Theologis, so lange an dieser Erklärung zweiffeln; insonderheit da es bißher von den Unsrigen nicht für einen Glaubens-Artickel gehalten ist.[r])

§ 10

Jm römischen Recht stehet auch nichts von solchen Hexen.

So lieset man auch nichts im Römischen Recht von denen Hexen, die mit dem Teuffel Bündnisse machen, oder die mit ihm Unzucht treiben, oder auch ordentliche Zusammenkünffte halten. Der Sitz dieser Materie ist in dem Titel de Maleficis et Mathematicis[s]), aus welchem aber der sonst scharffe Vertheidiger der Fabuln, Petrus Binsfeldius[t]) nicht einmahl ein argument herzunehmen, sich unterstanden hat[u]).

§ 11

noch auch im Decreto.

Wir wollen demnach zum Päbstl. Recht gehen. Zwar was das Decretum betrifft, so ist darinnen nichts zu finden, auf seiten derer Vertheidiger des gemeinen Irr-

q) Theod. Beza spricht beym Luca am 4. u. 5. Es scheint sattsam, daß dieses alles durch eine Geschichte, nicht durch leibliche Führung und Weisung geschehen sey. Denn wie hätte Christus menschlicher Weise alle Reiche der Welt, und desselben Herrligkeit in einen Augenblick sehen können.

r) Es stehet auch nichts davon in der Augsp. Confession. Daher ich mich wundern würde, wie es doch hätte geschehen können, daß wegen dieses Zweiffels den der Herr Praeses ehemals gemacht hatte, diejenige sich so sehr gereget hätten, welche sonst die Leute wollen weiß machen, sie wären sanfftmüthig, wenn ich nicht wüste, daß diejenige, welche lehren, man müsse die gesunde Vernunfft, weil sie gäntzlich verdorben, wegschmeissen: auch nothwendig alle vernünfftige Erklärung der H. Schrifft verwerffen, und unter diesem Deckmantel, fürnehmlich den so tieff eingewurtzelten Haß gegen die Reformirten verbergen, so offt sie sich solcher Erklärung bedienen. Allein ich glaube, daß ich der Lutherischen Lehre ohne Schaden, die Erklährung des Bezae als eine fromme, oder wenigstens nicht gottlose Erklährung behalten könne, insonderheit da ich überdem nicht weiß, daß auch in der Formula Concordiae in der Erklärung dieses Spruches von denen auctoribus etwas erinnert sey.

s) Siehe Iac. Gothefr. ad l. 5. seq. C. Theodos. de malef. mathem. Tom. III. p. 121. seq.

t) Petrus Binsfeldius ein Theologus zu Trier hat A. 1591. einen Commentarium über diesen Titul aus dem Codice Justinianeo edirt.

u) Ob er gleich in benanten Tractat stets die textus iuris ciuilis bey den Haaren hingezogen zu die hypotheses derer inquisitoren wieder die Zauberey; ja ob er auch gleich in dem vorhergesetzten Tractat von denen Bekänntnissen der Ubelthäter, und Hexen p. 33. seqv. die Meinung von dem Bunde des Teuffels mit denen Hexen gar albern beweisen wollen.

quaestione, quae de sortilegio et sortilegis agit[w]), canones duo, alter ex concilio Anquirensi[x]), alter ex Isidoro[y]) desumtus.

§ 12
Nec in Decretalibus

In Decretalibus Gregorii IX.[z]) nullus titulus de sagis aut veneficis, sed saltem de sortilegiis. Sed ibi nihil de pacto aut concubitu diaboli cum sagis, aut de sagarum conventu.

§ 13
Quod et iam suo tempore Erasmus notavit

Quae hactenus de iure civili et canonico diximus, valde illustrantur ex loco insigni Erasmi Roterodami, ubi, postquam narraverat quamdam relationem de mago quodam, horrendis sollemnitatibus diabolum coniurante, miratur, unde hoc novum criminis genus, iuri civili et canonico incognitum, novissimis demum temporis ortum fuerit[a]).

---

w) Quae est quaestio 5. caussa 26.

x) Can. 12. ibid. ubi notentur inprimis verba: quod qui talia et his similia credit, fidem perdidit, caet. Meretur canon totus, ut perlegatur. Et in eo refutando valde se torquent sagifices, de quo infra suo loco. Conf. interim Wagstaff. von der Hexerey, cap. 4. p 66. 69. 80.

y) Can. 14. ibid.

z) Nam sextus Decretalium, item Clementinae, et extravagantes tam communes, quam Ioannis XXII. iam ad tempora post introductum processum inquisitorium ab Innocentio III. spectant. Interim in his omnibus ne quidem titulus de sortilegiis exstat,

a) Vid. noviss. edit. Epistolarum Erasmi, Epist. 91. anno 1500. scripta p. 82. seqq. „Quod tandem huic monstro vocubulum indemus? Nam Chaldaeorum, genethliacorum, mathematicorum, maleficorum, Pythonicorum, divinorum, haruspicum, augurum, ariolorum, necromanticorum, geomanticorum, sortilegorum, incantatorum, uti levia nomina, nihil etiam ad huius sceleris atrocitatem facere mihi videntur ... Et Manium quidem consultores Hebraeorum leges capitali supplicio damnant; imperatoriae vero haruspicum et augurum superstitionem et atrocissimis uerbis insectantur ... et ipsos ultori gladio, incendio addicunt ...: id quod adparet in Codice titulo de maleficis et mathematicis, ubi et glossema vere, ut Accursiani loquunter isti, notabile, sed atro carbone notandum: quippe quod haruspicem pro monumentorum et avium observatore nimis ridicule interpretatur, cum sacerdotem pro necromantices doctore exponit; et item alia quaedam nescio magisve barbare, an inerudite, omnino tamen deridicule:

thums; ich geschweige daß ihnen in der quaestion die von Sortilegio und Sortilegis handelt[w]) zwey Canones, davon der eine aus dem Concilio Anquirensi,[x]) der ander aus dem Isidoro[y]) genommen ist, hefftig zuwider sind.

§ 12
und decretalibus.

In denen Decretalibus Gregorii IX.[z]) ist kein einziger Titel von Hexen oder Zauberern, sondern allein von Wahrsagern. Aber daselbst stehet nichts von einem Bündniß, oder Beyschlaff des Teuffels bey den Hexen, oder von der Hexen Zusammenkunfft.

§ 13
Erasmi Anmerkung hievon.

Was wir bishero vom Römischen und Päbstl. Recht geredet, wird sehr erläutert, aus einer schönen Stelle in des Erasmi von Rotterdam Brieffen, da er, nachdem er eine Erzählung gemacht, von einem gewissen Zauberer, der mit erschröcklichen Solennitäten den Teuffel beschworen, sich wundert, woher es doch komme, daß diese neue Art von Lastern, wovon weder in den Römischen noch Päbstl. Rechten etwas zu finden, erst gantz neuerer Zeiten entstanden sey.[a])

w) Welches die 5te quaestion ist caussa 26.

x) Can. Episcopi 12. ib. da insonderheit diese Worte zu mercken: daß, wer solche und der gleichen Dinge glaubet, den Glauben verlohren habe. Es verdienet der gantze Canon, daß er durchgelesen werde, und martern sich die Hexenmacher sehr, daß sie ihn wiederlegen mögen, wovon unten mit mehrern. Siehe indessen: Wagstaff. von den Hexereyen cap. 4 p. 66. 69. 80.

y) Can. Nec mirum 14. ibid.

z) Denn das Sechste Buch der Decretalium, wie auch die Clementinae und extravagantes, so wohl die communes als des Joh. XXII. gehören in die Zeiten, da der inquisitions-Process vom Innocentio III. schon eingeführet ist. Indessen so stehet in allen diesen nicht einmahl ein Titel von Wahrsagungen.

a) Siehe die neueste Edition von des Erasmi Briefen, den 91ste Brieff, so an. 1500. geschrieben p. 82 seqv. „Was werden wir endlich dieser Mißgeburt vor einen Nahmen geben? denn die Nahmen der Chaldaeer, Mathematiquer, Übelthäter, Wahrsager, Weissager, Beschwerer, als gar schlechte Nahmen scheinen diesem greulichen Laster gar nicht beyzukommen. — und die Jüdischen Gesetze haben zwar diejenigen, welche die Todten gefraget, mit einer Lebens-Straffe beleget; die Käyserl. Gesetze auch schelten sehr auf der Wahrsager Aberglauben, — und straffen sie mit Feuer und Schwerdt, welches aus dem Codice erhellet in dem Titel: de Maleficis et mathematicis, woselbst die glosse, wie die Herrn Acursianer reden, merckwürdig aber gäntzlich zu verwerffen ist, als welcher einen der aus dem Eingeweide der aufgeopferten Thiere wahrsaget, und einen Zeichendeuter, und der auf Vogelgeschrey acht giebt, für einerley hält, wie auch einen Priester einen Lehrer der schwartzen Kunst nennet, und noch andere Dinge mehr, die ich weiß nicht, ob sie mehr barbarisch oder ungelehrt, zum wenigsten sehr

§ 14
Nec in legibus veterum Francorum.

Neque de pacto et concubitu diaboli cum sagis exstat aliquid in legibus veterum Francorum, quin potius et apud hos persuasio hodie communis pro maxime haeretica vel pagana et capitali poena punienda fuit habita [b]).

§ 15
Respondetur ad capitulum ex lege Salica.

Et quamvis in lege Salica videatur plane contrarium esse receptum de potentia strigarum [c]), adeoque communis doctrina de eadem in lege Salica iam fuisse confirmata; id tamen hactenus dictis minime obstare potest, quia lex Salica diu

quae mihi tamen neutiquam sunt nova, cum toto Digesto istius modi portenta ita passim occurrant, ut adsueto mihi ne risum quidem iam moveant, nedum stomachum. Sed ad rem. Decreta vero pontificia, et item epistolae, quas Decretales vocant, ubi de sortilegiis et id genus damnatis superstitionibus meminerunt, huius modi maleficium ne verbo quidem attingunt; sive, quod ea saecula ne suspicionem quidem tantae iniquitatis habuerunet; sive quod, qui ea litteris prodiderunt, mortalium auribus parcendum esse putarunt". Obiter et illud noto: in verbis praecedentibus quaedam sunt indicia, ac si Erasmus istam relationem saltem secundum quasdam circumstantias non habuerit pro vera: „caeterum, ut mihi post visum est, et fere sum huius modi famae perquam avidus. Sed haud etiam coniectura consequor, quid genius ille malus captarit, caet." et in sequentibus versic. ibi theologus tum frequenti concione caet. et porro: „narravit mihi officialis prodigiosa quaedam caet."

b) Huc pertinet capitulatio de partibus Saxoniae, cap. 6. (apud Baluz. tom. 1. f. 251. sequ.) si quis a diabolo deceptus crediderit secundem morem paganorum, virum aliquem aut feminam strigem esse, et homines comedere, et propter hoc ipsam incenderit, vel carnem eius ad comedendum dederit, vel ipsam comederit, capitis sententia punietur. Adde Karolomanni Capitulare secundum anno 743. et annexum ibi: indicamus superstitionem et paganorum (ap. Baluz. t. 1 fol. 151.) ubi inter alia inter paganias (Heydnische Aberglauben) refertur n. 12. de incantationibus, n. 13. de auguriis, vel avium, vel equorum, vel bovum stercore uel sternutatione, n. 14. de divinis vel sortilegis, caet. item n. 30. de eo quod credunt, quia feminae lunam commendent, quod possint corda hominum tollere iuxta paganos.

c) Capit. 67. Sie quis alterum hereburgium clamaverit, hoc est, strioportium, aut qui aeneum portare dicitur, ubi striae concinunt, et convincere non potuerit, 2500. denariis culpabilis iudicetur. Si quis mulierem ingenuam striam clamaverit, aut meretricem, et convincere non potuerit, 7500. denariis culpabilis iudicetur. Si stria hominem comederit, et convicta fuerit, 8000. denariis culpabilis iudicetur.

§ 14
die Gesetze der alten Francken wissen auch nichts von solchen Hexen.

Es stehet auch nichts von dem Bündniß und Beyschlaff des Teuffels mit denen Hexen in denen Gesetzen der alten Francken; vielmehr ist auch bey diesen Völckern die heute zutage so gemeine Meinung, für eine ketzerische oder heydnische, und den Todt verdienende Meinung gehalten worden[b]).

§ 15
Antwort auff das Capit. aus dem lege Salica.

Und ob gleich das Gegentheil von der Macht der Hexen[c]) in dem lege Salica recipiert, und also die gemeine Lehre darinnen bestätiget zu seyn scheinet: so kan dieses doch demjenigen, was wir bißher gesagt, nicht zuwieder seyn, weil der lex

---

lächerlich beybringet; welches alles mir demnach nicht als was neues fürkömmt, weil ich in den gantzen Digestis solche seltsame Dinge finde, daß ich, der ichs schon gewohnet, nunmehr weder darüber lache, noch mich drüber ärgere. Aber zur Sache selbst zu kommen, die Päbstl. Decreta, wie auch die Epistels die man decretales nennet, wo sie von Wahrsagern und dergleichen verdammten Aberglauben handeln, haben nicht ein Wort von dieser Übelthat; entweder daß man in denen Zeiten nicht einmahl einen Verdacht auf solche Boßheit gehabt, oder aber daß diejenigen, die davon etwas geschrieben, gemeinet, man müsse die menschliche Ohren damit verschonen.“ Dieses will ich nur noch erwehnen: daß in vorerwehnten Worten einige Merckmahle zu finden sind, daß der Erasmus nur einige Umstände bey dieser relation nicht für wahr gehalten, zum Exempel wenn er spricht: „Im übrigen, wie mich hernach gedaucht, und sehr begierig bin nach dieser Zeitung, aber ich kan auch nicht errathen, was dieser böse Geist im Sinne gehabt,“, und in dem nachfolgenden Worten: Ibi Theologus tum frequenti concione etc. und bald darauf: Narravit mihi officialis prodigiosa quaedam.

b) Hierher gehöret die capitulation von den Theilen Sachsen-Landes cap. 6. (beym Baluzio Tom. I. f. 251. sequ.) „So jemand vom Teuffel betrogen, nach Art der Heyden glaubte, daß ein Mann oder Frau eine Hexe sey, und die Menschen fresse, u. dieserwegen dieselbe verbrennet, oder derselben Fleisch zu fressen giebt, oder andern selbst frißt, soll er den Kopff verlieren.“ Siehe auch des Carolomanni zweytes Capitulare an. 743. und das dabey gefügte Register der heydnischen Aberglauben (beym Baluzio Tom. I fol. 151.) all wo unter andern unter die heydnischen Aberglauben gerechnet wird“ n. 12. von Beschwörungen, n. 13. von Weissagungen aus Vogel-Pferde-und Ochsen-Koth, oder Niesen, n. 14. von Wahrsagen it. n. 30. daß man glaubet, daß weil die Weiber dem Mond geböthen, sie auch nach der Heiden Meynung die Hertzen der Menschen tödten könten.

c) Capit. 67. So jemand den andern Hereburgium nennet, das ist, einen Hexenmeister Strioportium. oder der denen Hexen das instrument trägt, worauf sie musicieren, und kan ihn nicht überführen, soll er in eine Strafe von 2500. denarios condemniret werden. So aber jemand eine ehrliche Frau für eine Hexe und Hure gescholten, und hat sie nicht überführen können, soll er 7500. denarios Straffe geben. So eine Hexe einen Menschen gefressen, und dessen überzeuget worden, soll sie 8000. denarios zur Straffe erlegen.

ante fuit condita, quam Franci ad Christianismum si converterent[d]): unde et frustra in ea testimonium quaerit Bodinus[e]).

§ 16
Illustrantur dicta ex loco Agoberti.

Interim ex istis legibus, ut et ex libello Agoberti, Episcopi Lugdunensis, adparet, istas superstitiones ex paganismo ortas, tam firmiter inhaesisse animis populi, ut vix adhortationibus doctorum et legibus poenalibus inde tolli potuerint[f])

---

d) Vide Baluz. et Wendelinum ad legem Salicam.

e) De magorum daemonomania lib. II cap. 4 p. 293. ubi ex d. capit. probare vult, quod in conventu sagarum quidam sartaginem, aut aeneum aliquod argenteumve vas deferant ad festa sua sollemnius celebranda. Unde potius argumentum invertendum, et dolendum, quod sagifices hodierni a primaevo veterum Francorum et Germanorum Christianismo ad pristinas superstitiones paganas ex diaboli deceptione ortas, iterum fuerint relapsi.

f) Scripsit Agobertus anno 833. libellum contra somnia plebis (contre la resvierie du peuble) unde sequentia excerpsit Naudaeus Apolog. pro iis, qui falso de magia suspecti fuerunt, cap. 7. p. 85. edit. Paris. „Credidisse scilicet illis temporibus populum eos, qui in primo capit. Capitularis Caroli M. et Ludovici Pii" (parum apte versio Germ. im ersten Hauptstück der Capitels-Herren der Könige Caroli M. und Ludovici des gutwilligen)" propterea Tempestarii sive immissores tempestatum adpellati fuerint". In cit. loco quidem tempestariorum mentionem non invenio; sed alibi tamen memorantur tempestarii vel tempestuarii, ut in Capit. Caroli M. de anno 789. cap. 63. (apud Baluz. tom. I. fol. 235.) in capit. incerti anni c. 40 (apud eumd. fol. 5.), in Capit. Caroli et Ludovici lib. I. cap. 62. p. 713. et lib. VI. cap. 374. p. 990. et in capit. Herardi Turonens. capit. 3. p. 1287.) „potuisse turbare aërem, et pro lubitu tempestates excitare; eamque opinionem illo tempore valde communem fuisse, quod hi incantatores per tempestates a se excitatas corrumpant frumenta et fructus agrorum et arborum, eosque postea vendant certis quibusdam incolis nescio cuius Magodiae, quotannis navigia per aërem parantibus, et advenientibus ad illos tempestarios, et fructus venditos ab his in navigiis per aërem iterum auferentibus. Addit Agobertus, quod hae nugae tam firmiter se insinuaverint in animis plebis, ut ipse vix potuerit tres viros et unam feminam a morte liberare, cum populus sibi persuasisset, esse illos homines cives Magodiae, singulari fato ex navibus delapsos, caet. Tandem claudit libellum pulchra hac sententia: tante iam stultitia oppressit miserum mundum, ut nunc sic absurdae res credantur a Christianis, quales numquam antea ad credendum poterat quisquam suadere paganis" (scil. ut intelligo, Romanis, conf. supra § 5. litt. i.). Hac occasione tamen liceat nobis ad statum controversiae supra §. 1. litt. d. de persuasione publica formatum iam illud addere: persuasionem publicam aliam esse plebis, aliam doctorum et magistratus. Dum

salica lange zuvor gemacht ist, ehe die Francken sich zum Christenthum bekehret,[d]) daher der Bodinus vergebens seinen Trost darinnen suchet[e]).

§ 16
Erläuterung aus dem Agoberto.

Indessen erhellet aus diesen Gesetzen, wie auch aus dem Büchlein des Agoberti Bischoffs zu Lion, daß diese Aberglauben, welche, aus dem Heydenthum kommen, so feste denen Gemüthern des Volckes eingedrückt gewesen, daß man sie kaum durch die Vermahnungen derer Lehrer, und durch Straff-Gesetze wieder heraus bringen können[f]).

---

d) Siehe Baluzium und Wendelinum ad legem Salicam.

e) in seinem Tr. de Magorum Daemonomania. l. 2. c. 4. p. 293. da er aus dem angeführten capitulo beweisen will, daß in der Zusammenkunft der Hexen, einige eine Brat-Pfanne oder ertzenes und silbernes Gefäß mit sich brächten, ihre Feste desto solenner zu begehen. Daher weit eher das argument umzukehren, und zu beklagen ist, daß die heutigen Hexenmacher, von dem ersten Christenthum der alten Francken und Teutschen abgangen, und in dem alten Aberglauben der Heyden, welcher durch Betrug des Teuffels entstanden, zurück gefallen sind.

f) Der Agobertus hat an. 833. ein Büchlein wider die Träume des gemeinen Volcks geschrieben, woraus der Naudaeus in seiner apologie für diejenigen, welche der Zauberey fälschlich beschuldiget worden, cap. 7. p. 85. edit. Paris. nachfolgendes excerpirt: daß nehmlich damahls das Volck verlanget, daß diejenige, welche im ersten Capitel des Capitularis Caroli M. und Ludovici des Frommen, tempestarii oder immissores tempestatum genennet worden, (in angeführtem Orte finde ich zwar keine Meldung derer Tempestariorum; allein es wird dererselben doch anderswo gedacht, als in Capit. Caroli M. vom Jahr 789. c. 63. (beym Baluzio Tom. I. fol. 235.) in dem capitulari incerti anni C. 40. auch beym Baluzio fol. 5. in capit. Caroli und Ludovici Pii Lib. I. c. 62 p. 713. und lib. 6. c. 374. p. 990. und in Capit. Herardi Turonensis cap. 3 pag. 1287.) die Lufft ändern, und nach Gefallen Wetter machen können; und daß diese Meinung damals sehr gemein gewesen sey, daß diese Beschwerer durch die von ihnen erregte Wetter die Früchte des Feldes, der Schafe, und Bäume verderbten, und dieselbe hernach gewissen Einwohnern, ich weiß nicht aus was vor einem Zauber-Lande, verkaufftc, welche jährlich Schiffarthen durch die Lufft anstelleten, und wenn sie zu diesen Wettermachern kämen, ihnen die Früchte abkaufften, und mit sich in ihren Lufft-Schiffen wegführeten. Der Agobertus setzet hinzu, daß diese Possen sich so feste bey dem Pöbel eingewurzelt hatten, daß er selbst einesmahls kaum 3. Männer und ein Weibsbild vom Tode hätte erretten können, weil das Volk sich eingebildet, diese Leute wären Bürger aus der Zauber-Stadt, die aus sonderbahrer Schickung aus den Schiffen gefallen. Endlich schliesset er sein Büchlein mit diesem schönen Ausspruch: „Solch eine grosse Thorheit hat jetzt die arme Welt unterdrückt, daß die Christen nunmehr solch alber Zeug glauben, welches zu glauben die Heyden niemahls konten bewogen werden (ich verstehe dieses von den Römern. Siehe oben den § V. lit. i.) bey dieser Gelegenheit aber wird uns frey stehen, zu dem statu controversiae den wir oben §. 1. litt. d. von der

§ 17

Et Ioannis Sarisberiensis

Immo adhuc saeculo duodecimo, apud eruditum, pro moribus illorum temporum, Ioannem Sarisberiensem, episcopum Carnotensem[g]), nulla mentio pactorum diabolicorum et reliquarum nugarum[h]). Quin potius ex eo videre licet, quod illis temporibus ne quidem tanta potestas nocendi veneficis fuerit adscripta a sagacioribus, quanta ea hodie esse creditur[i]).

§ 18

Origo processus inquisitorii contra sagas post tempora Innocentii III. quaerenda

Uti vero ex hactenus dictis patet, persuasionem publicam de pactis et concubitu diaboli cum sagis, de sagarum conventu, de transmutatione earum in bestias, caet. ante processum inquisitorium ab Innocentio III. initio saeculi decimi tertii

---

docemus persuasionem publicam de potestate sagarum esse valde recentem, intelligimus persuasionem publicam doctorum et magistratus. Nam persuasio publica plebis apud Germanos haud dubie antiqua, et ex paganismo retenta fuit. Quamquam tamen et illud addendum: etiam plebem tum quidem superstitiose multa de potestate sagarum credidisse; nondum tamen de pacto aut concubitu cum diabolo aliquid in illis superstitionibus legi. Unde dicitur in d. cap. 3. Herardi Turonensis, quod in synodo debeant specialiter ventilari caussae, de ignotis angelorum aliorumque sanctorum nominibus, ut non recitentur. Et de maleficis, incantatoribus, divinis, sortilegis, somniariis, tempestariis, et brevibus pro frigoribus, et de mulieribus veneficis, et quae diversa FINGUNT portenta, ut prohibeantur, et publicae poenitentiae multentur.

g) Scripsit sub Friderico I. Imperatore anno 1146. conf. Io. Baleum cent. 4. de script. Angliae, unde summarium vitae Ioannis Sarisberiensis praemissum est eius Metalogico in edit. Lugdun. Batav. 1639.

h) Etsi lib. I. de nugis curial. cap. 9. seqq. agat ex professo de praestigiis, unde dicantur, quis eorum auctor fuerit, qui sint magi et unde dicantur, de speciebus magiae: quinam sint incantatores, arioli, aruspices, Pythii, vulticoli, imaginarii, coniectores, chiromantici, specularii, mathematici, salissatores, sortilegi, augures.

i) Sic enim idem auctor d. lib. I. cap. 12. p. m. 37. in fine. Horum (incantatorum) vero malitia etiam cum plurimum noceat, artificio levi dissolvitur, si videlicet, qui suspecti sunt, conventi ab aliquo crimen suum inficientur, (subintelligo, quod in easu huius inficiationis incantatio omnem effectum suum sponte perdat), aut si confessi fuerint, cogantur maleficium revocare.

§ 17
und Ioanne Sarisberiensi.

Ja im 12ten Saeculo wird bey dem nach damahligen Zeiten gelehrten Bischoff zu Chartres Ioanni Sarisberiensi g) noch nichts von den Bündnissen des Teuffels und andern Possen gedacht.h) Und erhellet vielmehr aus demselben, daß nicht einmal zu der Zeit so grosse Macht zu schaden, denen Zauberern zugeschrieben worden, als man heut zutage thut i).

§ 18
Ursprung des Inquisitionsprozesses ist nach denen Zeiten Innocentii III. zu suchen.

Gleichwie nun aus denen bißher angeführten erhellet, daß die gemeine Meinung von dem Bündniß und Beyschlaff des Teuffels mit denen Hexen, von dererselben Zusammenkünfften, und Verwandelung in unvernünfftige Thiere vor dem

---

gemeine persuasion formirt, dieses hinzu zu setzen: daß die gemeine persuasion zweyerlei sey, eine des gemeinen Volckes, die andere derer Lehrer und der Obrigkeit.
Denn die gemeine persuasion des gemeinen Volkes bey denen Teutschen ist ohne Zweifel sehr alt, und noch aus dem Heydenthum her behalten worden, wiewohl dieses auch muß gesagt werden, daß zwar auch das gemeine Volck nach dem damahligen Aberglauben viel von der Macht und Gewalt derer Hexen geglaubet, aber man findet dennoch nichts von dem Bündniß und Beyschlaff des Teuffels mit denen Menschen, Daher in dem 3ten. Capitel des Herardi Turonensis gesaget wird, daß die „Sachen im Synodo besonders sollten vorgenommen werden, damit nehmlich die unbekandten Nahmen derer Engel, und anderer Heiligen nicht genennet würden, und daß, was von den maleficis, incantatoribus, diuinis, sortilegis, sommariis, tempestatariis, et breuibus profrigoribus, de mulieribus veneficis, und was sie sonst vor verschiedene Wunder-Zeichen erdichtet, verbothen, und die Uebertreter gestraffet würden."

g) Er hat unter dem Kayser Fridr. I. geschrieben an. 1146. Siehe den Jo. Balaum Cent. 4. von den Englischen Scribenten; daher der Inhalt des Lebens Joannis Sarisberiensis seinem Metalogico vorgesetzet ist in der edit. so zu Leyden in Holland An. 1639 gedruckt worden.

h) Wiewohl er Lib. I. de nugis curialibus c. 9. seqv. von Zaubereyen handelt, woher sie nemlich den Nahmen bekommen, und wer derselben Urheber gewesen, welche Zauberer wären, und woher sie so genennet würden, von denen verschiedenen Arten der Zauberey, welche denn eigentlich incantatores, arioli, aruspices, pythii, vulticoli, imaginarii, coniectores, chiromantici, specularii, mathematici, salissatores, sortilegi, augures wären.

i) Denn so spricht eben dieser Auctor d. L. I. c. 12. p. m. 37. in fin. Dieser (Beschwerer) ihre Boßheit aber, wenn sie am meisten schaden, können mit leichter Mühe gedämpfet werden, wenn nemlich diejenigen, die man in Verdacht hat, deshalb von jemand befraget werden, und ihr Laster verläugnen, (ich verstehe dieses so; daß wenn sie solches verleugnen, die Beschwerung von selbsten allen effect verliret) oder wenn sie überzeuget worden, gezwungen werden, daß sie ihre Zauberey widerruffen müssen.

introductum [k]), animis doctorum et magistratuum se nequaquam insinuasse, sed potius fidem talium nugarum pro crimine fuisse habitam: ita porro recta ratio ostendit, originem processus inquisitorii contra sagas in novioribus adhuc quaerendam esse temporibus; partim quia est species processus inquisitorii, partim quia auctores Mallei maleficarum aperte docuerunt, haeresin maleficarum illorum tempore fuisse insolitam speciem haereticae pravitatis [l]).

§ 19
Respondetur dubiis quibusdam

Antequam vero pergamus ostendere, circa quae demum tempora origo processus inquisitorii contra sagas inceperit, removenda prius erunt dubia quaedam, quibus videtur inferri posse vel quod processus inquisitorius in genere sit antiquior Innocentio III. vel quod etiam processus inquisitorius contra sagas iam diu ante Innocentium III. in usu fuerit.

§ 20
1) Quod processus Inquisitorius sit antiquior Innocentio III.

Sunt enim, qui putant, ab initio episcopis et dioecesanis id muneris competiisse, ut ecclesias suas ab haeresium labe custodirent, et si quis forte infectus esset, de eo per audientiam inquirerent. Sed prium Innocentium III. delegatae inquisitionis officium instituisse ab episcoporum scilicet nolentium aliis negotiis praeferre fidei negotia, supplendam negligentiam [ll]). Sed hi revera nobis non contradicunt; cum iam alibi docuerit Praeses, non omnem inquisitionem esse processum inquisitorium [m]): ut taceam, obscurum esse, quid sit per episcopalem audientiam inquirere [n]), et latere hic petitionem principii.

---

k) Uti peculiari dissertatione de origine processus inquisitorii docuit Praeses.

l) Vide supra locum §. 6. litt. k. descriptum.

ll) Ziegler ad Lancell. lib. IV. tit. 5. §. 1. p. 956. Conf. quae disserit Boehmerus in Emend. ad Schilteri Instit. lib. I. tit. 19. §. 18. p. 202.

m) In d. Dissert. §. 3. litt. q. §. 17. §. 20. litt. x. et §. 41.

n) Non enim reperitur in titulo C. de episc. aud. quod episcopalis audientia inferat potestatem, aliquid circa processum accusatorium, tum unice receptum, mutandi.

vom Pabst Innocentio III. im Anfang des XIII. Saeculi angeführten inquisitions-Process[k]) denen Lehrern und Obrigkeiten gar nicht in Sinn kommen; sondern es vielmehr vor ein Laster gehalten worden, wenn einer solche Gauckel-Possen geglaubet: also weiset ferner die gesunde Vernunfft, daß der Ursprung des inquisitions processes wider die Hexen, noch im neuern Zeiten zu suchen sey. Theils weil er eine Art von inquisitions-Process selbst ist, theils weil die Autores des Mallei Maleficarum offenbahr gelehrt, die Ketzerey der Hexen sey zu ihrer Zeit eine gantz unerhörte Art des Lasters der Ketzerey gewesen.[l])

§ 19
Antwort auf einige dubia

Ehe wir aber fortfahren zu zeigen, in welche Zeit eigentlich der Ursprung des inquisitions-processes wider die Hexen zu setzen, so müssen wir zuvor einige Dubia heben, woraus scheinet, daß man einwenden könne, es müsse entweder der inquisitions process insgemein älter seyn, als der Innocentius III., oder aber der inquisitionsprocess wieder die Hexen sey schon lange vor dem Innocentio III. im Schwange gewesen.

§ 20
1. daß der Inquisitionsprocess älter sey als der Innocentius III.

Denn es giebt einige, die da meinen, es habe anfangs denen Bischöffen und Dioecesanis obgelegen, daß sie ihre Gemeinden vor dem Giffte der Ketzerey bewahrten, und wenn ja jemand davon angestecket wäre, so hätten sie deßhalb Verhöre halten, und darwider inquiriren müssen. Innocentius III. aber hätte am ersten das officium delegatae inquisitionis angestellet, um die Nachlässigkeit derer Bischöffe, welche die Glaubens-Sachen andern Geschäften nicht vorziehen wollen, zu verbessern.[m]) Allein diese Leute sind uns gar nicht entgegen; weil schon anderswo gezeigt worden, daß eine jedwede inquisition nicht gleich ein inquisitionsprocess sey.[n]) Zu geschweigen, daß es noch sehr dunckel sey, was das eigentlich bedeute, durch die Bischöffliche audience zu inquiriren,[o]) und daß hierüber eben gestritten werde.

k) Wie der Herr Praeses in einer besonderen Dissert. de Origine processus inquisitorii gezeiget hat.

l) Siehe was wir oben §. 6. lit. k) beygebracht haben.

m) Ziegler ad Lancellot. lib. 4. tit. 5. §. I. p. 936. Siehe auch was der Herr Prof. Böhmer in seinen emendat. ad Schilteri instit. lib. I. Tit. 19. §. 18. p. 202. beybringt.

n) In der angeführten Dissert. c. I. §. 3 litt. q. § 17. 20. litt. x und §. 41.

o) Denn man findet nichts im titulo Cod. de episc. audientia, daß die episcopalis audientia eine Gewalt bey sich führe etwas zu ändern, bey dem processu accusatorio, der damals eintzig und allein üblich war.

§ 21

2) Quod iam saeculo octavo Bonifacius ut inquisitor haereticos cremaverit.

Gravior est illa obiectio, quod iam saeculo octavo Bonifacius, Germanorum Apostolus, a pontifice inquisitor haereticae pravitatis constitutus, multos haereticos igni tradiderit comburendos [o]); si modo auctor, quid id asseruit, non post Innocentii tertii vixisset demum tempora, et absque iudicio res gestas in saeculis antiquioribus non sibi imaginatus esset secundum mores suorum temporum: unde maiori iure illud assertum negare licebit, cum de eo sileant scriptores fide digniores gesta Bonifacii explicantes.[p]) Ut taceam, istum auctorem etiam ab aliis iam notatum esse; quod in gestis Bonifacii non ubique verosimilia attulerit [q]).

§ 22

3) Quod saeculo nono et decimo magi et sagae combustae fuerint

Eadem est responsio ad obiectionem eorum, qui statuunt, saeculo nono anno 844. tempore Ramiri Regis magos in Hispania igne esse crematos [r]): item,

o) Suppeditavit hanc obiectionem idem Boehmerus d. l. ex Ioannis de Polda Chronicis ecclesiae Hamelensis, quae vide in tom. II. Script. Brunsvic. ab Ill. Leibnito editorum, ubi paullo post initium Chronici pag. 505. auctor ita loquitur: a. 717. papa Gregorius secundus misit Bonifacium ad Ducem Pipinum maiorem, patrem Caroli M. ut ipsum in primum Regem Franciae ungeret et consecraret. Hic Bonefacius auctoritate apostolica inquisitor haereticae pravitatis extiterat; unde adiutorio dicti Regis Pipini multos haereticos exterminavit, et igni tradidit comburendos, caet.

p) Vide Sagittarii antiquitates gentilismi et christianismi Thuringiaci, libro II. et III. qui diligenter omnia collegit ad acta Bonifacii facientia, sed tamen nihil ibi legitur de eo, quod Bonifacius inquisitor haereticae pravitatis constitutus fuerit, aut haereticos cremandos tradiderit: sed mentionem saltem facit haereticorum quorumdam excommunicatorum lib. II. cap. 7. §. 2. p. 79. 80. ibidem cap. 5. in fine p. 137. ipse notat: was die Thüringischen Chronicken von Bonifacio fabuliren, daß er die Thüringer mit Gewalt überzogen, und also zum Christlichen Glauben solle gebracht haben, ist eine so abgeschmackte Fabel, daß ich sie nicht würdig geschätzt zu erzehlen, viel weniger sie zu widerlegen.

q) Vide ipsum Ill. Leibnitium in Introd. ad tom. II. n. 41. p. 46. Adde iterum Sagittarium d. Lib. II. et III. unde adparebit, falsum etiam esse, quod noster scribat, initio saeculi octavi iussu Gregorii II. Pipinum a Bonifacio coronatum esse; cum eo coronatio demum post medium saeculi octavi sub Zacharia aut Stephano facta fuerit.

r) Suppeditavit hanc obiectionem Torreblanca de magia, lib. III. cap. 13. n. 24. p. 419. ex Mariana. Idem tamen Torreblanca ibid. n. 25. notat, Fridericum II. anno 1222. constituisse, ut haeretici igne consumerentur.

§ 21
2. daß schon im VIII. Saeculo Bonifacius die Ketzer als ein inquisitor verbrennen lassen.

Von grösserer Wichtigkeit ist die Obiection, daß nehmlich schon im VIII. Saeculo Bonifacius der Teutschen Apostel, welchen der Pabst als einen inquisitorem des Lasters der Ketzerey bestellet, viele Ketzer zum Feuer verdammet,[o]) wenn nur der Auctor welcher solches geschrieben, nicht erst nach des Innocentii III. Zeiten gelebet, und sich die in alten Zeiten geschehene Sachen ohne iudicio so eingebildet hätte, als die Dinge so zu seiner Zeit passiret sind. Daher uns den frey stehen wird, diese assertion mit mehrerm Recht zu läugnen, weil die glaubwürdigere scriptores welche des Bonifacii Thaten beschreiben, davon schweigen,[p]) zu geschweigen daß eben dieser auctor, schon von andern deshalb getadelt sey; daß er in Beschreibung derer Thaten des Bonifacii nicht allemahl wahrscheinlich geschrieben[q]).

§ 22
3. daß in 9ten Sec. die Zauberer und Hexen vebrannt worden.

Eben diese Antwort dienet auff dererjenigen Einwurff, welche behaupten, daß im 9ten Saeculo An. 844. zu Zeiten des Königs Ramiri die Zauberer in Spanien[r]) so

o) Eben der Herr Profess. Böhmer, hat diese obiection gemacht d. l. aus des Joannis de Polda Chronicis der Hamelischen Kirchen, welche im Tom II. derer scriptorum Brunsvic, die der Herr geheimde Rath Leibnüz edirt zu finden, allwo der Auctor bald im Anfang des chronici p. 505. spricht: Der Pabst Gregorius II. hat den Bonifacius zum Pipino des Caroli M. Vater geschickt, daß er denselben zum ersten Könige der Francken salbete und consecrirte. — — Dieser Bonifacius war von dem Apostolischen Stuhl zum inquisitore der Ketzerey bestellet, daher er durch Hülffe des obbenannten Königs Pipini viele Ketzer ausgerottet, und zum Feuer verdammet hat.

p) Siehe des Sagittarii Alterthümer des Heyden- und Christenthumes in Thüringen libro. 2.3. welcher sehr fleißig alles collegirt was zu der Historie des Bonifacii gehöret, aber davon findet man dennoch nichts, daß der Bonifacius ein inquirent der Ketzerey gewesen, oder die Ketzer zum Feuer verdammet habe: sondern er erwehnet nur, von einigen Ketzern die da excommuniciret worden. l. 2. c. 7. § 2. p. 79. 80. und c. 5. p. 137. in fine spricht er selbst: was die Thüringische Chronicken von Bonifacio fabuliren, daß er die Thüringer mit Gewalt überzogen, und also zum Christlichen Glauben solte gebracht haben, ist eine so abgeschmackte Fabel, daß ich sie nicht würdig geschätzt zu erzehlen, vielweniger sie zu wiederlegen.

q) Siehe den Hrn. Leibnüz selbst in der introd. ad Tom. II. n. 41. p. 46. und dem Sagittarium lib. 2. et 3. Daher auch erhellet, daß es falsch sey, wenn dieser auctor schreibet, es wäre der Pipinus im Anfange des VIII. Sec. auff Befehl des Gregorii II. gekröhnet worden, da doch diese Krönung erst in der Mitte des VIII. Sec. unter dem Zacharia oder Bonifacio geschehen ist.

r) Diese obiection hat der Torreblanca in dem Tr. von der Zauberey lib. 3. c. 13. n. 24. p. 419 aus dem Mariana. Allein, eben dieser Torreblanca bemercket daselbst n. 25. daß der Kayser Frid. II. anno 1222. verordnet daß die Hexen verbrennet würden.

quod saeculo decimo anno 914. multae sagae combustae sint in territorio Corbeiensi [s]).

§ 23
Origo processus inquisitorii contra sagas anno 1484.

Iam in viam, et ad originem processus inquisitorii contra sagas. Nullum vero est dubium, quin illa referenda sit ad finem saeculi decimi quinti; ubi alius Papa Innocentius, nempe VIII. anno 1484 peculiari bulla. Henrico Institori, inquisitori (haereticae pravitatis) in partibus Alemanniae superioris, et Ioanni Sprengero, inquisitori in partibus Rheni, potestatem dedit inquirendi in crimen magiae, quod illo tempore ortum esse dicitur [t]), iisque adiunxit quemdam Ioannem Gremper, caet [u])

§ 24
Quibus gradibus persuasio illa de pactis saet. sagarum publica facta fuerit?

Cum tamen non sit verosimile, crimen aliquod tam horrendum uno quasi momento et tam subito incrementa sumsisse; et praeterea etiam ex illa bulla Innocentii VIII. nondum perspicue adpareat, an et tum statim publica persuasio invaluerit de pactis et concubitu diaboli cum sagis: videndum nunc erit, quibus gradibus pedetentim tam ante, quam post bullam illam papalem, persuasio haec ex privata facta fuerit publica et quasi universalis; item, quaenam impedimenta ista persuasio nacta fuerit. Hic vero res paullo altius est deducenda.

s) Obiectionem hanc suppeditavit ill. Leibnitius in Introd. ad eumd. tom. II. n. 25. p. 27. ex Annalibus Corbeiensibus (qui desinunt anno 1471.) antea a Christiano Francisco Paullino editis, sed ab ipso in d. tom. II. hinc inde interpolatis; ubi ipsemet notanter addidit; sagas iam anno 915. in territorio Corbeiensium combustas, in hoc eodem Chronico notari miror, neque enim alias observo tam vetustum fuisse morem crudelis credulitatis.

t) Repete iterum locum Mallei maleficarum iam supra §. 6. litt. k. descriptum.

u) Exhibetur illa bulla Innocentii VIII. in septimo Decretalium, tit. de maleficis et incantatoribus c. 4. et plenius cum subscriptione praemittitur ipsi tractatui Mallei maleficarum.

wohl, als auch im Xten Saeculo An. 914. viele Hexen im Corveyischen territorio verbrannt worden.[s])

§ 23
Ursprung des Inquisitionsprocesses wider die Hexen.

Itzo wieder auff den Ursprung des inquisitions processes wieder die Hexen zu kommen. So ist kein Zweiffel daß derselbe am Ende des XV. Saeculi zu setzen; da ein anderer Pabst nehmlich der Innocentius VIII. An. 1484. dem Henrico Institori, einem inquirenten (des Lasters der Ketzerey) in den obern Theilen Teutschlandes, und dem Joan Sprengern, einem inquirenten in den Rheinlanden, die Macht gegeben, wieder das Laster der Zauberey, von welchem gesaget wird, daß es damahls auffkommen sey, zu inquiriren.[t]) Und diesen inquirenten hat er noch einen, Nahmens Johan. Gremper zum Gehülffen gegeben[u]).

§ 24
Wie die privat persuasion von denen Bündnüssen derer Hexen nach gerade gewachsen.

Weil aber nicht wahrscheinlich ist, daß ein soe abscheuliches Laster gleichsam in einem Augenblick und zwar so schleunig gewachsen sey; Und über dem auch aus des Innocentii VIII. Bulle, noch nicht deutlich genug erhellet, ob auch damahls gleich die öffentliche Meynung von dem Bündnüß, und Beyschlaff des Teuffels mit denen Hexen in Schwang kommen; so wollen wir sehen, wie so wohl vor, als nach der Päbstlichen Bulle, nach gerade, diese priuat Meynung zu einer öffentlichen und gleichsam gemeinen persuasion worden; und was denn diese persuasion vor Anstösse bekommen. Allein hier muß man die Sache etwas höher hinauff betrachten.

---

s) Diese Obiection macht der Herr Geheimde Rath Leibnüz in introd. ad Tom. II. n. 25. p. 27. aus den annal. Corbeiens. (welche im Jahr 1471. auffhören) welche vormahls von Christ. Franc. Paulline edirt, aber von Herr Leibnüz Tom. II. hin und wieder verbessert worden allwo er selbst sehr nachdencklich spricht: Ich wundere mich, daß in diesem Chronico auffgezeichnet ist, daß man schon an. 915. im Corveyischen territorio die Hexen verbrannt, denn ich finde sonst nicht, daß die Gewohnheit dieser grausamen Grausamkeit so alt sey.

t) Siehe hier den Ort aus dem Malleo Maleficarum den wir schon oben §. 6. litt. k. hergesetzet haben.

u) Diese Bulle des Innoncentii VIII. steht in VII. Decret. tit. de Maleficis incantatoribus c. 4. und ist dieselbe noch vollkommener nebst der Unterschrifft des Pabsts für dem malleo maleficarum selbst fürgesetzet.

§ 25

Primus eius ortus partim ex Judaismo.

Constat hodie, Iudaeos inter multas absurdissimas de angelis doctrinas etiam docere, quod Adamus initio cum succuba, et Eva cum incubo concubuerit, et quod Angeli Asa et Asael cum filiabus hominum gigantes genuerint[w]): neque haec traditio Iudaeorum ita nova est, sed iam apud Iosephum eius vestigia reperiunter[x]). Unde et postea eam parte hauserunt et propagarunt auctoritate sua patres nonulli ecclesiae primitivae[y]).

§ 26

partim ex Platonismo

Deinde Platonici multa, prae reliquis philosophis Graecis, de natura daemonum et corporibus eorum aereis, item conversationibus cum hominibus[z]), caet. commenti sunt, quorum phantasmata quaedam cum postea quidam ex praecellentissimis patrum ecclesiae, qui non raro Platonicam sectam nimis iusto venerabantur[a]), doctrinae suae immiscuissent, et hoc pacto occasio data fuit tabulae de pactis daemonum cum sagis[b]).

§ 27

partim ex fictionibus in vitis Patrum

Porro patres primitivae ecclesiae, ad excitandos alios ad vitam piam sanctam, scribebant saepius vitas sanctorum. His bona ex intentione, quamvis parum prudente, multas fabulas immiscebant de apparitionibus et actis diabolicis, tam cum sanctis, quam cum improbis. Hae vero vitae sanctorum cum postea ab aliis

w) Vid. Eisenmengeri Entdecktes Judenthum, part. II. cap. 8. p. 413. seq. et p. 430. seq.

x) Antiquit. Iudaic. lib. I. cap. 4.

y) Iustinus, Athenagoras, Tertullianus, Lactantius, Salom. Gesnerus Commentar. in Genes. p. 145. ubi simul notat, his contradixisse Augustinum, Hieronymum, Chrysostomum, Theodoretum.

z) Vide potissimum Iamblichium de mysteriis.

a) E. g. Augustinus, de quo mox plura.

b) Thomas Gale in notis ad Iamblichium p. m. 310, ubi agit de theurgia secundum disciplinam Platonicorum. Addit: negotium perficitur vi pacti.

§ 25
Erster Ursprung dieser Persuasion ist aus dem Judenthum zu nehmen.

Es ist heute zu Tage bekandt, daß die Juden unter vielen albern Lehren von den Engeln auch diese haben, daß Adam Anfangs mit einer Succuba (Buhl-Teuffel) und die Eva mit einem Succubo gebuhlet, und daß die Engel Asa und Asael mit den Töchtern der Menschen Riesen gezeuget,[w]) und ist diese tradition der Jüden so neu nicht, sondern man findet schon beym Josepho Fußstapffen davon,[x]) aus welchem es denn auch einige Kirchen-Väter genommen, und durch ihre auctorität ausgebreitet haben,[y])

§ 26
theils auch aus dem Platonismo

Nachmahls haben die Platonici, mehr wie alle andere philosophi, von der Natur der bösen Geister und deren Lufft-Cörper; wie auch von derselben Umgang[z]) mit denen Menschen erdichtet; als nun hernach etliche von denen vornehmsten alten Kirchen-Lehrern welche öffters die Platonische Secte über die Gebühr veneriret[a]) einige Platonische Grillen unter ihre Lehren gemischt, ist dadurch Gelegenheit gegeben worden zu der Fabel, von den Bündnüssen der bösen Geister mit denen Hexen.[b])

§ 27
theils aus denen Lebens-Beschreibungen derer alt Väter.

Ferner so schrieben die Väter der ersten Kirchen, öffters die Lebens-Beschreibungen der Heiligen, um die andern zu einem heiligen und frommen Leben anzumahnen, unter diesen nun mischten sie aus guter aber nicht gar zu klugen intention viele Fabeln, von Erscheinungen, und Thaten des Teuffels, so wohl mit denen Heiligen als mit denen Gottlosen. Als aber nachgehends diese Leben

w) Siehe Eisenmengers entdecktes Judenthum part. 2. c. 8. p. 413. seq. und p. 430 seq.

x) Lib. I. antiquit. iudaic. c. 4.

y) Justius, Athenagoras, Tertullianus, Lactantius, Salom. Gesnerus in seinem comment. über das erste Buch Mosis p. 145. da er zugleich bemercket daß ihnen der Augustinus, Hieronymus Chrysostomus und Theodoretus wiedersprochen hätten.

z) Siehe vor andern den Iamblichium de mysteriis.

a) Z. e. Augustinus von dem wir bald ein mehrers sagen wollen.

b) Thom. Gale in den notis zum Jamblichio p. m. 3to. allwo er von der Theurgia nach der Lehre derer Platonicorum handelt: dieser füget hinzu: es geschicht dieses durch einen Bund.

viris piis, sed parum cautis, nimis commendarentur, insinuaverunt se etiam fabulae tales, ut de earum falsitate nulla amplius suspicio remaneret [c]).

§ 28

Ad progressum referenda auctoritas Hieronymi.

Melioris declarationis gratia liceat saltem adhuc pauca annotare de tribus ecclesiae patribus et olim et hodienum magnae auctoritatis, Hieronymo, Augustino, Gregorio M. Hieronymum magnopere delectatum fuisse narratione eius modi fabularum, non solum vitae Eremitarum, Paulii, Hilarionis, et Malchi, ab ipso editae docent; sed et quae de muliere septies icta, de sua flagellatione in visione facta ob studium scriptum ethnicorum, et praecipue Ciceronis, alibi et magna quidem cum adseveratione narrat, abunde testantur [d]).

c) Commentarii loco ad hunc paragraphum esse possunt, das Leben der Altväter, und das Leben der Heiligen ab Arnoldo editae, modo accedat commentator prudens. Nam dedicatio et praemissa introductio de vero scopo et usu vitarum patrum cautelas omnes non exponunt. Maiori etiam cum cautela legenda Historica narratio de vitis Patrum a multis commendatis. Quod enim, ibid. in §. 16. memoratur, vitas Patrum in Papatu per ius canonicum esse adprobatas, equidem non mirandum. Magis mirandum, qui fieri potuerit, ut a doctoribus evangelicis tanto cum conatu commendatae fuerint istae vitae, cum tamen diffiteri nemo possit, eas multis fabulis esse repletas. An veritas autem ad sui insinuationem fabulis opus habet? Annon Scriptura S. sufficit? Si huic non credunt, quomodo fabulis credent? Et revera vereor, ne pietas, ad cuius adquisitionem tot fictionibus opus est, si non tota, saltem magnam partem ficta sit.

d) Erasmus in argumento Epist. Hieronymi de muliere septies icta (tom. I. Epist. Hieron. f. 233. edit. Basil. 1537.) Lusit in hac epistola Hieronymus artificio scribendae historiae. Idem in argumento Epist. de vita Pauli (ibid. fol. 257.) Videtur et hic Hieronymus exercitandi ingenii gratia lusisse. Porro in argumento Epist. de vita Malchi ibid. f. 255.) Lusit et in hoc argumento ingenii exercitandi gratia. Idem in Apol. ad Iacob. Fabrum: Contendit (Hieronymus) alicubi esse Paulli (Epistolam ab Hebraeos), sed non in hac re tantum favor et a se ipso dissentiens Hieronymus, quem facile crediderim huic favisse epistolae, et ut non omnino, abhorruit a Platonis et Origenis sententia, vulgus aliquando fallendum esse, modo suo fallatur bono; ita voluisse credi Paulli, quo maiori cum fructu legeretur. Idem in argumento Epist. Hieron. ad Eustochium de custodienda virginitate (d. l. f. 134.) Prodit Hieronymus et aperit technas ac fucos virginum, monachorum, et clericorum, qui sub praetextu castimoniae ventri et avaritiae serviebant. Lusit autem in his depingendis paullo liberius, quam delicatae quorumdam aures ferre possent, caet. Et in hac ipsa epistola exstat illa relatio Hieronymi de sua

der Heiligen von andern frommen, aber unvorsichtigen Leuten gar zu sehr recommendiret worden; haben sich auch diese Fabeln mit eingeschlichen, so daß nachmahls von deren Falschheit kein Argwohn mehr übrig bliebe.[c])

§ 28
Zum Fortgang dieser Persuasion hat viel contribuiret die auctorität des Hieronymi

Wir wollen um die Sache desto besser zu erläutern noch etwas von denen drey, so wohl vor Alters, als auch heutiges Tages sehr berühmten Kirchen-Vätern, dem Hieronymo, Augustino und Gregorio M. bemerken. Daß der Hieronymus sich sehr an dergleichen Fabeln ergötzet, bezeugen nicht allein die Lebensbeschreibungen derer Einsiedler, Pauli, Hilarionis und Malchi, welche er verfertiget; sondern auch, was er von dem sieben mahl geschlagenen Weibe, und von seiner Geisselung die er im Traum wegen Lesung der Heydnischen Scribenten, und sonderlich des Ciceronis empfunden, an einem andern Orte mit grosser Bekräfftigung erzehlet, ist ein genugsames Zeugnüß davon.[d])

---

c) an statt eines commentarii zu diesem §. dienet das Leben der Alt-Väter und das Leben der Gläubigen, welches Herr Arnold edirt, nur muß ein verständiger Leser darüber kommen. Denn die dedication und die vorgesetzte Einleitung, von dem rechten Vorhaben und Nutzen der Leben derer Väter weisen nicht genugsam alle cautelen die bey Lesung derselben zu beobachten. Mit grösserer Vorsicht ist auch der historische Bericht von dem Leben derer Kirchen-Väter, welche von vielen recommendiret wird, zu lesen. Denn, daß daselbst §. 16. gesaget wird, es wären die Leben derer Kirchen-Väter durch das ius Can. approbirt, das ist nicht zu verwundern, mehr aber ist zu bewundern, wie es doch immer geschehen könne, daß auch Evangelische Lehrer diese Leben so sehr recommendiren, da doch niemand läugnen kan, daß, sie mit vielen Mährlein angefüllet; bedarf aber nun wohl der Wahrheit solcher Mährlein, oder kan man sich nicht mit der heiligen Schrift behelfen? glauben die Leute dieser nicht, wie wollen sie den Mährlein glauben? Und ich befürchte gewiß, es werde dieselbe Frömmigkeit zu deren Erlangung man so viel Dichtungen von nöthen hat, wo nicht gantz dennoch größten theils errichtet seyn.

d) Erasmus spricht, beym Innhalt der Epistel des Hieronymi von dem siebenmahl geschlagenen Weibe (Tom. I. der epist, Hieron. f. 233. edit. Basil. 1537.) „es spielet hier der Hieronymus mit der Kunst eine Historie zu schreiben". Und in dem Innhalt der epist. von dem Leben Paulli fol. 257. spricht er: „es scheinet daß auch hier Hieronymus sein ingenium zu schärffen mit den Worten gespielet habe." Ferner im Inhalt der Epistel von dem Leben Malchi f. 255: „auch hier schertzet Hieronymus sein ingenium zu schärffen", und in apol. ad. Jacob Fabrum: „Hieronymus behauptet an einem andern Ort, es wäre des Epistel an die Hebräer von Paullo geschrieben, allein Hieronymus ist nicht allein in dieser Sache listig, und mit sich selbst uneins, und glaube ich leicht daß ihn diese Epistel angestanden, und gleichwie ihm nicht allerdings des Platonis und Origenis Meynung zu wieder gewesen, daß der gemeine Mann manchmal müsse hintergangen werden, wenn es nur zu seinem besten geschähe, so hat er gewolt man solte sie vor Paulli Epistel halten, damit sie mit desto grössern Nutzen gelesen würde." Und

§ 29

Augustini.

Magno Hieronymo maior Augustinus, Platonicam philosophiam nimis aestimans[e]) daemonibus quidem corpora tribuit[f]); sed tamen fabulis gentilium de transmutatione sociorum Ulyssis, et Apuleii in bestias per artes magicas, plenam fidem non adhibet[g]). Idem vero alibi docet, magnae esse impudentiae, si quis

flagellatione ob studium Ciceronis; qua voluit Hieronymus Eustochium revocare a lectione scriptorum ethnicorum. Attende iam ad verba Hieronymi: nec verus sopor ille fuerat, aut vana somnia, quibus saepe deludimur. Testis est tribunal illud, ante quod iacui; testis iudicium triste, quod timui; ita mihi numquam contingat in talem incidere quaestionem, liventes habuisse scapulas, plagas sensisse post somnium. Quis sibi, Hieronymo credens, non persuadere sanctum Patrem nihil minus, quam somnia narrasse; et tamen idem Hieronymus, idem vir pius et sanctus, sub finem libri I. contra Ruffinum: nunc autem novum impudentiae genus; obiicit mihi somnium meum; et in ultima Apologia adversus eumdem. Magni criminis, inquit, reus sum, si puellis et virginibus Christi dixi saeculares libros non esse legendos, et me in somniis promisisse ne legerem — — — Vide, quid inter tuum et meum sit somnium. Ego me humiliter reprehensum refero, tu iactanter te esse laudatum congeminas. Si politicus talia scripsisset, inculcatum ei fuisset: mendacem oportet esse memorem. Iam quis concoquat illud inventum in vita Paulli de Satyro Antonio adparente, et in re aperte falsa intempestive adfectatam ab Hieronymo demonstrationem, acsi nequaquam narret fabulam; (vide Vitas patrum ab Arnoldo editas pag. 7.) idem similis fabula de leonibus, Paullo sepulchrum praeparantibus (p. 11. 12.). In vita Hilarionis tot fabulae falsae praetensorum miraculorum narrantur. ut pudeat, vide inprimis eam de equis ad usum ludorum Circensium destinatis, aqua ex scypho fictili, ex quo bibere consueverat Hilarion, conspersis, reliquos omnes cursu vincentibus (ibid. p. 100.) Et tamen ab initio Hieronymus Spiritum sanctum invocat, ut ipsi concedat gratiam, ut rite narret gesta Hilarionis. Quis crederet, viros sanctos et pios talium abusuum capaces esse? sed praebuerat Hieronymo iam Athanasius exemplum in vita Antonii, quae eius modi fictionibus de adparitionibus diaboli sub varia figura, vel humana, vel bestiali, vel mixta, tota est repleta. (Vid. Part. p. 19. 23. 34. 46. 47.) Quid mirum ergo, si subsequentes etiam talium vitarum conditores certarent inter se, quis alterum fictionibus talibus vinceret. Et iam in vita Basilii M. adparet fabula de servo Proterii, pactum expressum ac scriptum cum diabolo faciente, et a S. Basilio postea ab eo liberato (ibid. p. 239. seq.)

e) Lib. VIII. de civit. Dei, cap. 4 et 9.

f) Lib. XXI. cap. 10.

g) Lib. XVIII. cap. 8. Haec vel falsa esse, dicit, vel tam inusitata, ut merito non credantur.

§ 29
und des Augustini

Der den Hieronymum noch übertreffende Augustinus welcher die Platonische philosophie gar zu hoch aestimiret,[e]) eignet zwar den bösen Geistern Cörper zu,[f]) jedennoch leget er denen Fabeln derer Heyden von der Verwandelung derer

Fußnoten e und f siehe S. 143!

im Inhalt der epist. Hieron. ad Eustochium von der Bewahrung der Jungfrauschafft, d. I. f. 134. spricht er: Es verräth der Hieronymus, und eröffnet den Betrug und die Vorstellung der Jungfern, der Münche und der Geistlichen, die unter dem Vorwand der Keuschheit Wollust und dem Geitz nachhiengen. Allein er schertzet bey Vorstellung desselben etwas freyer als einiger Leute keusche Ohren vertragen können. und in dieser Epistel steht die Nachricht des Hieronymi von seiner Geisselung wegen der Liebe zu Cicerone; wodurch er den Eustochium abführen will von Lesung der heydnischen Bücher. Und find des Hieronymi Worte wohl zu mercken: Es war auch kein Schlaff, oder etwa ein eiteler Traum, wodurch man offt verführet wird. Das Gericht wofür ich neulich stehen müssen, ist Zeuge davon; und das betrübte Urtheil wofür ich mich fürchtete. Gott bewahre mich daß ich niemahls so was erfahren möge, denn ich blaue Schultern gehabt, und nach dem Traum die Schläge gefühlt habe.“ Wer wolte sich nicht einbilden, der dem Hieronymo glaubet, daß dieser heilige Vater nichts weniger als Träume verzehlet; und dennoch spricht eben dieser fromme und heilige Mann, am Ende seines II. Buches wieder den Ruffinum. „Siehe da eine neue Unverschämtheit; er wirft mir meinen Traum vor“; und in der letzten apologie wieder denselben spricht er: „ich bin wohl eines grossen Lasters schuldig, daß ich denen jungen Mädgens und Jungfrauen Christi gesagt, die weltlichen Bücher wären nicht zu lesen, und daß ich im Traum versprochen selbige nicht zu lesen. — Siehe was unter meinen und deinen Traum vor ein Unterschied sey.“ ich sage demüthig, daß ich gescholten sey, du aber prahlest so offt, daß du gelobet seyst. Wenn ein politicus so was geschrieben hätte, würde man ihm eingeschärffet haben, daß ein Lügner ein gut Gedächtnüß haben müsse. Aber wer kan doch itzt wohl diese Erfindung in dem Leben Paulli, von der Erscheinung des Satyri vertragen, und den von Hieronymo so unbescheidener Weise angenommenen Beweiß, als wenn er durchaus keine Fabel erzehlte: (Siehe das Leben der Altväter welches Hr. Arnold edirt. p. 7.) Eine dergleichen Fabel ist die p. II. 12. von denen Löwen die Paullo das Begräbniß bereitet haben, erzehlet wird. In dem Leben Hilarionis auch werden so sehr viel Fabeln von falschen Wunder-Wercken erzehlet, daß man sich dafür schämen muß. Insonderheit ist die p. 100. zu mercken von denen Pferden, die zu den Schau-Spielen bestimmet, und als sie aus dem irrdenen Geschirr woraus der Hilarion zu trincken pflegte, mit Wasser besprenget worden, alle übrigen Pferde im Lauffen übertroffen haben. Und dennoch ruffet der Hieronymus gleich beym Anfange den heiligen Geist an, daß er ihm die Gnade verleihen wolle, alles rechtschaffen zu erzehlen. Wer solte wohl glauben, daß so fromme und heilige Leute solchen Mißbrauch begehen könten? allein Athanasius war dem Hieronymo schon mit guten Exempeln vorgegangen im Leben des Antonii, welches mit solchen Gedichten von Erscheinung des Teuffels unter mancherley, so wohl menschlicher als Viehischer oder vermischter Gestalt gantz und gar angefüllet hat. (Siehe das Leben der Alt-Väter, p. 19. 23. 34. 46. 47.) Was ist demnach Wunder, wenn auch die nachfolgenden Verfertiger des Lebens-Beschreibungen stritten, wer den andern in solchen Gedichten übertreffen könne. Und

Faunos et incubos negare velit; cum ex historiis constet, Faunos et Sylvanos mulieribus cohabitasse[h]): interim tamen dictum Genes. 6. non de angelis incubis, sed de filiis Sethi explicat[i]). Porro statuit, figuras bestiarum phantasicas a daemonibus quandoque substitui hominibus, licet viventibus interim, sensibus tamen gravius ac vehementius, quam somno iacentibus, observatis[k]). Fidem etiam habuit legibus XII. tabb. poenas in eos statuentibus, qui magicis artibus segetes ex agris dominorum in alios transferant[l]). Pacta tamen daemonum frustra apud eum quaeres.

§ 30
Gregorii, M.

Gregorius M. Papa, exquisitissimus hypocrita et turpissimus adulator[m]), quatuor libros dialogorum scripsit de vita et miraculis patrum Italicorum, et de aeternitate animarum, putidissimis fabulis repletus; in quibus uti superstitiones papisticae diligenter inculcantur[n]), ita et ex hoc nugarum thesauro postea sagi-

h) Lib. 15. c. 23. add. Can. 7. in f. c. 26. qu. 2.

i) Ibid.

k) Lib. XVIII. cap. 18.

l) Lib. VIII. cap. 19.

m) Ita Mornaeus eum nominat in Mysterio iniquitatis p. m. 247. et 250. edit. Salmur. 1612.

n) V. g. de femina a diabolo obsessa, quod nocte processionem ac dedicationem oratorii praecedente cum marito concubuerat lib. I. cap. 10. de vase venenato per formatum super eo signum crucis fracto lib. II. cap. 3. de clerico ob votum obedientiae a violatum a daemone obsesso lib. II. cap. 16. de daemone per alapam, obsesso a viro sancto datam, eiecto, lib. II. cap. 30. de daemone per signum crucis expulso, lib. III. cap. 6. de purgatorio, lib. IV cap. 29. de oblatione hostiarum pro mortius lib. IV. cap. 55.

Gefährten des Vlyssis, und des Apuleii Verwandelung durch Zauberey in wilde Thiere, nicht völligen Glauben bey.[g]) Allein eben derselbe lehret an einem andern Orte, es sey eine grosse Unverschamheit, wenn einer die Wald und Buhl-Teuffel läugnen wolte, weil aus der Historie erhellet, daß die Feld und Wald-Teuffel mit Weibes-Bildern sich vermischt,[h]) unterdessen aber so erkläret er doch das dictum Genes. 6. nicht von Buhl-Engeln sondern von den Kindern Seths.[i]) Ferner so behauptet er daß die bösen Geister manchmahl denen Menschen falsche Figuren von Bestien unterschöben, die zwar ein Leben hätten, aber bei denen die Sinne mehr als bei schlaffenden verschlossen wären[k]).

So hat er auch denen legibus XII. tabb. Glauben beygemessen, welche denjenigen eine Straffe dictiren, welche durch Zauberische Künste den Saamen aus denen Aeckern der rechten Herren in andere führeten.[l]) Die pacta aber des Teuffels mit denen Menschen suchet man vergebens darin.

§ 30
it. des Gregorii M.

Der Pabst Gregorius M. ein recht ausbündiger Heuchler, und schändlicher Schmeichler,[m]) hat vier aus Gesprächen bestehende Bücher geschrieben, von dem Leben und Wunderthaten der Italiänischen Alt-Väter und von der Unsterblichkeit der Seelen, welche mit den abgeschmacktesten Mährlein angefüllet sind; gleichwie nun in diesen Schrifften die Päbstl. Aberglauben fleißig eingeschärffet werden,[n]) also pflegen die Hexenmacher aus diesem Fabel-Schatz hin und wieder

---

ist schon in dem Leben des Basilii M. eine solche Fabel zu finden von der Proterii Knechte, der ein ausdrückliches Bündnüß mit dem Teuffel gemacht, und nachmahls von dem heiligen Basilio befreyet worden. (ib. p. 239. seq.)

e) lib. 8. de civitate Dei cap. 4. 9.

f) lib. 21. c. 10.

g) lib. 18. c. 18. Von diesen sagt er: daß sie entweder falsch, oder so seltsam sind, daß man sie billig nicht glaubet.

h) Lib. 15. c. 23. add. Cam. 7. in f. c. 26. qu. 2.

i) ibid.

k) lib. 18. c. 18.

l) lib. 8. c. 19.

m) So nennet ihn der Mornaeus in seinem mysterio inquitatis p. m. 247. und 250. edit. Salmur. 1612.

n) Z. E. Von dem Weibe das vom Teuffel besessen, weil sie in der Nacht vor der procession der Einweihung des Beth-Hauses, bey ihrem Manne geschlaffen. L. I. c. 10. von dem Gefäß, welches von dem darüber gemachten Creutze gebrochen L. 2. c. 3. von dem Geistlichen welcher wegen des gebrochenen Gelübdes des Gehorsams vom Teuffel besessen. L. 2. c. 16. von dem bösen Geist den ein heiliger Mann durch eine dem besessenen gegebene Maulschelle ausgetrieben. L. 2. c. 30. von dem bösen Geist der durch ein Creutz ausgetrieben. L. 3. c. 6. von dem Feg-Feuer. L. 4. c. 29. von der oblation derer Hostien für die Todten. L. 4. c. 55.

fices passim historiolas de potestate daemonum depromere solent[o]), quorum apparitiones sub specie corporea passim narrat[p]); etsi tamen de pactis daemonum cum hominibus nihil apud eum deprehendere potuerimus.

§ 31
Scriptores Saeculi XIII. Gervasius Tilberiensis.

Pergo ad noviora tempora. Initio saeculi decimi tertii[q]) scripsit Gervasius Tilberiensis Otia imperialia[r]). Deprehendes in hoc opere, quod auctor crediderit daemones incubos[s]); item Faunos et satyros[t]): dubitat tamen, an gigantes, de quibus in Genesi, generati fuerint per incubos[u]); item quod crediderit daemones in pusilla, sed humana, forma opera servilia peragentes[w]); item lamias, seu mulieres, quae noctu domos momentaneo discursu penetrent, dolia, cantharos, et ollas perscrutentur, infantes ex cunis extrahant, luminaria accendant, et nonnumquam dormientes adfligant[x]); item conventum lamiarum cum sui similibus in

o) De quibus videbimus infra suo loco. Interim notandum, Gregorium ipsum sibi praecavisse in prooem. lib. I. circa finem, ne videlicet tam putida mendacia ipsi imputarentur, quod ea ex virorum venerabilium narratione hauserit.

p) Lib. I cap. 10. de diabolo ex obsesso eiecto sub forma hominis peregrini hospitium quaerentis; lib. III. cap. 7. de conventu daemonum in templo Apollinis; lib. III. cap. 16. de diabolo sub specie serpentis; lib. III. cap. 30. de diabolo sub specie porci, sed invisibilis tamen, ex templo Arriano exeunte.

q) Scil. anno 1211. Illustr. Leibnitius Introd. ad tom. I. script. Brunsvicensium n. 63.

r) Quae post Maderi editionem emendatius inserta sunt d. tom. I. f. 881. seqq.

s) Decis. I. cap. 17. f. 897.

t) C. 18. eod. f. ubi expresse citat et excerpit vitas Paulli et Antonii eremitarum.

u) C. 23. f. 905. Potuit esse etiam, inquit, ut incubi daemones gignerent gigantes.

w) Decis. 3. cap. 61. p. 980. descriptio eorum, quos Neptunos a Gallis et ab Anglis Portunos adpellari dicit, similis est fabulis nostratium de Cobaldis.

x) Decis. 3. cap. 85. p. 987. et Cap. seq. 86. ubi provocat ad Apuleium Platonicum.

kleine Histörchens heraus zu suchen, von der Gewalt der bösen Geister,[o]) welche der Gregorius M. in Cörperlicher Gestalt erschienen zu seyn, hin und wieder erzehlet,[p]) wiewohl ich nichts darin von den Bündnüssen derselben, mit denen Menschen finden können.

§ 31

Scribenten des XIII. Sec.

Ich schreite demnach zu den neuern Zeiten. Im Anfang des XIII. Saec.[q]) hat der Gervasius Tilberiensis otia Imperialia geschrieben.[r]) In diesem Buche finde ich, daß der Auctor die Buhl-Teuffel (Daemones Incubos) [s]) wie auch (Feld- und Wald-Teuffel) Faunos und Satyros glaube,[t]) jedennoch aber zweiffelt er, ob die Riesen wovon im ersten Buch Moses geredet wird, von (Buhl-Teuffeln) Incubis [u]) erzeuget worden; wiewohl er geglaubet, daß es kleine Geisterchen gebe, die in Menschlicher Gestalt, Dienste leisteten,[w]) auch Hexen oder Weibs-Bilder, die des Nachtes durch die Häuser strichen, die Fässer, Krüge und Töpffe durchstänckerten, die Kinder aus den Wiegen nehmen, Lichter anzündeten, und manchmahl auch die Schlaffenden beleydigten [x]); er hält auch die Zusammenkünffte derer

o) Wovon unten mit mehrern soll gehandelt werden. Indessen ist zu mercken daß der Gregorius sich selbst praecavirt, in dem prooem. L. I. fast am Ende, damit ihm nemlich solche unverschämt Lügen nicht imputiret wurden, weil er spricht, daß er dieselben aus der Erzehlung so ehrwürdiger Männer hätte.

p) L. I. c. 10. Von dem Teuffel welcher aus dem besessenen getrieben in Gestalt eines Frembdlings der eine Herberge gesuchet; L. 3 c. 7. von der Zusammenkunfft der bösen Geister in dem Tempel des Appolinis; L. 3. c. 16. von dem Teuffel in Gestalt einer Schlangen; L. 3. c. 30. von dem Teuffel in Gestalt eines unsichtbahren Schweines, welches aus dem Tempel der Arrianer gegangen.

q) Nemlich A. 1211. Siehe des Herrn Geheimden Rath Leibnüz Introd. ad T. 1. Script. Brunsvic. n. 63.

r) Welche nach des Maderi edition eben diesem Isten Tome f. 881. seq. einverleibet sind.

s) Decis. I. c. 17. f. 897.

t) C. 18. eod. f. allwo er ausdrücklich das Leben Paulli und Antonii derer Einsiedler excerpirt.

u) C. 23. f. 903. Er spricht: Es habe auch seyn können, daß die Buhl-Teuffel Riesen erzeuget.

w) Decis. 3. c. 61. p. 980. Die Beschreibung derer, die wie er saget von Frantzosen und Engelländern Portuni genennet werden, ist denen Fabeln gleich, die wir von unsern Cobolden haben.

x) Decis. 3. c. 85. p. 987. und im folgenden 86. Capitel, allwo er sich auff den Apuleium einen Platonicum berufft.

partibus transmarinis, et mutationes earum in feles [y]); denique homines in lupos mutatos [z]), caet.

§ 32
Caesarius Heisterbacensis

Eodem saeculi decimi tertii initio [a]) Caesarius Heisterbacensis scripsit libros XII. illustrium miraculorum et historiarum memorabilium [b]). Hic narrat inter alia fabulam de iuvene, qui circa finem saeculi XII. vel initium XIII. a diabolo ipsi in forma corporea adparente lapidem acceperit, ea virtute praeditum, ut, quamdiu eum in manibus teneret, de omnibus rebus subtilissime disputare potuerit [c]); et aliam fabulam de clerico necromantiae dedito, quem daemon corporaliter in infernum duxerat, ut ibi videret tormenta Landgravii Thuringiae, qui multas possessiones ecclesiis abstulerat [d]); similis est tertia, de adolescente nobili, pactum cum diabolo faciente, ac creatorem abnegate, sed tamen matrem altissimi abnegare nolente [e]); et quarta, de iuvene itidem pactum cum diabolo faciente, et postquam mortuus esset, resuscitato, eum in finem, ut poenitentiae loco cruciatus susciperet [f]). Habes igitur hic prima initia persuasionis de magia cum pacto cum diabolo coniuncta: quamvis nullum sit dubium, illo initio cordatiores has fabellas risisse [g]).

---

y) Decis. 3. c. 93. p. 991.

z) ibid. c. 120. p. 1003.

a) Anno 1227. Illustr. Leibnitius Introd. ad tom. II. Script. Brunsvic. p. 47. Conf. ipsum Caesarium lib. X. cap. 48.

b) Postea editos Coloniae Agrippinae anno 1559. in octavo.

c) Lib. I cap. 32.

d) Lib. I. cap. 34.

e) Lib. II. cap. 12.

f) Lib. XII. p. 231.

g) Recte Limborch. Hist. inquis. lib. III. cap. 21. p. 231. Eius modi fabellas de pacto cum diabolo, et confessiones a Lamiis per tormenta expressas, ad ipsis inquisitoribus (et aliquot ante saeculis a monachis) esse formatas, ad augendum scilicet beatae Mariae et sacramentorum dignitatem, quasi nempe eorum venerationem maxime impugnet diabolus, (item ad augendum meritum per susceptionem monachismi, aut cruciatarum, caet.

Hexen mit ihres gleichen, auff den Meer-Uffern, und dererselben Verwandelung in Katzen,[y]) und endlich auch die Verwandlung derer Menschen in Wölffe für wahr[z]).

§ 32
Caesarius Heisterbacensis.

Eben im Anfange des XIII. Saeculi[a]) hat der Caesarius Heisterbacensis XII. Bücher von berühmten Wunder-Wercken und merckwürdigen Historien geschrieben[b]). Dieser erzehlet unter andern eine Fabel von einem Jünglinge, der am Ende des XII. oder im Anfange des XIII. Saeculi von dem Teuffel, welcher ihm in leiblicher Gestalt erschienen, einen Stein bekommen habe, der solche Tugend gehabt, daß so lange er denselben in Händen gehabt, er von allen Sachen sehr subtil disputiren können.[c]) Und über dem hat er noch eine Fabel von einem Geistlichen, welcher sich der Schwartzen-Kunst ergeben, den der böse Geist leibhafft in die Hölle geführt, daß er daselbst sehen möchte die Marter des Landgraffen von Thüringen, der denen Kirchen viele Güter genommen.[d]) Eben solch ein Mährlein ist das dritte von einem jungen Edelmann, der ein Bündnüß mit dem Teuffel gemacht, Gott abgeschworen, aber doch die heilige Mutter Gottes nicht abschweren wollen.[e]) Und die vierdte Fabel ist eben von einem Jüngling, der ein Bündnüß mit dem Teuffel gemacht, und nachdem er gestorben, sey er wieder aufferwecket worden zu dem Ende, damit er an statt der Busse einen Creutz-Zug ins gelobte Land vornehmen möchte.[f]) Dieses ist also der Ursprung der persuasion von der Zauberey, so mit dem Bündnüß des Teuffels verknüpfet: wiewohl kein Zweiffel ist, daß damahls verständige Leute über solche Mährlein gelachet haben.[g])

y) Decis. 3. cap. 93. p. 991.

z) Ibid. cap. 120. p. 1003.

a) Anno 1227. Siehe des Herrn Leibnüz introd. ad Tom. II. Script. Brunsvic. p. 47. Siehe auch den Caesarium lib. 10. c. 48.

b) Die nachmahls zu Cölln A. 1559. in 8. edirt. sind.

c) L. I. c. 32.

d) L. I. c. 34.

e) L. 2. c. 12.

f) L. 12. p. 231.

g) Limborch. in seiner hist. inquisit. L. 3 c. 21. p. 231. spricht gar recht: dergleichen Fabeln von Bündnüsse mit dem Teuffel, und die Bekänntnüsse die man von den Hexen durch die Marter ausgepreßt, sind von denen inquisitoribus selbst (und einige Saecula vorher von den München) erdacht, das Ansehen der heiligen Mariä, und derer Sacramenten zu verwehren; gleich als wenn der Teuffel fürnehmlich dererselben veneration zu wieder wäre (wie auch zu Vergrößerung der Verdienste durch Annehmung eines Münch-Ordens, oder eines Creutz-Zuges wieder die Saracenen.)

§ 33
Auctor Speculi Saxonici.

Circa medium saeculi XIII. collectum est Speculum Saxonicum[h]; in quo quidem legitur, quod magi ac sagae debeant poena ignis puniri[i]: caeterum, uti nec processus inquisitoribus contra sagas inde probari potest[k]; ita nec exinde constat, quod illo tempore magi et sagae de pacto et concubitu cum diabolo, et de conventu publico et sollemni fuerint accusati[l].

§ 34
Vincentii Bellovacensis Speculum historiale

Vixit etiam illo tempore Vincentius Bellovacensis, qui magno labore Specula quatuor conscripsit[m]. In historiali, quidquid fabularum et nugarum reperire potuit, collegit, magicas artes tamen alio plane in sensu intellexit, quam hodie sumuntur[n]. Interim inter istas fabulas[o] referuntur quaedam de mutatione ho-

---

h) Conring de orig. iur. Germ. cap. 30. p. 182. Gryphiander de Weichbild. cap. 48. n. 13. seqq.

i) Lib. II. iur. prov. Saxon. art. 13. welcher Christen-Mann oder Weib ungläubig ist, oder mit Zauberey umgehet, oder mit Vergiftniß, und der überwunden wird, die soll man auf einer Horden brennen. In textu Saxonico, post verbum Vergiftniß additur oder mit wickene, de cuius significatu alio tempore inquirendum; quamvis et illa additio non exstet in editione anni 1516. Quod vero vivicomburii poenam attinet, illa satis antiqua est. Nam iam Paullus Sentent. lib. V. tit. 23. §. 11. magicae artis conscios summo supplicio affici placuit; id est, bestiis obiici, aut cruci suffigi. Ipsi autem magi vivi exuruntur. Et Constantinus M. l. 1. C. Th. de malef. et mathem. haruspices cremari iussit. Conf. Iac. Gothofr. ad l. 5. C. Th. d. t. tom. III. p. 120. Sic Gregorius M. refert Dial. lib. I. cap. 4. suo tempore magum quemdam Romae crematum esse.

k) Speculum Saxonicum ignorasse omnem processum inquisitorium, perspicue ostensum a Praeside in Dissert. de occasion. concept. ac intent. Constitut. crim. Carolinae. §. 6–15.

l) Nec verosimile, propter dicta §. 6. litt. k.

m) Speculum sc. naturale, doctrinale, morale, et historiale. Vid. ipse auctor in proleg. ad Spec. histor. cap. 19. in fine. Extendit autem se Speculum historiale usque annum 1250. Vid. lib. ult. cap. 102. in fine.

n) Lib. I. cap. 15. in fine: magica sub philosophia non continetur, sed foris falsa professione de vero mentiens, et veraciter animas laedens, Haec quinque maleficiorum genera continet; se manicam, mathematicam, maleficia, sortilegia, praestigia. Mancia, id est, divinatio, species habet; sc. nigromanciam, ydromanciam, geomanciam. Mathematica vero tres, sc. aruspicium, augurium, horoscopicam.

§ 33
Sachsen Spiegel

In der Mitte des XIIIten Saeculi ist der Sachsen-Spiegel colligiret[h]), in welchem zwar stehet, daß die Zauberer und Hexen solten verbrannt werden[i]). Im übrigen aber, gleichwie daraus der inquisitions-process wieder die Hexen nicht kan erwiesen werden[k]) also erhellet daraus auch nicht, daß zu der Zeit, die Zauberer und Hexen wegen des Bündnüsses und Beyschlafs mit dem Teuffel, wie auch der öffentlichen und Solennen Zusammenkunfft angeklaget worden[l]).

§ 34
Vincent. Bellovacensis historischer Spiegel.

Zu dieser Zeit lebte auch der Vincentius Bellovacensis, der mit grosser Mühe vier (Specula) Spiegel zusammen geschrieben[m]). Im Historischen hat er alles was er nur von Fabeln und Narrenpossen finden können, colligiret; allein die Zauberischen Künste hat er in einem gantz andern Verstande genommen, als man sie heute zu Tage nimmt.[n]) Es wird aber jedennoch unter diese Fabeln[o]) ein und

---

h) Conring de O. I. G. c. 30. p. 182. Gryphander de Weichbild c. 48. n. 13. seq.

i) L. 2. Sächs. Landrecht art. 13. Welcher Christen Mann oder Weib ungläubig ist, oder mit Zauberey umgehet, oder mit Vergifftnüß, und der überwunden wird, die soll man auff einer Horden brennen. Im Sächsischen Text wird nach dem Wort Vergifftnüß hinzugesetzt, oder mit wickene, dessen Wort Verstand ein andermal soll untersuchet werden; wiewohl diese Worte in der edition von An. 1516. nicht stehen. Was aber die Straffe des Feuers betrifft, so ist diese schon sehr alt, denn schon Paullus spricht L. 5. Sentent. tit. 23 § 11. Die welche die Zauberischen Künste wissen, werden am Leben bestrafft; das ist: sie werden entweder den wilden Thieren vorgeworffen, oder ans Creutz gehangen, die Zauberer aber selbst werden lebendig verbrannt. Und der Constantinus M. hat L. I. C. Theodos. de Malef. et Mathem. die haruspices zu verbrennen befohlen. Siehe Jacob. Gothofred. ad l. 5. C. Theod. d. t. Tom. III. p. 121. So berichtet auch der Gregorius M. Dial. L. I. c. 4. daß zu seiner Zeit ein Zauberer zu Rom verbrannt worden.

k) Daß der Sachsen-Spiegel nichts von dem inquisitions process gewust habe, ist deutlich gezeigt worden in der Disp. de occasione et c. constitut. Crim. Carolina §. 6. 15.

l) Es ist auch nicht wahrscheinlich wegen dessen was §. 6. litt. k) gesagt worden.

m) Nehmlich, einen Natur-Lehr-moral-und historischen Spiegel. Siehe den Auctorem selbst in den Proleg. zum Historischen Spiegel c. 19 am Ende. Es gehet aber der historische Spiegel biß aufs Jahr 1250. Siehe das letzte Buch c. 102 am Ende.

n) L. I. c. 55. in fin. Sie wird unter der zauberischen philosophie nicht mit begriffen, sondern sie ist etwas anders als die falsche Kunst die von der Wahrheit abgehet, und der Seelen schadet. Diese begreifft 5. Arten von Uebelthaten unter sich: nemlich manciam, mathematicam, maleficia, sortilegia und praestigia Mancia, daß ist, die Weissagung hat 5. Arten unter sich, nemlich: nigromanciam, ydromanciam, arimanciam, pyromanciam, geomanciam, die Mathematica aber 3. Arten, als aruspicium, augurium, horoscopiam.

minum in lupos, de larvis [p]), de iuvene, qui pactum cum diabolo faciens, abnegato Christo, Mariam tamen abnegare noluit [q]), de centauro Paullo Eremitae apparente [r]), de diabolo sub specie feminae elegantis formae monachum ad libidinem invitante [s]), de Theophilo quodam contractum chirographarium cum diabolo faciente, et Christum ac eius matrem abnegante, sed cui Maria chirographum restituit [t]), caet. [u]).

§ 35

Alexandri IV. decisio quaestionis, an crimen sortilegii ad haeresin referri debeat.

Etsi vero hactenus inter haeresin et magiam aut sortilegium magna fuisset differentia, certe hactenus magia ad haeresin non fuisset relata; uti tamen ipsum haereseos crimen est res mira, et vix definitu possibilis [x]): ita docet historia ecclesiastica, et ipsum ius canonicum, quod inquisitores haereticae pravitatis ab Innocentio III. instituti, sub praetextu haereseos etiam de crimine sortilegii indistincte cognoscere, et id ad forum inquisitionis trahere intenderint, contra-

o) Inter quas est ingens numerus de miraculis Mariae Virgines, lib. VI. cap. 82. seqq. quae cuius generis sint, vel ex rubricis patet: de abbatissa praegnante, quam Dei mater ab infamia liberavit cap. 87. de muliere, quae conceptum ex filio puerum interfecit, per beatam virginem ab opprobrio liberata cap. 94. 95. 96. caet. item de rebus gestis et miraculis hominum, qui plane non fuerunt in rerum natura: quorsum pertinent ea, quae narrantur lib. XV. cap. I. seqq. de Rege Indiae Avennair, et eius filio Iosaphat. Ist ein papistischer Roman.

p) Lib. I. cap. 95.

q) Lib. VI. cap. 106. Est eadem fabula, cuius iam meminit Caesarius Heisterbacensis, (vid. §. 32.) lib. II. cap. 12. nisi quod Caesarius addat circumstantias quasdam magis incredibiles.

r) Lib. XI. cap. 31. ex Hieronymo. Vid. supra §. 27.

s) Lib. XVII. cap. 6.

t) Lib. XXI. cap. 69. 70.

u) Habes etiam apud eumdem libro XXX. cap. 65. seq. Vitam et miracula Dominici et Francisci, quorum ille ab Innocentio III. primus inquisitor fuit institutus.

x) Vid. Praeses Dissert. an haeresis sit crimen.

anders gezehlet, von Verwandelung der Menschen in Wölffe, von Gespenstern,[p]) von einem Jünglinge, der mit dem Teuffel ein Bündniß gemacht, Christum verläugnet, die Mutter Maria aber nicht verläugnen wollen.[q]) Von Gespenstern, so dem Einsiedler Paulo erschienen,[r]) von dem Teuffel, der in Gestalt einer schönen Weibsperson einen München zur Unzucht gereitzet,[s]) von einem Nahmens Theophilo, der einen schrifftlichen Contract mit dem Teuffel gemacht, darinnen er Christum und die Mutter Maria verläugnet, deme aber die Heil. Mutter Maria die Handschrifft wieder gegeben.[t]) [u])

§ 35
Pabst Alexandri IV. Entscheidung ob das Laster der Zauberey eine Ketzerey sey.

Ob nun gleich bißher unter der Ketzerey und Zauberey oder Weissagung ein großer Unterschied gewesen, zum wenigsten die Zauberey nicht zur Ketzerey mit referiret worden; so ist doch zu mercken, gleichwie es mit dem Laster der Ketzerey eine wunderliche, und nicht so leicht auszumachende Sache ist[x]) daß so wohl die Kirchen-Historie, als auch das Can. Recht lehret, daß die von Innocentio III. verordnete Inquisitores wider die Ketzerey, unter dem Vorwand der Ketzerey, auch das Laster der Zauberey ohne Unterschied untersuchet, und zum inquisitions-Gericht ziehen wollen, wiewohl nicht ohne Widerspruch derer Layen. Der Pabst[y])

---

o) Unter welchen eine große Menge von der Heil. Jungfrau Mariä Wunderwercken sind, L. 6. c. 82. seq. die, was davon zu halten sey, man aus den Überschrifften sehen kan: von der schwangern Aebtißin, welche die Mutter Gottes vom Schimpff befreyet. c. 87. Von einem Weibsbild, welches ein mit ihrem Sohne empfangenes Kind umgebracht, von der H. Mutter Gottes aber von der Schmach befreyet worden. c. 94. 95. 96. wie auch denen Thaten und Wunderwercken derer Menschen, die gar nicht in der Welt gewesen sind: dahin gehöret dasjenige, was lib. 15 c. I. seq. erzehlet wird, von einem Könige der Indianer Avannais und dessen Sohne Josaphat, (so eine papistische Roman ist.)

p) Lib. I c. 95.

q) Lib. 6. c. 106. Es ist eben die Fabel, deren schon der Caesarius Heisterbacensis L. 2. c. 12. Meldung gethan (Siehe oben §. 32.) ausser daß der Caesarius einige noch ungläublichere Umstände dazugefüget.

r) Lib. II c. 31 aus dem Hieronyme. Siehe §. 27.

s) Lib. 17. c. 6.

t) Lib. 21. c. 69. 70.

u) Man trifft auch bey ihm an Lib. 30. cap. 65. seq. das Leben und die Wunderwercke des Dominici, und Francisci davon der erste vom Innocentio III. zum ersten inquisitore gemacht ist.

x) Siehe die Dissert. an haeresis sit crimen.

y) Alexander IV.

dicentibus tamen laicis. Papa vero [y]), post medium saeculi decimi tertii [z]), astute, sub specie rem definiendi pro laicis, eos ambiguitate responsi elusit [a]).

§ 36
Speculator ignorat pacta diaboli cum sagis.

Caeterum illo adhuc tempore istas narratiunculas de pactis et apparitionibus diaboli pro piis fraudibus fuisse habitas, plebem in devotione detinendi; non vero a ICtis pro fundamentis inquirendi contra magos fuisse venditatas, vel ex Speculatore [b]) cognoscere licet. Hic cum libellum contra sortilegos format, sortilegos sic describit: quos quis in tali civitate vel camara vel per avium volatum inspexerit, et alia sortilegia fecerit [c]).

y) Alex. IV.

z) Praefuit enim sedi Romanae ab anno 1254. ad annum 1261.

a) Ita enim in cap. accusatus §. sane 8. de haereticis in 6to litem illam dirimit: sane cum negotium fidei (quod summe privilegiatum exsistit) per occupationes alias non debeat impediri, pestis inquisitores haereticae a sede apostolica deputati, de divinationibus aut sortilegiis (nisi haeresin superent) manifeste intromittere se non debent, nec punire talia exercentes, sed eos relinquere suis iudicibus puniendos. Vides astutiam: cum laicis abiudicare non potuerit cognitionem de magia, quam hactenus quiete possederant, tamquam rem, quae nihil commune haberet cum haeresi; addit tamen astute, et tamquam obiter, limitationem, nisi haeresin superet manifeste: non quod ipse crederet, talem speciem dari, sed ut inquisitoribus ansam daret, fictionibus de magorum pactis et concubitu cum diabolo caet. universam magiam ad crimen haereseos trahendi, et ita limitatione ista regulam destruendi.

b) Scripsit enim anno 1262.

c) Guil. Durandus lib. IV. part. 4. rubr. de sortilegiis p. m. 488. Hic. ut vides, nihil de pacto cum diabolo. Aliud enim est, invocare daemones, aliud pacta cum iis facere.

d) Floruit inter annum 1260, et 1270.

e) Notus canonista Io. Andreae, de quo mox seorsim, dum in Comment. ad d. l. Speculatoris anxius est in quaestione explicanda, quando magia sit haeresis, vel non, conqueritur tacite de Thoma, quod tractet quidem de divinatione, quae fiat per invocationem daemonum, quam invocans QVASJ foedus ineat cum daemone, caet. sed tamen non exprimat, an id sit haereticum.

aber hat nach der Mitte des XIII. Saeculi [z]) mit grosser List, unter dem Scheine, als wenn er den Ausspruch vor die Layen thäte, dieselbe mit einem zweydeutigen Spruch betrogen. [a])

§ 36

Der Vincent. Bellovacensis wußte nichts vom Bündnüß des Teuffels mit denen Hexen.

Im übrigen so kan man auch aus den speculatore [b]) sehen, daß damahls die Mährlein von den Bündnissen und Erscheinungen des Teuffels für einen geistlichen Betrug gehalten worden, umb das Volck bey der Andacht zu behalten; nicht aber von denen Juristen als Gründe ihrer inquisition angesehen sind. Und da dieser Auctor wieder die Zauberer schreibet, so beschreibet er sie dergestalt: daß z. e. einer in dieser oder jener Stadt in der Kammer die bösen Geister beschworen, die Diebstähle in einem Astrolabio, oder aus dem Vogelfluge gesehen, und andere Zaubereyen begangen habe [c]).

---

z) Denn er hat auf dem Römischen Stuhle gesessen von an. 1254 bis an. 1261.

a) Denn in Cap. accusatus §. sane 8. de haereticis in Sexto, entscheidet er die Sache also: „Gewiß, da die Glaubens-Sache (welche sehr privilegirt ist) durch anderwärtige Geschäffte nicht soll verhindert werden, so sollen die inquisitores, welche der Apostolische Stuhl zur inquisition wider das schändliche Gifft der Ketzerey bestellet, sich in die Wahrsagereyen und Zaubereyen nicht einmischen, noch auch diejenige, welche solche Dinge ausüben, straffen, sondern dieselben ihren Richtern zu straffen überlassen, (es wäre denn, daß diese Dinge handgreiflich nach einer Ketzerey schmeckten).“ Hier siehet man die List des Pabsts; denn da er denen Layen die Untersuchung der Zauberey, als ein Recht, daß sie lange Zeit geruhig besessen, u. eine Sache, die nichts mit den Ketzereye gemein hat, nicht absprechen können, hat er dennoch listiger Weise, u. gleichsam so von ohngefehr die limitation darzu gesetzet: (es wäre denn, daß es handgreifflich nach einer Ketzerey schmeckte,) nicht als wenn er selbst geglaubet, es gebe eine solche Art von Ketzereyen, sondern daß er den Inquisitoribus Gelegenheit geben möchte, durch Tichtungen des Bündnisses und Beyschlaffs mit dem Teuffel die gantze Zauberey zur Ketzerey zu bringen; und also durch solche limitation die Regel umzustossen.

b) Denn er schrieb An. 1262.

c) Guil. Durandus lib. 4. part. 4. rubr. de sortilegiis p. m. 488. hier siehet man nichts von einem Bündniß mit dem Teuffel. Denn ein anders ist die Geister beschweren, ein anders Bündnisse mit ihnen machen.

d) Er lebte zwischen An. 1260—1270.

e) Der bekandte Canoniste Jo. Andreas, von welchem wir bald ins besondere handeln wollen, indem er in dem Comment. ad d. l. speculatoris sichs sehr angelegen seyn läst, bey Auslegung der Frage: wenn die Zauberey eine Ketzerey sey, oder nicht beklagt sich heimlich über den Thoma; daß er zwar von der Wahrsagung redete, die durch die Beschwerung der bösen Geister geschähe, wodurch der Beschwerer ein quasi pactum mit dem Geiste machte, aber er erkläre sich nicht, ob das eine Ketzerey sey oder nicht.

§ 37
Jtem Thomas Aquinas.

Immo Thomas Aquinas ,scholasticorum princeps, circa illa tempora florens [d]), canonistis non suffecit ad quaesitionem enodandam, quando magia sit haeresis, tantum abest, ut pactum expressum diaboli cum sagis pro vero habuerit [e]), probe videlicet gnarus, quem in finem istae fabulae in vitis Patrum et Legendis sanctorum fuerint effictae.

§ 38
Jacobi de Voragine Legenda aurea

Circa finem saeculi XIII. [f]) Iacobus de Voragine [g]) edidit historiam Longobardorum, quae vulgo Legenda aurea vel Speculum Sanctorum vocatur; in quo scripto fabulae praecedentes non solum repetitae, sed et infinitis nugis et mendaciis auctae sunt; ut adeo nullum sit dubium, quin et in isto opere multae fabulae de pactis daemonum cum magis et sagis sint recensitae [h]).

§ 39
Scriptores et acta saeculo XIV. Ioannis XXII. Decretalis de magia.

Pergimus ad saeculum decimum quartum; ubi quidem deprehendimus Ioanni XXII. Papae tribui extravagantem epistolam decretalem de magia a quibusdam scriptoribus [i]); quam tamen hactenus reperire non potuimus [k]).

---

f) Claruit enim anno 1290. Voss. de histor. Latin. lib. II. cap. 60. p. 457. seq.

g) Homo, iudicio Ludovici Vivis et Melchioris Cani, ferrei oris, plumbei cordis, animi certe parum severi et prudentis. Vide Naudaeum dans l'apologie pour tous les grands hommes caet. cap. 7. p. m. 88. edit. Paris. Qui tamen in eo fallitur, quod putet, Iacobum de Voragine et similes scriptores occasionem, tales fabulas immiscendi historiae ecclesiasticae, sumsisse ex consuetudine talia fingendi in libris Romanciis, qui illo tempore valde in usu esse incoeperint; cum tamen hactenus dicta doceant, scriptores librorum Romanciorum potius occasionem talia fingendi sumsisse ex vitis patrum, dialogis Gregorii, Speculo Vincentii Bellovacensis, et similibus.

h) Non enim tempus permisit, ut istud Speculum Sanctorum ipsi inspiceremus et evolveremus.

i) Vide locum Torreblancae supra descriptum ad §. 6. litt. L.

k) Neque enim exstat talis constitutio Ioannis XXII. quae contra magos scripta sit, et incipiat: super specula, in extravagantibus Ionnis XXII. nec in extravagantibus communibus.

§ 37
noch auch der Thomas Aquinas

Ja der Thomas Aquinas, der Fürst unter den Scholastickern, der um diese Zeit gelebet,[d] hat denen Canonisten nicht genug gethan, zu Erörterung der Frage, wenn die Ketzerey eine Zauberey sey? geschweige, daß er das Bündnüß des Teufels mit denen Menschen für wahr solte gehalten haben,[e] weil er wohl gewust, zu was Ende diese Mährlein in dem Leben der Altväter, und denen legendis der Heiligen erdichtet worden.

§ 38
Jacobi de Voragine güldene Legende

Zu Ende des XIIIten Saeculi[f] hat der Jacobus de Voragine[g] eine Historie der Longobarder geschrieben, die insgemein die güldene legende, oder Spiegel der Heiligen genennet wird, in welchem Buche nicht allein die vorigen Fabeln wiederholet, sondern auch durch unendlich viele Lügen und Possen vermehret sind; daß also kein Zweiffel ist, es seyn auch in diesem Wercke viele Fabeln von denen Bündnüssen derer bösen Geister mit denen Menschen erzehlet worden.[h]

§ 39
Scribenten des XIV. sec., Pabst Jo. XXII decretalis von der Zauberey.

Wir gehen zum XIVten Saeculo, allwo wir zwar finden, daß dem Pabst Johanni XXII. die epistola extravagans decretalis de Magia, von einigen Scribenten zugeschrieben wird,[i] allein ich habe dieselbe biß hieher nicht finden können.[k]

---

f) Denn er lebte A. 1290. Voss. de hist. Latin. lib. 2. c. 60. p. 457. seq.

g) Ein Mensch nach dem Urtheil des Ludovici Viuis und Melchioris Cani, der einen steinern Mund, bleyern Hertz, und ein Gemüth von gewiß sehr weniger Klugheit und Ernsthafftigkeit gehabt, siehe des Naudaei Apologie für alle vornehme Leute c. 7. p. m. 88. in der Pariser edit. welcher aber darinnen fehlet, daß er sich einbildet, der Jacob de Voragine und seienes gleichen Scribenten hätten die Gelegenheit, solche Mährlein unter die Kirchen-historie zu mischen, aus der Gewohnheit der Romanen. Schreiber genommen, die damahls sehr im Schwange gewesen; da doch dasjenige, was wir bisher gelehret haben, zeiget, daß die Scriptores der Romane vielmehr die Gelegenheit ihre Dinge zu fingiren, aus denen Leben der Alt-Väter, des Gregorii Gesprächen, und des Vincentii Bellevacensis Spiegeln und dergl. genommen.

h) Denn die Zeit hats nicht leiden wollen, daß wir diesen Spiegel der Heiligen selbst ansehen und aufschlagen können.

i) Siehe des Torreblancae Worte beym §. 6. litt. l).

k) Denn es stehet eine solche Constitution des Joannis XXII. die wieder die Zauberer geschrieben sey, und sich anfangs super speculii, weder in denen extra vagantibus 10. XXII. noch in denen extra vagantibus communibus.

§ 40
Ioannis Andreae doctrina de magia.

Interim canonistas etiam circa medium saeculi decimi quarti[l]) doctrinam de pactis expressis diaboli cum sagis nondum in doctrinam iuris prudentiae recepisse, nec certi quid determinare ausos esse, quando magia sit haeresis, vel non, argumento est, quod Ioannes Andreae, commentator Durandi seu Speculatoris, nihil de tali pacto expresso memoret, nec quaestionem illam definiat[m]).

§ 41
Pactum diaboli cum murario

In Chronico monasterii S. Petri in monte crucis ad Werram[n]) legitur, quod anno 1384. quidam murarius secundum pactum suum, quod cum diabolo fecerat, in die conversionis Paulli, mane in horto suo de piro suspensus, et subito totus niger factus fuerit cum magno foetore[o]). Sed totum hoc Chronicon nugis et mendaciis repletum esse, non diffitetur clarissimus editor[p]).

§ 42
Determinatio Facult. theolog. Paris anno 1398.

Circa finem saeculi XIV. editit Facultas theologica Parisiensis determinationem[q]) super quibusdam superstitionibus noviter exortis; quae etsi tota videatur in favorem inquisitorum esse facta, ut sub praetextu haereseos, suspectos de magia

l) Nam Ioannes Andreae scripsit circa annum 1347.

m) Siquidem in Commentario ad d. l. Durandi de sortilegiis notat: theologus sui temporis distinxisse, an invocans daemonem intendat provocare amorem mulieris, et id non esse haeresin manifeste, nisi fiat cum adoratione; an invocet ad scienda futura, et tunc esse haeresin manifestam, caet. Confer, quae de incertitudine canonistarum circa quaestionem, an et quando sortilegium sit haeresis, notavit Zieglerus ad Lancelotti Instit. jur. can. lib. IV. tit. 5. §. 1. p. 957.

n) A. Christ. Franc. Paullini in Syntagmate antiquitat. German. edito. Auctor Chronici fuisse fertur monachus, qui circa annum 1540. scripsit.

o) Additur, quod pessimus homo fuerit, qui ad tertium quodvis verbum diabolum in ore habuerit.

p) In praefatione.

q) Retulit eam Bodinus post praefationem de magorum daemonomania, et Wierus circa finem libr. ult. de praestigiis daemonum.

§ 40
Jo. Andreae Lehre von der Zauberey.

Indessen so haben die Canonisten auch in der Mitte des XIV.[l]) Saeculi die Lehre von ausdrücklichen Bündnüssen des Teuffels mit denen Hexen noch nicht in die Rechts-Gelahrheit bracht, noch auch sich unterstanden, etwas gewisses zu setzen. bey der Frage, wenn die Zauberey eine Ketzerey sey oder nicht? und dieses erhellet daraus, weil der Joannes Andrea der Commentator des Durandi nichts davon erwehnet, noch auch die Frage deutliche entschieden hat.[m])

§ 41
Chronicke des Closters St.Petri beym Fluß Werre.

In dem Chronico des Klosters S. Petri auf dem Creutz-Berge beym Flusse Werre,[n]) lieset man, daß an. 1384 ein Mäurer, vermöge des Bündnüsses, welches er mit dem Teuffel gemacht hatte, am Tage der Bekehrung Pauli, frühe morgens in seinem Garten an Birnbaum ausgehencket, und alsobald mit grossem Gestancke gantz schwartz worden sey.[o]) Allein der Hr. Editor selbst gestehet, daß das chronicon mit Lügen und vielen Possen angefüllet sey.[p])

§ 42
Sentence der Theolog. Facultät zu Paris 1398.

Zu Ende des XIVten Saec. hat die Theologische Facultät zu Paris einen Spruch[q]) über einige neulicher Zeit entstandene Aberglauben edirt, welcher Spruch, ob er gleich gantz oder gar in faveur derer Inquisitoren gemacht zu seyn scheinet, daß sie nemlich unter dem Schein der Ketzerey, die wegen Zauberey beschuldigte

l) Denn Ioannes Andreas hat umbs Jahr 1347. geschrieben.

m) Denn in dem Commentario ad d. l. Durandi de Sortilegiis bemercket er, daß die Theologi zu seiner Zeit einen Unterschied gemacht hätten, ob derjenige, der einen bösen Geist anruffe, dadurch sich die Liebe eines Mädgens zuwege bringen wolle, und dieses sey nicht eine offenbare Ketzerey; es sey denn, daß es mit einem Anbeten geschehe; oder ob er sie anruffe, zukünfftige Dinge zu wissen, und alsdann wäre es eine offenbahre Ketzerey. Siehe, was Herr Ziegler in seinen notis zu des Lancellotti ius Can. L. 4. tit. 5. §. I. p. 957. von der Ungewißheit der Canonisten bey der Frage: Ob und wenn die Zauberey eine Ketzerey sey, oder nicht, angemercket hat.

n) Welches von Christ. Franc. Paullini in seinem Syntagmate derer teutschen Antiquitäten edirt ist. Man sagt, der auctor sey ein Münch gewesen, der ums Jahr 1540. geschrieben.

o) Es wird dabey gemeldet, daß es ein gottloser Mensch gewesen, der gleich beym dritten Worte den Teuffel stets im Munde geführet.

p) in der Praefation.

q) Bodinus hat denselben nach der praefation zu seiner Daemonomagia gesetzet, und Wierus zu Ende des letzten Buches de Praestigiis Daemonum.

ad forum suum trahere possent[r]): non tamen vel crediderunt fabulas de pactis expressis diaboli cum sagis, vel certe verbis perspicuis, quid de his pactis crederent, nondum proponere ausi sunt[s]).

§ 43
Gesta saec. XV. Fabula de secta lamiarum et strigum anno 1400 in Jtalia orta.

Initio saeculi XV. nempe anno 1400 sectam lamiarum et strigum in Italia ortam esse, ex Bernardo Comensi[t]) notat Limborch[u]). De illis autem idem Bernardus memorat, quod in certis locis nocte ante diem Veneris convenerint, diabolo in forma humana visibili adparenti abnegaverint in eius manus fidem, baptisma, Deum, et B. Virginem caet. Sed ipse Bernardus inquisitor ne quidem de gestis sui temporis scribens ullam fidem meretur, tantum abest, ut de gestis antiquorum temporum eam praetendere possit.

§ 44
Nideri Formicarium

Circa tempora Conciliorum Constantiensis et Basileensis[w]) vixit Ioannes Nider. Isnensis, Dominicanus[x]), Theologiae Professor apud Basileensis; qui in Formi-

r) Continet enim ea determinatio 28. articulos seu opiniones circa artes magicas et maleficia, qui erronei declarantur et haeretici.

s) Respicio ad articulum tertium, cuius haec sunt verba: Quod inire pactum cum daemonibus tacitum vel expressum non sit idololatria, vel apostasia. Error. Et intendimus, esse PACTVM IMPLICITUM in omni observatione superstitiosa, cuius effectus non debet a Deo vel natura rationabiliter exspectari.

t) Scripsit anno 1584. Vide Syllabum auctorum praemissum operi Limborchii.

u) Histor. inquisit. lib. III. cap. 21. p. 230.

w) Intra annum 1410. et 1430. Vide Urstisium et Trithemium in locis editioni novissimae praemissis.

x) Et hinc forte occasionem sumsit auctor Mallei maleficarum ut eum vocaverit inquisitorem haereticae pravitatis: unde videtur hausisse Henricus Wharton in elogio Nideri, praemisso novae editioni. Sed id falsum esse constat, quod numquam in toto libello Niderus provocet ad propriam experientiam, sed fabulas omnes, quas recenset, desumsit ex vitis patrum, Legenda Basilii, Vincentii Speculo, Dialogis Gregorii, Legenda Bernardi, Caesario Heisterbacensi, et similibus. Reliquas historiolas narrat fide I) cuiusdam Petri Bernensis, iudicis saecularis, qui multos incineraverit maleficos, et alios fugaverit ex territorio Bernensi; 2) Benedicti monachi, qui antea fuerit necromanticus,

vor ihr Gerichte ziehen könten[r]); so haben sie doch nicht die Mährlein von den Bündnüssen des Teuffels mit den Hexen geglaubet, zum wenigsten haben sie sich nicht unterstanden, deutlich zu verstehen zu geben, was sie von diesen Bündnüssen hielten.[s])

§ 43
Fabel von der Secte der Hexen ist a. 1400 in Italien entstanden.

Im Anfange des Saec. XV nemlich an. 1400. soll die Secte der Hexen in Italien entstanden seyn, wie der Limborch[t]) aus dem Bernhardo Comensi[u]) bemercket. Eben der Bernhardus meldet auch von denselben, daß sie in der Donnerstags-Nacht an gewisse Oerter zusammen kommen wären, und dem Teuffel, welcher ihnen in menschlicher Gestalt erschienen, in seine Hände den Glauben, die Tauffe, Gott und die Jungfrau Maria abgeschworen. Allein der Bernhardus, welcher selbst ein Inquisitor gewesen, verdienet nicht einmal darinn, was er von seinen Zeiten geschrieben, einigen Glauben, geschweige daß er von ältern Geschichten Beyfall begehren könne.

§ 44
Nideri formicarium.

Zu den Zeiten des Costnitzer und Baselschen[w]) Concilii lebte Johannes Nider von Isny, ein Dominicaner —[x]) Münch, und Professor Theologiae zu Basel, welcher

r) Denn es hält dieser Spruch 28. articul oder Meinungen in sich, von denen Zauberischen Künsten, welche vor irrig und ketzerisch erklähret werden.

s) Ich sehe hier auf den dritten articul, worinn diese Worte sind: daß ein Bündnüß, es sey ausdrücklich oder heimlich mit denen bösen Geistern, keine Abgötterey, oder Abfall vom Glauben sey, es ist ein Irrthum, und in einer jeden abergläubischen Betrachtung, dessen Erfolg weder von Gott noch von der Natur vernünfftiger Weise gehoffet werden kan, ist ein heimliches Bündniß.

t) Hist. inquisit. L. 3. c. 21. p. 230.

u) Er hat A. 1584. geschrieben. Siehe den Inhalt derer Auctorum, welche Limborch seinem Wercke vorgesetzt.

w) zwischen dem Jahr 1410. und 1430. Siehe den Urstisium und Trithemium in denen der neuesten edition vorgesetzten Stellen.

x) Und daher hat vielleicht der auctor des mallei Maleficarum Gelegenheit genommen, daß er ihn einen inquisitoren der schändlichen Ketzerey nennet, aus welchem es der Warthon scheinet genommen zu haben: in dem elogio, welches er in der neuen edition dem Nidero gemacht. Allein das ist gewiß, daß der Niderus niemals auf seine eigene Erfahrung sich berufft, sondern alle die Fabuln die er erzehlet, aus dem Leben der Altväter, des Basilii legende, Vincentii Spiegel, des Bernardi legende, Gregorii Gespräche, Caesarii Heisterbacensis Buch, und dergleichen Schrifften genommen, die übrigen Histörchen hat er I) von einem weltlichen Richter, Nahmens Petro von Bern gehöret der viele Hexenmeister verbrennen lassen, und andere Ubelthäter aus dem Bernischen Bezirck gejaget, 2) von einem Benedictiner-München, der vormals ein

cario suo[y]) multas etiam fabellas de pactis diabolicis et concubitu cum sagis, ac similes nugas, bona quidem fide, ut vir valde simplex et credulus[z]), narravit[a]). Unde subsequentibus temporibus reliqui pleraque hauserunt[b]). Neque ipse tamen diffiteri potuit, quod inquisitores illorum temporum in processu contra sagas saepius praecipitanter egerint[c]).

§ 45

Nicolai Jacquerii Flagellum haereticorum fascinariorum.

Cum igitur inquisitores haereticae pravitatis sub praetextu novae doctrinae, quasi magia sit species haereseos[d]), inciperent, de crimine hactenus ignoto[e]) multa

---

ioculator, mimus, et trussator; 3) Eduensis cuiusdam inquisitoris haereticae pravitatis. Vid. lib. V. cap. 3. p. 543. 548. Et observavit iam eum errorem de Nidero inquisitore. Naudaeus d. l. cap. 7. p. 91. 92.

y) Formicarium ideo adpellavit hunc libellum, quia de formicarum natura et providentia ad humanae vitae rationem accommodata tractavit per totum libellum. Crus. Suev. part. III. lib. VI. cap. 11. f. 343. Eum reiecto priore titulo, sub titulo de visionibus et revelationibus edidit von der Hardt, Helmestadii 1692.

z) Vide praefationem Hardtii b. I. et. 2. versic. plusculum etiam caet.

a) Lib. V. cap. ultimo, quem etiam propterea inserverunt Malleo maleficarum eius editores. Quamvis enim d. lib. V. cap. 3. p. 541. magos saltem laedere dicat per verba, ritus, vel facta QVASI per pacta inita cum daemonibus, interim tamen eod. cap. 3. p. 545. 547. fabellas de pacto expresso ab aliis auditas immiscet.

b) Naudaeus d. l. p. 92. Formicarium, qui a servi comme de source et premiere base à tout ce, que l 'on a depuis dit sur ce sujet.

c) In conclusione operis p. 667. seq. Observo praeterea ex hoc opusculo Nideri, quod iam illo tempore, etiam a saecularibus iudicibus (quorsum pertinet ille iudex saecularis Bernensis, cuius fide multas eiusmodi fabulas retulit Niderus) multae sagae sint crematae ex errore communi confirmato per confessiones tormentis extortas, et per doctrinas inquisitorum, laicis praeeuntium; illam tamen persuasionem de pacto expresso cum daemone nondum fuisse universalem, sed saltem in dies vires et augmenta sumsisse; item inquisitores intendisse augmenta superstitionis de usu signi crucis, sacramenti confessionis, aquae benedictae, salis consecrati, ave Maria, exorcismum contra operationes magicas; item quod omnis maleficarum potestas enervetur, quam primum ab officialibus captae fuerint. (Conf. Niderum lib. V. cap. 4 p. 357. seq. item cap. 6.) Denique non paucos perspicaciores, tam ex laicis, quam clericis, intellexisse abusus inquisitionum in crimine magiae, tam a laicis, quam clericis illis temporibus commissos, argum. dictorum d. pag. 667. seq. Quam observationem ultimam valde illustrabunt dicenda in sequentibus paragraphis.

d) Repete dicta §. 35.

in seinem Formicario[y]) auch viele Fabeln von den Bündnissen und Beyschlaff des Teuffels mit denen Hexen, und dergleichen Possen mehr, ob gleich in guter Meinung (wie er denn ein sehr einfältiger und leichtgläubiger Mann war[z]) erzehlet hat[a]). Aus welchem, nachgehends die übrigen Scribenten das meiste genommen haben[b]). Jedoch hat er selbst nicht läugnen können, daß die damahligen Inquisitores in dem process wieder die Hexen sich offte sehr übereilet hätten[c]).

§ 45

Nicol. Jaquerii flagellum haereticorum

Da nun also die Inquisitores der Ketzerey[d]) unter dem Schein einer neuen Lehre, daß nemlich die Zauberey eine Art von Ketzereyen wäre, anfiengen sehr zu

---

Schwartzkünstler gewesen 3) von einem Eduensischen Inquisitore der Zauberey. Siehe libr. 5. c. 3. p. 543. 548. und diesen Fehler hat schon Naudaeus d. l. c. 7. p. 91. 92. vom Nidero angemercket.

y) Formicarium hat ers deßfalls genennet, weil er durchs gantze Buch von der Natur und der auf die Menschen schikkenden Vorsorge der Ameisen gehandelt hat. Crus. p. III. Svev. Lib. 6. c. u. f. 343. Der Herr von der Haardt hat das Buch unter dem Titel: Von Gesichtern und Offenbahrungen wieder auflegen lassen. Zu Helmstädt A. 1692.

z) Siehe des Herrn von der Haardt Praefation b. I. 2. vers. plusculum etiam caet.

a) Im 5ten oder letzten Buch, welches man auch deßfalls in dem malleo maleficarum mit einrücken lassen. Denn ob er gleich d. l. 5. c. 3. p. 541. spricht: die Zauberer beleidigten nur durch Worte, Gebräuche und Thaten gleichsam als durch gemachte Bündnisse mit denen bösen Geistern, indessen aber so mischet er doch in eben demselben 3. Cap. p. 545. 547. einige Fabeln, die er von dem ausdrücklichen Bündniß gehöret, mit ein.

b) Naudaeus d. l. p. 92. Formicarium welches als eine Quelle und erster Grund von allem dem ist, was man von der Zeit an von dieser materie gesaget hat.

c) Bey dem Beschlusse des Werckes p. 667 seqv. Ich finde auch ferner in diesem Wercke des Nideri, daß schon damals, auch von denen weltlichen Richtern, (wohin auch der Bernische Richter, auf dessen Wort der Niderus viele Fabeln nachgesaget) viele Hexen sind verbrandt worden, aus dem allgemeinen Irrthum, der durch die auf der Folter ausgepreßte Bekäntnüsse, und durch die Lehren der Inquisitoren, die denen Layen mit guten Exempeln vorgegangen, bestättiget worden: auch erhellet daraus, daß die Einbildung von einem ausdrücklichen Bündnisse mit dem Teuffel, noch nicht allgemein gewesen, sondern nur täglich mehr und mehr gewachsen; wie auch, daß die Inquisitores gesuchet, den Aberglauben von der Form eines Creutzes, und dem Sacrament, der Beichte, des geweiheten Wassers, geheiligtem Saltze, ave Maria, Austreibung derer Teufel wider die Zaubereyen zu stärcken; wie auch, daß alle Gewalt derer Hexen zunichte würde, so bald sie von denen Knechten gefangen worden. Siehe Niderum L. 5. c. 4. p. 57. seq. it c. 6.) Endlich siehet man auch daraus, daß einige kluge Layen so wohl als geistliche, den Mißbrauch auch gemercket, welchen so wohl die geist- als weltliche Inquisitores begangen, Siehe d. p. 661. sq. welche letztere observation nachfolgende paragraphos sehr erleutern wird.

d) Siehe was §. 35. gesaget worden.

inquirere, non defuerunt, qui resisterent huic instituto et abusui inquisitionum viri cordati[f]), quibus scriptum opposuit anno 1458. Nicolaus Iacquerius, ordinis Praedicatorum, sub titulo, Flagellum haereticorum fascinariorum[g]); in quo tamo argumentis plane insufficientibus inquisitores haereticae pravitatis defendit[h]).

e) Scilicet eo intuitu, quasi magi pacta espressa facerent cum daemone, quasi daemones cum sagis concumberent, caet. Nam citra hunc respectum crimen magiae per superius dicta utique semper fuit cognitum.

f) Patet hoc ex praefatione ipsius Iacquerii, ubi statim ab initio meminit idem impedimentorum officio inquisitionis frequenter occurrentium; cum plerique asseruerint, fascinarios a daemone phantasticis illussionibus esse deceptos, et ad stabiliendam sententiam suam ad can. episcopi C. 26. qu. 5. provocaverint, ei tamquam infallibili fulcimento innixi, addentes insuper, daemones non habere tantam potestatem, quanta iis adscriberetur in confessionibus; neque standum esse horum assertioni et testimonio, si socios criminis nominarent caet.

g) Ex ipso libello demum 1581. Francofurti edito, eiusque p. 39. et 56. patet, eum anno 1485. scriptum esse. Ex lectione autem eius constat, quod a Iaquerio visum non fuerit Formicarium Nideri; uti auctoribus Mallei maleficarum verosimiliter hoc Flagellum Iacquerii non fuit cognitum. Quamvis autem editor huius Flagelli in titulo Iacquerium nominet haereticae pravitatis inquisitorem; vix tamen id est credibile, quia auctor in toto libello paucissima refert de confessionibus sagarum, et ista quidem non tamquam a se, sed ab aliis audita et vulgo nota, cap. 4. p. 27. cap. 7. p. 39. cap. 8. p. 56. seq. Video etiam de hoc auctore ab aliis citari Valerium Andreae, Desselium, Bibl. Belg. p. 689. qui iam non est ad manus.

h) Nam primarium argumentum desumsit ab historiolis, ex Vitis patrum, Dialogis Gregorii, Legendis Sanctorum, Vicentio Bellovacensi confessionibus magorum coram inquisitoribus haereticae pravitatis, petitis. In refutando vero canone Episcopi, C. 26. q. 5. mire se torquet, partim asserendo, quod canon ille non loquatur de haeresi fascinariorum, sed alio plane casu; partim, quod concilium, unde desumtus sit hic canon, non sit magnae auctoritatis, et adeo dictum capitulum non tantae reputationis (ut loquitur cap. 9. p. 63.) uti alia capitula Decreti. Ut taceam elegantem probationem iuridicam, qua utitur cap. 26. p. 173. seq. ad demonstrandum, quod nominati a sortiariis teneantur probare suam innocentiam: si accusatus, inquit, a complicibus dicat, quod daemon fecit de eo repraesentationem; respondetur, quod hoc allegans debet sufficienter probare; quodsi non fecerit, non credendum ei, qui non adfuit consilio Dei. Sicut enim procurator fidei debet probare maleficia, quae reo imponit fecisse daemonis patrocinio;

inquiriren wieder ein bißher unbekandtes Laster,[e] hat es dennoch nicht an rechtschaffenen Leuten[f] gefehlet, welche diesen Anstalten, und denen Mißbräuchen derer Inquisitorum wiederstanden, es hat aber diesen rechtschaffenen Leuten der Nicolaus Jacquerius ein Dominicaner-Münch A. 1458. eine Schrifft unter dem Titel Flagellum haereticorum fascinariorum[g] entgegen gesetzet, darin er doch mit sehr unzulänglichen Gründen die Inquisition der Ketzerey vertheidiget hat.[h]

---

e) Nehmlich in so weit, daß die Zauberer ausdrückliche Bündnisse mit den bösen Geistern machten, und mit ihnen Unzucht trieben, denn sonst ist das Laster der Zauberey, wie oben erwiesen, freylich jederzeit bekannt gewesen.

f) Dieses erhellet aus der Praefation des Jacquerii selbsten, allwo er gleich anfangs die Verhinderungen, welche sich bey dem Amt der Inquirenten häuffig finden, erzehlet, daß die meisten behauptet, die Zauberer wären von den bösen Geistern durch falsche Blendungen betrogen, und hätten sie zum Beweiß ihrer Meinung auf den Can. episcopi. c. 26. qu. 5. sich beruffen, und darauf, als etwas unbetrügliches, sich gestützet; dabey sagend, die bösen Geister hätten nicht eine so grosse Gewalt, als ihnen in den Bekäntnissen zugeschrieben würde; und man müste auch denen Aussagen derer Hexen nicht glauben, wenn sie andere mit angäben.

g) Aus dem Buch selbst, so Anno 1581. zu Franckfurt ediret, und aus der p. 39 und 56. erhellet, daß es A. 1458. geschrieben. Aus Lesung aber desselben siehet man, daß der Jacquerius des Nideri Formicarium nicht gesehen habe, gleich wie es wahrscheinlich ist, daß die auctores des mallei maleficarum des Jaquerii flagellum nicht gesehen. Ob nun gleich der Editor dieses Buches den Jaquerium einen Inquisitorem der Ketzerey nennet, so ist es doch fast nicht zu glauben, weil der Auctor im gantzen Buch sehr wenig von denen Bekäntnissen der Hexen schreibet, und zwar, was er noch davon hat. nicht als wenn ers selbst, sondern nur von andern gehört, und als etwas gantz bekandtes erzehlet, cap. 4. p. 27. c. 7. p. 39. c. 8. p. 56. Ich sehe auch bey andern, daß des Valerii Andr. Desselii bibl. Belg. p. 689. citiret wird, als wann darinn von diesem auctore Meldung geschehe. Allein ich habe den Desselium itzt nicht bey der Hand gehabt, und aufschlagen können.

h) Denn sein vornehmstes argument nimmt er aus den Historchens des Lebens der Alt-Väter, denen Dialogis Gregorii, denen legendis Sanctorum, dem Vincentio Bellovacensi, und derer Zauberer für denen Inquisitoren gethanen Bekänntnissen. Bey Wiederlegung aber des Canonis episcopi C. 26. qu. 5. quälet er sich sehr, theils er spricht, der Canon rede nicht von der Ketzerey derer Zauberer, sondern von einem gantz andern casu: theils daß das Concilium, woraus dieser Canon genommen, nicht von grosser auctorität sey, daß also dieser canon nicht von so grosser reputation (wie er spricht cap. 9. p. 63.) als die übrigen capitula des Decreti sey. Zu geschweigen des schönen iuristischen Beweises, dessen er sich bedienet. Cap. 26. p. 173. sequ. zu Behauptung dessen, daß diejenige, worauf die Zauberer bekennet, ihre Unschuld probiren müsten. Dann er sagt: Wann der von den Mitgesellen Beklagte spricht, daß der Teuffel sein Bildniß vorgestellet, so muß er solches zur Genüge beweisen; und wo ers nicht thut, ist ihm als einem, der dem Rath Gottes nicht beygewohnet, nicht zu glauben. Denn gleich wie der Seelsorger die Übelthaten beweisen soll, welche er den Beklagten durch Hülffe des bösen Geistes gethan zu haben, schuld giebt: also muß der Beklagte

§ 46

Artes inquisitorum in crimine magiae anno 1460.

Quibus autem artibus inquisitores in crimen magiae illo iam tempore usi fuerint, vel ex uno exemplo disci potest, quod refert Limborchius contigisse anno 1460. in Flandria et Artesia. Scilicet, vel torquebant personas, falso de pacto cum daemone accusatas, tamdiu, donec omnia, quae inquisitores volebant, confiterentur; vel promissa impunitate tales confessiones ex miseris eliciebant, et postea nihilominus cremabant tamquam nocentes [i]).

§ 47

Sensus Bullae Sixti IV. anni 1474

Quae hactenus docuimus, valde explicant sensum Epistolae Sixti IV. Papae anno 1474. in qua praecipit vicario generali episcopi Bononiensis, ut Papam certiorem reddat, an verum sit, quod quidam monachi disputando et praedicando in civitate Bononiensi asseruerint: non esse haereticum et a puritate fidei alienum, daemonum exspectare responsa; et an ac quae scandala adversus ipsius fidei puritatem exinde sint orta [k]). Scilicet alii, etiam monachi [l]), docebant, inqui-

ita et reo incumbit probatio eorum, quae ad sui defensionem exhibet caet. Notetur etiam fabula cap. 4. p. 27. de mago confitente, quod diabolus ipsi praeceperit docere, quod huius modi fascinariorum secta non sit, nisi mera illusio; ita enim posse valde augmentari dominium diaboli.

i) Limborch. Histor. inquis. lib. I. cap. 23. Circa annum 1460. in Flandria et Artesia inquisitio admodum saeviit contra quosdam, qui falsae magiae et occulti satanae foederis insimulabantur. Plures ad requisitionem Petri Brussardi inquisitoris in carcerem sunt coniecti. Hi tormentis victi, quidquid ipsis exprobratum fuit, confitebantur, inter alia quod se satanae denovissent, illum adorassent, cum ipso carnaliter commixti essent, aliaque, quae nullam merentur fidem. Ad rogum damnati innocentes se protestabantur, et publice coram omnibus alta voce proclamabant, numquam se in Valdesia (ita coetus ille magorum et diabolorum nocturnus vocabatur) fuisse, sed a iudicibus esse deceptos, qui blandis promissis, quibus vita ac omnia bona ipsis promittebantur, si crimina obiecta confiterentur, ex ipsis elicuerint falsam criminum a se numquam commissorum confessionem. Alii aiebant, tormentis falsam sibi confessionem expressam. Tandem orabant adstantes, ut pro se Deum precarentur; mediisque in flammis animas suas Deo commendabant. Illorum tamen innocentia postea patuit. Nam anno 1491. miseri hi cum aliis ob eamdem caussam in carcerem coniectis, sententia Parlamenti Parisiensis declarati sunt innocentes, bonaque ipsis restituta: iudicibus vero gravis mulcta pecuniaria est irrogata.

k) Cap. 2 de maleficis et incantator. in septimo Decret.

§ 46

Künste derer Inquisitoren bey dem Laster der Zauberey An. 1460.

Was aber die Inquisitores der Hexerey, schon damahls für Künste gebrauchet, solches läst sich aus einem einzigen Exempel lernen; welches, wie Limborch berichtet, An. 1460. in Flandern und Artois sich zugetragen. Nemlich sie folterten entweder die Leute, welche fälschlich wegen eines Bündnisses mit dem Teuffel angeklaget waren, so lange, oder sie brachten durch Versprechungen, daß sie nicht solten gestraffet werden, solche Bekäntnisse aus denen armen Leuten, und nachmahls verbrannten sie dieselben doch, als wenn sie schuldig wären.[i])

§ 47

Eigentlicher Verstand der Bulle Sixti IV. An. 1470.

Was wir bisher gelehret haben, dienet sehr zur Erklährung der Epistel des Pabsts Sixti IV. von A. 1474. darinn er dem general-Vicario des Bononischen Bischoffs befiehlet, daß er dem Pabst berichten solte, ob es denn wahr sey, was einige Münche so wohl durch Schrifften als disputationes, in der Stadt Bononien behauptet; es wäre dieses keine Ketzerey, und wieder die reine Lehre, wenn man sich von bösen Geistern Aussprüche geben liesse; und ob, und was für Aergernisse wieder die reine Lehre aus dieser Meinung entstanden wären[k]). Nemlich

---

auch dasjenige beweisen, was er zu seiner Defension beybringt. Es ist auch wohl zu mercken die Fabel c. 4. p. 27. von dem Zauberer, welcher bekennet, daß ihm der Teuffel befohlen, er solle lehren, daß es ein blosses Blendwerck mit den Zauberern sey, denn auf solche Art könte des Teuffels Reich sehr vermehret werden.

i) Limborch Hist. inquisit. L. I. c. 23. spricht: „Ums Jahr 1460. hat die inquisition wieder einige sehr gewütet, welche fälschlich der Hexerey und eines heimlichen Bündnisses mit dem Teuffel beschuldigt wurden. Die meisten wurden auf Begehren des Petri Brussardi eines Inquisitores ins Gefängnüß geworffen. Diese wurden durch die Marter überwunden, und bekandten alles, was man ihnen schuld gab, unter andern bekandten sie, daß sie sich dem Teuffel ergeben, ihn angebetet, sich mit demselben fleischlich vermischt, und andere ungläubliche Dinge mehr. Wie sie zum Feuer verdammt waren, protestirten sie, daß sie unschuldig, und schryen mit lauter Stimme öffentlich aus, daß sie niemahls in Valdesien (so hieß die nächtliche Zusammenkunfft derer Teuffel und Hexen) gewesen, sondern sie wären von den Richtern betrogen, welche mit vielen Schmeicheleyen, daß ihnen ihr Leben sollte geschenkt seyn, wenn sie die ihnen imputirten Laster gestehen würden, eine falsche Bekänntniß solcher Dinge, die sie niemals begangen, ausgezwungen. Andere sagten, man hätte ihnen durch die Tortur falsche Bekänntnisse ausgezwungen. Endlich bathen sie die Umstehenden, daß sie zu Gott vor sie bethen möchten, und befohlen im Feuer Gott ihre Seele. Allein ihre Unschuld ist nochmahls kund worden. Denn A. 1491. sind diese elende Leute nebst andern, welche um eben dieser That willen in Gefängniß geworffen, von dem Ausspruch des Parlaments zu Paris für unschuldig erklähret, und ihnen ihre Güter wieder gegeben worden; denen Richtern aber Geld-Busse aufferleget worden."

k) Cap. 2. de maleficis et incantationibus in septimo Decret.

sitores haereticae pravitatis contra intentionem Pontificis extendisse potestatem suam ad crimen magiae, cum tamen magia non sit species haereseos [m]): inquisitores calumniabantur dissentientes, acsi docuissent, esse rem licitam, daemonum exspectare responsa, et, pro more rixatorum, multas consequentias et scandala ex doctrina illa periculosa deducebant. Papa artium monachalium gnarus prudenter egit, quod de circumstantiis rei gestae distinctius voluerit informari.

§ 48
Occasio et intentio Bullae Innocentii VIII. anno 1484.

Cum igitur inter laicos pariter et Clericos illo tempore de duobus potissimum capitibus disputaretur, 1) ratione facti, an magi et sagae pacta inirent cum diabolo, et cum eo concumberent, an conventus agerent, an a diabolo in bestias mutarentur, caet. [n]), 2) ratione iuris, an crimen magiae relinquendum sit coërcitioni magistratus saecularis, an vero pertineat solum ad inquisitores haereticae pravitatis; et in his duabus quaestionibus pars superstitiosa inquisitoribus favens quotidie magis magisque cresceret; non diutius differendum putavit Innocentius VIII. [o]), quin definitione illarum contraversiarum in favorem inquisitorum facta [p]), praetextu zeli divini, tyrannidem papalem [q]), in bulla illa iam supra [r]) memorata, anno 1484. stabiliret.

---

l) Ne cui mirum videatur, qui factum fuerit. ut ipsi monachi infringere conati sint potestatem inquisitorum. Cogitabit enim, monachos semper odisse monachos alios. Accedit, quod Dominicani, quibus inquisitio in haereticos erat demandata, semper partem bonorum ex confiscatione caperent, et quod aliorum monachorum in inquisitione non parcerent.

m) Sic intelligo, dum docuerant, daemonum exspectare responsa non esse haereticum, id est, non esse speciem haereseos, sed aliud crimen.

n) Item,utrum credendum sit confessionibus sagarum per torturam expressis; aut, an non potius ea omnia vel magiae naturali, vel imposturis humanis, vel imaginationibus melancholicis adscribenda sint.

o) Homo avarus et sordidus, Onuphr. Panuinius in eius vita p. m. 334.

p) Primario quidem definivit controversiam de iure, sed tamen ita, ut quaestionem de facto quoad quaedam capita, ut mox videbimus, per indirectum adprobaret, dum quaedam capita illarum fabularum in epistola sua ut res vere gestas referret. De pacto tamen expresso cum diabolo hic nondum aliquid determinatum.

es funden sich welche, ja auch selbst einige Mönche[l]) die da lehreten, die Inquisitores der Ketzerey hätten wieder die Intention des Pabsts ihre Macht auf das Laster der Zauberey extendiret, da doch die Zauberey keine Art von Ketzerey wäre[m]) die Inquisitores aber belogen die, welche ihnen wiedersprachen, als wenn sie gelehret hätten, es sey etwas zuläßiges, sich von denen Zauberern wahrsagen zu lassen, und führeten nach Art der Zäncker, ein Hauffen Folgerungen und Aergernüsse aus dieser gefährlichen Lehre her. Der Pabst, welcher die Künste der Mönche wohl wuste, handelte also sehr klug, daß er befahl, man solte ihm alle Umstände berichten.

§ 48

Gelegenheit und Ursprung der Bulle Innocentii VIII. An. 1484.

Als demnach die Layen und Geistliche, zu derselben Zeit, sonderlich über die 2. Capita stritten 1) über die That selbst, ob nemlich die Zauberer und Hexen Bündnisse machten mit dem Teuffel, und bey demselben schlieffen, auch öffentliche Zusammenkünfte hielten, it. ob die Menschen vom Teuffel in wilde Thiere verwandelt würden,[n]) (2) Über das Recht, ob nemlich das Laster der Zauberey von den weltlichen Richtern solte gestraffet werden, oder ob es nur allein vor die Inquisitores wieder die Ketzer gehöre, und aber die abergläubische Parthey, die es mit denen Inquisitoribus hielte, von Tage zu Tage zunam, so dauchte dem Pabst Innocentio VIII.[o]) er müste es nun nicht länger verschieben, sondern unter dem Schein eines heiligen Eyffers diese Zwistigkeiten in faveur derer Inquisitoren entscheiden[p]) und dadurch die Tyranney des Pabsts,[q]) in der oben[r]) erwehnten Bulle A. 1484: bestättigen.

l) Es muß sich hier niemand wundern, wie es zugegangen, daß die Münche selbst sich unterstanden die Macht derer Inquisitorum zu verringern, denn es ist bekandt, daß ein Münch stets den andern haßt. Uberdem so bekamen die Dominicaner-Münche, welchen die Inquisition wider die Ketzer anbefohlen war, stets ein Theil von denen confiscirten Gütern der Beschuldigten, und schoneten sie auch nicht die übrigen Mönche mit der inquisition.

m) Ich verstehe es so: daß, da sie lehrten, es sey derjenige, welcher sich von bösen Geisten weissagen liesse, kein Ketzer, das ist: es sey keine Art von Ketzereyen, ob es gleich sonst ein Laster wäre.

n) Wie auch: ob denen Bekänntnissen der Hexen zu glauben sey, welche man durch die Marter ausgepresset, oder ob dieses alles nicht vielmehr der natürlichen Zauberey, oder dem Menschlichen Betrug, und falschen Einbildungen derer Melancholicorum zuzuschreiben sey.

o) Ein geitzig und unflätiger Mensch. Siehe den Onuphrium Panuinium, in seiner Lebensbeschreibung p. m. 334.

p) Fürnehmlich hat er zwar den Streit von dem Rechte entschieden, doch so, daß er die That selbst wenigstens in etwas, wie wir bald sehen werden, per indirectum zugestanden, indem er ein und andere von denen Fabeln in seiner Epistel als wahrhaffte Geschichten erzehlet. Doch hat er von dem Bündniß mit dem Teuffel hier noch nichts gewisses determiniret.

§ 49

Eius supplementa in Malleo maleficarum

Cum igitur hac ipsa epistola primitus introducta fuerit auctoritate papali inquisitio in crimen magiae, non inutile erit, ad eius intellectum quaedam adnotare. I. Ipsa epistola Innocentii VIII. in septimo Decretalium non exhibetur integra, adeoque ea, quae ibi deficiunt, supplenda erunt ex Malleo maleficarum [s]), ubi habes annum quo scripta est [t]), et concessam a pontifice episcopo Argentinensi potestatem ut omnes, qui inquisitores in exsecutione privilegii novi impedire velint, per excommunicationis, suspensionis, et interdicti, ac alias etiam formidabiliores censuras et poenas auctoritate papali coërceret [u]). Subiungitur etiam clausula, qua derogatur quibuscunque constitutionibus et ordinationibus apostolicis contrariis [w]).

§ 50

Pontifex fabulas de potestate sagarum ut indubias supponit.

II. Astute Pontifex in ipsa Bulla fabulas de potestate sagarum ut indubias supponit [x]), ne videlicet cogeretur respondere ad canones in Decreto obstantes [y]);

q) Nimirum, potestatem saeviendi in homines innocentes, et diminuendi iuris dictionem laicorum, et ita augendi potestatem pseudo — ecclesiasticam inquisitorum haereticae pravitatis.

r) Supra §. 22.

s) Ubi tomo I. integra Bulla Innocentii VIII. praemissa est.

t) Scil. anno incarn. domin. 1484. Nonis Decembr. pontificatus anno primo.

u) Versic. et nihilominus caet. usque ad verba: invocato ad hoc, si opus fuerit, auxilio brachii saecularis.

w) Versic. non obstantibus caet. per quam clausulam perspicue abrogatur cap. 8. §. 5. in sexto, de quo supra egimus §. 35. litt. a.

x) Relatum sibi esse, ait Pontifex, quod in nonnullis partibus Alemanniae superioris, nec non in Moguntinensi, Coloniensi, Trevirensi, Saltzburgensi, et Bremensi, dioecesibus plures utriusque sexus personae cum daemoniyus incubis et succubis abutantur, ac incantationibus et sortilegiis mulierum partus, animalium foetus, vinearum et arborum fructus, homines, bestias, vineas, prata, pascua, frumenta, legumina, perire, suffocari, et exstingui faciant, ipsosque homines et bestias intrinsecus et extrinsecus doloribus crucient, ac homines, ne gignere, aut concipere, aut coniugaliter sibi cohabitare valeant, impediant; fidem praeterea ipsam, quam in baptismi susceptione susceperant, sacrilego ore abnegent caet. Auctores huius relationis non memorat Pontifex; sed nulli alii haud dubie fuerunt, quam ipsi inquisitores, Henricus Institor et Iacobus Sprenger, ut facile patet ex verbis sequentibus. De horum igitur relatione non iubet Pontifex, ut in eius veritatem inquiratur; immo etsi haud dubie in Germania etiam multa a clericis pariter et laicis contra harum relationum vanitatem disputata fuerint, has disputationes tamen non memorat Pontifex.

§ 49
desselben Supplementa in dem malleo maleficarum

Weil demnach durch diese Epistel die Inquisition wieder das Laster der Zauberey, zum ersten mahl auf Päbstlichen Befehl eingeführet worden, so wird nöthig seyn, daß wir ein und anders zu derselben Erklärung anmercken. (I) Die Epistel Innocentii VIII. selbst, stehet nicht gantz in dem VII. Decretal, libro, daher man dasjenige, was noch fehlet, aus dem Malleo maleficarum [s]) nehmen muß, woselbst man auch das Jahr, in welchem die Epistel geschrieben, angemercket [t]) findet, nebst der dem Bischoff zu Straßburg gegebenen Macht, daß er alle diejenigen, welche die inquisitores in der exsecution des ihnen concedirten priuilegii verhindern würden, mit dem Bann, suspension, und anderen schweren Straffen, auff Befehl des Pabsts heimsuchen solte, [u]) dabey ist auch eine clausel, wodurch alle Päbstliche constitutiones und Verordnungen, welche dieser zu wieder sind, umgestossen werden.[w])

§ 50
Der Pabst setzet die Fabel von der Gewalt derer Hexen als etwas unzweiffelhafftes voraus.

II. Ist der Pabst so listig, daß er in eben derselben Bulle, die Fabeln von der Gewalt der Hexen, als etwas woran niemand zweiffelt, voraus setzet.[x]) Damit er

q) Nemlich die Macht wieder die unschuldigen Menschen, grausam zu verfahren, und die iurisdiction derer weltlichen Richter zu schwächen, und auf solche Art die ungeistliche Gewalt derer Inquisitoren der Ketzerey zu vermehren.

r) Siehe oben §. 22.

s) Allwo im Isten Toma die gantze Bulle des Innocentii III. vorangedrucket ist.

t) Nemlich im Jahr 1484. am 2ten Dec. im ersten Jahr seines Pontificats.

u) In den Worten nihilominus et c. biß auff die Worte, invocato ad hoc si opus fuerit auxilio brachii secularis.

w) In den Worten non obstantibus c. durch welche clausul deutlich umgestoßen wird das cap. 8. §. saepe de haereticis in sexto wovon oben gehandelt ist §. 35. litt. a)

x) Der Pabst spricht, es sey ihm berichtet „worden, daß in einigen Theilen des Ober-Teutschlandes, wie auch in Mayntzischen, Cöllnischen, Trierschen, Salzburgischen und Bremischen dioecesen, viele Leute von beyderley Geschlechten, mit bösen Geistern und Buhl-Teuffeln Gemeinschaft machten, auch durch Beschwerungen und Zaubereyen die Geburten der Frauen, und die trächige Thiere, die Wein- und Baum-Früchte, die Menschen, Thiere, Weingärten, Wiesen, Weiden, Getrayde zernichteten, ersäufften und verdürben, ja die Menschen und das Vieh selbsten aus und innwendig mit Schmertzen belegeten, und die Menschen damit sie nicht Kinder zeugen, oder sich ehelich beywohnen könten, verhinderten; endlich auch, den in der heiligen Tauffe empfangenen Glauben abschwüren. Der Pabst nennet die auctores nicht, allein es sind sonder Zweiffel keine anders als die inquisitores selbst Henricus Institor und Jacob Sprenger wie aus dem nachfolgenden leicht zu schliessen ist. Es will demnach der Pabst nicht, daß man untersuche ob die Nachrichten wahr oder nicht, ja ob gleich auch ohne Zweiffel in Teutschland, so wohl von Geist- und Weltlichen wieder diese Nachrichten gestritten worden, so gedencket doch dessen der Pabst gar nicht.

sed ut metu poenarum ecclesiasticarum iis iniecto, qui istis canonibus contra inquisitores hactenus usi fuerant, ora obturaret.

§ 51

Error auctoris Summarii de sagis puerulos devorantibus

III. Nescio, qua ratione factum fuerit, ut auctor Summarii in septimo Decretalium huic epistolae papali praescripti [z]) illi inseruerit, quasi papa damnaverit sortilegos, insontes puerulos devorantes. Etsi enim et tales fabulae de devoratione infantum ab aliis inquisitoribus fuerint divulgatae [a]), nihil tamen de hoc facto legitur in ipsa epistola Innocentii VIII.

§ 52

Cur nihil ibi exstet de pacto sagarum expresso

IV. Neque exstat etiam aliquid in Bulla papali de pacto sagarum expresso cum daemonibus, cum abnegatio fidei, quae memoratur [b]), fieri etiam potuerit absque tali pacto. Ergo vel inquisitores nondum putarunt tempestivum esse, ut de hac fabula aliquid scriberetur ad pontificem, vel pontifex, si tale quid retulerunt, id astute dissimulavit.

§ 53

Pontifex primus iubet, magiam quamvis habendam esse pro haeresi.

V. In verbis sequentibus pontifex reiecit eorum opinionem, sive sint clerici, sive laici, qui hactenus obstiterant inquisitoribus, eisque imputaverant, quasi de facto se immiscerent iuris dictioni ad laicos pertienti [c]); atque potestatem inquisitorum

---

y) Scilicet can. 12. et 14. C. 26. qu. 5. Vide supra §. 11. Hos igitur etsi non disertis verbis, in generali tamen illa clausula, de qua modo diximus litt. w. simul tacite abrogavit.

z) Sive is fuerit Petrus Matthaeus, collector septimi Decretalium, sive alius quispiam.

a) Videatur Niderus Formicarii lib. V. cap. 3. p. 545. seq.

b) Vide verba modo descripta litt. x.

c) Versic. tamen nonnulli clerici et laici caet. unde patet, persuasionem illam de pacto sagarum nondum fuisse publicam et universalem.

nicht genöthiget würde, auff die ihn wiedersprechende[y]) Canones im decreto zu antworten; sondern, daß er durch seine Geistlichen Straffen, denen den Mund stopffen möchte, welche solche Canones bißher zu ihrer defension wieder die inquisitores gebrauchet.

§ 51

Irrthum des auctoris Summarii

III. Weiß ich nicht wie es kommen sey, daß der auctor des summarii welches im VII. Decretal. dieser Päbstlichen Epistel vorgesetzet ist,[z]) darin gesetzet habe, daß der Pabst die Zauberer verdammet hätte, welche die unschuldigen Kinder aufffrässen. Denn ob gleich auch solche Fabeln von Aufffressung der Kinder, von andern inquisitoribus ausgebracht worden[a]), so findet man doch nichts davon in des Innocentii VIII. epistel selbst.

§ 52

Warum in der Bulle Innocentii VIII. nichts von dem Bündnüsse mit dem Teuffel stehet.

IV. Es stehet auch nichts in der Päbstlichen Bulle, von derer Hexen ausdrücklichem Bündnüsse mit denen bösen Geistern, weil die Verläugnung des Glaubens, von welcher Meldung geschicht[b]), auch ohne ein Bündnüß geschehen können. Derohalben haben entweder die inquisitores noch nicht vor rathsam erachtet, etwas davon an den Pabst zu schreiben, oder aber, wo sie divon geschrieben, so hat der Pabst solches listiger Weise verschwiegen.

§ 53

Der Pabst befiehlet am ersten, daß eine jede Zauberey vor eine Ketzerey sollte gehalten werden

V. In den nachfolgenden Worten, verwirfft der Pabst dererjenigen Meynung, sie mögen nun Geist- oder Weltliche seyn, welche bißher denen inquisitoribus zu wieder gewesen, und ihnen Schuld gegeben, daß sie sich mit Gewalt in die iurisdiction mischten, welche denen Layen zu stünde,[c]) und ist er der erste, welcher die Gewalt derer inquisitorum so sehr vergrössert, daß sie ins künfftige

y) Nemlich Can. 82. 14. c. 26. q. 5. Siehe oben §. 11. ob er nun gleich diese canones nicht mit ausdrücklichen Worten abschaffet, so stösset er doch dieselbe mit der general clausul davon wir oben litt. w) gesaget haben, heimlich wieder um.

z) Es mag nun der Petrus Mathaus der collector des VII. Decretal: libri seyn, oder sonst jemand.

a) Siehe des Nideri Formicarium Lib. 5. c. 3. p. 545 seq.

b) Siehe die oben litt. x) angezogene Worte.

c) In den Worten: Tamen nonnulli clerici, laici woraus erhellet, daß die Einbildung von dem Bündnüsse der Hexen noch nicht publique und gemein gewesen.

primus ita ampliat, ut in posterum etiam de crimine magiae, tamquam de indubitata specie criminis haereseos, inquirere possint[d]).

§ 54
Cur primum in Germania papa Inquisitiones sagarum confirmaverit?

VI. Cur vero in Germania primum papa inquisitiones in crimen magiae confirmavit, cum tamen illo tempore iam alibi de facto a laicis pariter et clericis saevitum fuerit in sagas[e])? An, quod papa tum in Germania ob motus continuos intrinsecos sibi magis obnoxios habuerit status ecclesiasticos[f]). Certe mox dicenda[g]) ostendent, subsequentibus demum temporibus in ipsa Italia, et quidem cum maiore resistentia potestatem hanc inquirendi in crimen magiae haereticae pravitatis inquisitoribus fuisse indultam.

§ 55
Notabilia de confirmatione Maximil. I. huius Bullae.

Immo in ipsa etiam Germania variis artibus fuisse opus, ut ista constitutio papalis in effectum deduceretur, mihi firmiter persuadeo, per ea, quae in Malleo maleficarum leguntur de tuitione huius Bullae a Maximiliano I. suscepta[h]). Cur enim[i]) in instrumento Notarii non refertur integra constitutio Maximiliani? Cur Bullam papalem non confirmavit Fridericus III. Imperator, sed Maximilianus Rex Romanorum[k])? Cur statim primo post electionem anno[l])? Cur Bruxellis? caet.

d) Versic. nos igitur impedimenta caet.

e) Vide de territorio Bernensi Niderum lib. V. cap. 3. p. 543. et cap. 8. p. 598. Confer dicta §. 46.

f) Unde Germania dicta terra obedientiae. Vid. Müldener in Medit. ad Capit. Iosephi p. 220. Conf. Schilt. de libert. eccles. Germ. lib. VI. cap. 7. §. 5.

g) Vide §. 59. seq.

h) Tom. I. p. 692.

i) Refertur enim saltem brevis summa cum verbis rescripti imperatorii initialibus et finalibus dati 1486. cum tamen magis conduxerit intentioni inquisitorum, ut populus legeret integrum hoc diploma Maximiliani, quam ut legeret subscriptiones et confirmationes integras magistrorum nostrorum Coloniensium ibi prolixe relatas. Ergo suspicor, ipsum diploma Maximiliani continuisse nonnulla, quae non erant ad palatum inquisitorum.

k) Cum tamen Regis Romanorum alias vivente Imperatore nulla sit in eius modi negotiis auctoritas.

l) Ubi ipse Maximilianus erat in angustiis.

wieder die Zauberey, als eine unzweiffelhaffte Art des Lasters der Ketzerey inquiriren könten.[d)]

§ 54

Warum der Pabst zu erst in Teutschland die Hexen inquisitiones bestätiget

VI. Warum aber hat doch wohl der Pabst zu erst in Teutschland die inquisitiones wieder das Laster der Zauberey confirmiret? da doch schon damahls die Layen so wohl als die Geistlichen, mit Gewalt wieder die Hexen grausam verfahren,[e)] ob es vielleicht darum geschehen ist, weil der Pabst damahls wegen der beständigen innerlichen Unruhen in Teutschland die Geistlichen Stände mehr unters Joch bracht hatte, als anderswo?[f)] Gewiß ists, und wird aus nachfolgenden erhellen,[g)] daß erst in nachfolgenden Zeiten, denen inquisitoribus der Ketzerey, selbst in Italien, die Macht wieder die Zauberey zu inquiriren gegeben sey, und zwar mit viel grösserm Wiederspruch als in Teutschland.

§ 55

Anmerckung von des Maximiliani confirmation dieser Bulle.

Ja ich bilde mir gäntzlich ein, daß man auch selbst in Teutschland viel Künste brauchen müssen, bevor die Päbstliche Verordnung ihren Endzweck erreichet, und schliesse ich dieses aus dem, was im Malleo maleficarum von des Maximil. I. Beschützung dieser Bulle steht.[h)] Denn warum wird nicht die gantze Verordnung des Maximiliani in dem instrumento Notarii gesetzet?[i)] und warum hat der Kayser Frid. III. nicht, sondern der Maximilian als Römischer König[k)] dieselbe nur confirmiret? warum ist solches gleich im ersten Jahr seiner Erwehlung? und zwar in Brüssel geschehen[l)].

---

d) In den Worten: Nos igitur impedimenta.

e) Siehe von dem Bernischen territorio den Niderum L. 5. c. 3. p. 543. und cap. 8. p. 598. seq. Siehe was oben §. 46. gesagt ist.

f) Daher man Teutschland terram obedientiae genennet. Siehe des Herrn Muldener meditat. ad capitul. Josephi p. 220. Siehe auch Schilter. de Lib. eccles. Germ. L. 6. c. 7. §. 5.

g) Siehe den §. 59. seq.

h) Tom. I. p. 692.

i) Denn es wird nur ein kurtzer Inhalt nebst denen ersten und letzten Worten des An. 1486. gegebenen Kayserl. rescriptes beygebracht, da es doch der intention derer inquisitorum mehr gemäß gewesen wäre, daß das gemeine Volck das gantze diploma des Kaysers, als die gantzen confirmationes und Unterschrifften derer Cöllnischen Magister, welche daselbe weitläufftig hingeschrieben sind; lese. Ich muthmasse demnach, es werden in dem diplomate des Maximiliani einige Dinge enthalten gewesen seyn, welche denen inquisitoribus nicht allerdings angestanden.

k) Da doch sonst der Römische König bey Lebzeiten des Kaysers in dergleichen Dingen nichts zu sprechen hat.

l) Da der Maximilian selbst in Noth war.

§ 56
Gesta auctorum Mallei maleficarum et Magistrorum nostrorum Coloniensium

Sed nec ipsa haec confirmatio Regis Romanorum multum profuit inquisitoribus, ut idem instrumentum Notarii docet [m]). Ergo ipsi inquisitores Henricus Institor et Iacobus Sprenger conscripserunt Malleum maleficarum [n]). Et cum ipsi facile sentirent, cum librum non magnum habiturum esse pondus, impetrarunt anno 1487. approbationem Magistrorum nostrorum Coloniensium [o]). Quin et articulos quatuor doctrinae adversariorum oppositos conceperunt [p]), eosque pariter a Professoribus theologiae Coloniensibus adprobari curarunt, et desuper instrumentum Notarii confici [q]).

§ 57
Judicium de ipso Malleo maleficarum

Ipse vero Malleus maleficarum ita elaboratus est, ut in singulis paginis adpareant confusissima disputatio, ignoratio elenchi, et infinitae sophisticationes [r]); nihil enim continet, quam meram contradictionem, per exempla ex Formicario Nideri repetita, aut ex fide aliorum inquisitorum relata confirmata [s]); quibus etiam solis,

m) Confectum anno 1487. d. tom. 1. p. 685. ubi ipsi inquisitores conquesti sunt (vid. p. 686. seq.) quod non obstante illa Bulla Innocentii VIII. nonnulli animarum rectores et verbi Dei praedicatores, publice in sermonibus ad populum adfirmare non fuerint veriti, maleficas non esse, aut nihil in nocumentum creaturarum quacumque operatione efficere posse. Ex quibus incautis sermonibus nonnumquam seculari brachio ad puniendum eius modi maleficas facultas amputata fuerit. Id est, quod populus excitatus a pastoribus, impediverit magistratum; vel quod magistratus ipse sub illo praetextu exsequi poenam ab inquisitoribus dictatam noluerit.

n) In quo, ut ipsi loquuntur p. 687. non tam eius modi praedicatorum ignorantiam pro catholicae fidei conservatione repellere ausi sunt, quantum etiam in exterminium maleficarum debitos modos sententiandi, et easdem puniendi iuxta dictae bullae tenorem et sacrorum canonum instituta laborarunt. (Obscurissimae rei obscurissimus sensus.)

o) Lamberti de Monte, Iacobi de Stralen, Andreae de Ochsenfurt, Thomae de Scotia, ibid. p. 686. seq.

p) Qui leguntur p. 690.

q) p. 691. seq.

r) Unde non difficile fuit alii auctori maiori iudicio pollenti, huic Malleo opponere Malleum iudicum, de quo vide infra §. 66.

s) Unde ipsi dicunt in Apologia praemissa: ex nostra ingenio pauca et quasi nulla sint addita. Unde non nostrum opus, sed illorum potius censetur, quorum ex dictis fere sunt singula contexta.

§ 56
Was die Auctores des mallei maleficarum, und die Magistri zu Cölln dabey gethan.

Allein auch diese confirmation des Römischen Königs hat denen inquisitoribus nicht viel geholffen, welches eben das instrumentum notarii lehret.[m]) Daher haben die inquisitores selbst, nemlich der Henricus Institor und Jacobus Sprenger den Malleum Maleficarum geschrieben,[n]) und da sie selbst wohl gemercket. es würde dieses Werck nicht sehr durchdringen, haben sie An. 1487 die approbation derer Magistrorum nostrorum zu Cölln drüber gesuchet auch erhalten.[o]) So haben sie auch vier der wiedriggesinneten Lehre entgegen gesetzte articul auffgesetzet,[p]) dieselben gleichfalls von den Cöllnischen Professoribus Theologiae approbieren und von einem notario ein instrument darüber verfertigen lassen.[q])

§ 57
Urtheil von dem Malleo Maleficarum.

Der Malleus Maleficarum selbst ist so geschrieben, daß auff allen Blättern eine confuse disputation, ignoratio elenchi, und unzehlige Sophistereyen [r]) enthalten sind. Denn es sind lauter contradictiones darinn, welche durch die aus des Nideri formicario genommene, oder auff anderer inquisitorum Nachfrage erzehlte Exempel bestättiget werden [s]), deren sie sich auch bloß zur Antwort auff die im Decreto

m) Welches gemacht ist A. 1487. d. T. I. p. 685. Da die inquisitores selbst geklaget (siehe p. 686) daß ungeachtet der Bulle des Innocentii VIII. dennoch einige Seelsorger und Prediger des Göttlichen Wortes sich nicht gescheuet in öffentlichen Gemeinen zu behaupten daß es keine Hexen gebe, oder daß dieselbe keiner eintzigen Creatur einigen Schaden zufügen könten. Welche unbehutsame Reden denn gemacht, daß die weltliche Obrigkeit offt nicht vermögend gewesen solche Hexen zu straffen. Das ist, es habe das von denen Predigern auffgebrachte Volck die Obrigkeit verhindert, oder die Obrigkeit selbst, hat unter diesem Vorwand, die von denen inquisitoribus dictirte Straffe nicht exsequiren wollen.

n) In welchem (wie sie selbst sagen) p. 687 „sie sich unterstanden haben, nicht so wohl solcher Pfaffen Unwissenheit, zu Erhaltung der Catholischen Religion zu verwerffen, als auch sich bemühet zum Untergange (in exterminium) derer Hexen, gebührender massen Urtheile (debitos modos sententiandi) und dieselbe nach dem Innhalt derer heiligen canonum und der erwehnten Bulle zu bestraffen (gewiß sehr dunckele Worte in einer dunckeln Sache.)

o) Lamberti de Monte, Jacobi de Stralen, Andreae de Ochsenfurt, Thomae de Scotia ib. p. 686 seq.

p) Welches p. 690 stehet.

q) p. 691. seq.

r) Daher es einem gewissen auctori nicht schwer gefallen, einen Malleum iudicum, diesem Malleo Maleficarum entgegen zu setzen, von welchem unten §. 66. soll gehandelt werden.

s) Daher sie selbst in der vorher gesetzten apologie sprechen „Von uns selbst haben wir wenig und fast gar nichts hinzugefüget. Daher es nicht so wohl uns, als denenselben zuzuschreiben, aus deren Munde wir fast alles genommen haben."

nnprimis in quaestione de pacto daemonum cum sagis [t]), respondeat ad abiectum textum ex Decreto, illis nugis graviter obstantem [u]).

§ 58
Scripta Ulrici Molitoris 1489 et Trithemii

Quaemadmodum autem errores crassissimi, si sanctio poenalis accedat, brevi tempore sensibilia incrementa sumunt, et per eius modi sanctiones defensores veritatis terrentur; ita etiam tum factum est, ut metu excommunicationis, et ne ipsi ut magi tractarentur, destiterint cautiores publice huic fraudi et deceptioni resistere, et saltem occulte et insensibiliter ineptias illas inquisitorum impugnarunt. Huc refero scripta duo, Ulrici Molitoris [w]), et Trithemii [x]).

§ 59
Bulla Alexandri VI. circa finem saeculi XV.

Videamus iam, quomodo ex Germania in Italiam transiret persuasio de crimine magiae. Equidem auctores Mallei maleficarum mentionem faciunt [y]) inquisitorum Lombardensium et Cumanorum, quorum hi iam anno 1485. plus quam 40. sagas comburi curaverint; sed id tum quidem de facto tentatum ab istis inquisitoribus. Etenim demum post illud tempus [z]). Alexander VI. sentiens Bullam Innocentii VIII. in Germania non caruisse effectu, sed superstitionem de potestate sagarum iam ibi incepisse altas radices agere in animis etiam cautio-

t) Quae est Part. II. qu. 1. c. 2. p. 236. seq.

u) Scilicet canon. episcopi c. 26. qu. 5. Vide Malleum statim p. 1. et p. 239. seq.

w) Scriptum anno 1489. quod referetur in Theatro de veneficis p. 70. seq. et in Malleo malefic. tom. II. p. 34. seq. Etsi enim auctor videatur facere cum inquisitoribus, in fine tamen Dial. 12. testatur, nullam competere sagis in homines potestatem, neque itinera ab iis nocturno tempora peragi, neque daemones generare et concipere posse, sed omnia haec esse phantastica.

x) Relatum etiam in Theatro de veneficis p. 355. seq. Quod vero Trithemius veram animi sententiam ibid. obscurius proposuerit, vel occultaverit, forte in caussa fuit, quod ipse aliis, quamvis sine iusta caussa, de magia suspectus fuerit. Vide Naudaei Apologiam cap. 16. §. 10. Vixit autem Trithemius tempore Maximiliani I. et opusculum illud ad Maximilianum scripsit.

y) Pag. 238. tom. I.

z) Praefuit enim sedi papali Alexander ab anno 1492. ad annum 1503.

ihnen zu wieder stehende texte von dem Bündnüsse der Hexen[t]) mit dem Teuffel bedienet.[u])

§ 58
Ulrici Molitoris und Trithemii Schrifften

Gleichwie aber auch die allergröbesten Irrthümer, in gar kurtzer Zeit sehr zunehmen können, wenn man auff diejenigen welche dieselben nicht glauben wollen, gewisse Straffen setzet, weil die Vertheydiger der Wahrheit dadurch abgeschröcket werden; also ist es auch damals ergangen, daß aus Furcht für den Bann, und damit man nicht selbst für einen Zauberer gehalten würde, kluge Leute sich enthalten solchen Betrügereyen öffentlich zu wiederstehen, und haben dieselben nur heimlich und gantz unvermerckt, denen Thorheiten derer inquisitorum wiedersprochen. Hieher gehören zwey Schrifften, des Ulrici Molitoris[w]) und des Trithemii[x]).

§ 59
Pabst Alexandri VI. Bulle zu Ausgang des XV. Sec.

Nun wollen wir sehen, wie die Einbildung von dem Laster der Zauberey aus Teutschland in Italien kommen. Zwar thun die auctores des Mallei maleficarum derer inquisitorum in der Lombardey Meldung,[y]) welche schon An. 1485. mehr als 40. Hexen verbrennen lassen; allein das ist damals von denen Inquisitoribus mit Gewalt geschehen. Denn nach der Zeit[z]) hat der Alex. VI. da er gemercket, daß des Pabsts Innocentii VIII. Bulle, in Teutschland nicht ohne effect gewesen, sondern daß auch gescheute Leute, schon dem Aberglauben von der Gewalt der

---

t) Welche part. 2. qu. I. c. 2. p. 236. stehet.

u) Nemlich der canon episcopi c. 26. qu. 5. Siehe den Malleum gleich p. I. und p. 239. seq.

w) Welches An. 1489. geschrieben und im Theatro de Veneficis p. 70. seq. und im malleo maleficarum Tom. II. p. 34. sequ. enthalten ist. Denn obgleich der auctor es mit denen inquisitoribus zu halten scheinet, so bezeuget er doch am Ende des 12. dialogi, daß die Hexen keine Gewalt in denen Menschen hätten, auch das sie des Nachtes keine Reisen vornehmen, wie auch, daß die bösen Geister weder Kinder zeugen noch concipiren könten, sondern es wären dieses lauter Possen.

x) Welches auch im Theatro de Veneficis enthalten p. 355 seq. daß aber der Trithemius seine Hertzens Gedancken daselbe dunckel vorgebracht, oder verborgen, daran ist vielleicht diese Ursache, weil er von andern wiewohl unschuldig der Zauberey beschuldigt worden. Siehe des Naudaei apologie et c. cap. 16. §. 10. Es lebte aber dieser Trithemius zu Zeiten des Kaysers Maximiliani, und hat auch dieses Werck dem Maximiliano dediciret.

y) p. 238. Tom. I.

z) Denn er war von An. 1492. biß 1503. Pabst.

rum; ad inquisitorem haereticae pravitatis per Lombardiam mandata dedit, ut et ipse in magos utriusque sexus inquireret [a]).

§ 60
Variae Bullae initio saeculi XVI.

Sed tamen paullo difficiliorem successum huius Bullae in Italia, quam in Germania Bullae Innocentii VIII. fuisse, docet earum repetitio, et ibi facta mentio expressa resistentium [b]). Nam non solum Iulis II. [c]) sed et Leo X. [d]), et Adrianus VI. [e]) et denique Clemens VII. [f]), rescriptis potestatem inquisitorum confirmarunt. Ubi inprimis notanda astutia Iulii II., qui, cum sentiret, eos, qui tum inquisitorum mendacia credere nolebant, per excommunicationem non satis terreri, addidit praemia illis, qui consilium, auxilium, et favorem praestarent inquisitoribus [g]).

§ 61
Ponzinibii et Spinaei scripta contra et pro Inquisitoribus.

Istis tamen Bullis papalibus non obstantibus, fabulis istis et mendaciis inquisitorum se opposuit Ioannes Franciscus Ponzinibius, I. V. D. intendens probare per rationes fultas auctoritatibus iuris, quod sagae corporaliter non ferantur a daemone in locum conventus, et ibi pacta faciant, sed quod ista omnia fiant per

a) Exhibetur ea Bulla in septimo Decretal. tit. de maleficis et incantat. cap. 1. Sed annus, quo Bulla haec a papa fuerit edita, non adiicitur. Unde nescio, qui factum fuerit, ut in editione Corporis iuris canonici Pithoeana adscriptus fuerit huic Bullae annus 1474. haud dubie ex cap. sequ. 2. eo translatus.

b) Ut in Bulla lulii II. fere eadem verba repetit, quae exstant in Bulla Innocentii VIII. et prolixe conqueritur de iis, qui inquisitoribus obsisterent. Conf. et Bullam Leonis X.

c) Qui praefuit sedi Romanae inter ann. 1503. et 1512. Refertur ea Bulla in septimo Decretal. d. tit. cap. 3. data ad inquisitorem Cremonensem.

d) Anno 1521. ad ordinarios Domini Veneti ibid. cap. 6. Etenim apud Venetos numquam tanta fuit potestas sanctae inquisitionis, ut apud alios populos.

e) Anno 1523. in dict. cap. 3. ad inquisitorem Comensem.

f) Anno 1524. in favorem inquisitoris Parmensis, cuius meminit Spinaeus in quaest. de strigibus tom. II. Mall. malef. p. 479.

g) Scilicet easdem indulgentias, quibus cruce signati contra alios haereticos tunc gaudebant.

Hexen beygepflichtet, hat er dem Ketzer inquisitori in der Lombardey befohlen, daß er wieder die Zauberer von beyderley Geschlechte inquiriren solte.a)

§ 60
Verschiedene Päbstliche Bullen zu Anfang des XVI. Sec.

Nichts desto weniger hat diese Bulle, in Italien nicht einen solchen starcken Fortgang gehabt, als des Innocentii VIII. in Teutschland, welches aus derselben Wiederholung und der darinnen ausdrücklich gethanen Meldung von denen Wiederspänstigen b) erhellet. Denn nicht allein der Julius II.c) sondern auch der Pabst Leo X.d) und Adrianus VI.e) endlich auch der Clemens VII.f) haben durch rescripta die Gewalt derer inquisitorum bestättiget. Und ist hier insonderheit des Julii II. Arglist zu mercken, dieser, als er sahe, daß diejenige, welche damahls die Lügen derer inquisitorum nicht glauben wolten, sich nicht genugsam für dem Kirchen-Bann fürchteten, hat er denenjenigen Praemia versprochen, welche denen inquisitoribus mit Rath und That an die Hand giengen, und ihnen Gutes erzeigeten.g)

§ 61
Ponzinibii und Spinaei Schrifften so wohl für als wieder die Hexen inquisitores.

Diesen Päbstlichen Bullen aber ohngeacht, hat der Joannes Franciscus Ponzinibius J. V. D. sich diesen Mährlein und Lügen derer inquisitorum wiedersetzet, in der Meynung, durch gewisse Rechtsgründe zu beweisen, daß die Hexen nicht Cörperlicher Weise von dem bösen Geiste, in gewisse Zusammenkünffte geführet würden, und daselbst Bündnüsse machten, sondern daß dieses alles durch Ver-

a) Es stehet diese Bulle im VII. Decret. Tit. de Maleficiis incantat. aber es wird das Jahr nicht dabey gesetzt, da diese Bulle vom Pabst herausgegeben. Daher weiß ich nicht wie es kommen, daß man in der editione Pithaeana des Corporis iuris Canon. das Jahr 1474. bey dieser Bulle gesetzet, vielleicht ist dasselbe Jahr aus dem cap. 2. dahin versetzet.

b) So da in der Bulle des Julii II. fast eben die Worte wiederholet werden, welche in der Bulle des Innocentii VIII. stehen, und beklaget sich der Pabst darinn über diejenigen, welche denen inquisitoribus wiederstünden. Siehe auch des Leonis X. Bulle.

c) Dieser ist Pabst gewesen zwischen dem Jahr 1503 und 1512. es ist diese Bulle im VII. decret. enthalten d. tit. cap. 3. und dem inquisitori zu Cremona gegeben worden.

d) Anno 1521. an die ordinarios des Venetianischen Gebietes ib. cap. 6. den bey denen Venetianern hat die Heilige inquisition niemahls solche Gewalt gehabt, als bey andern Völkern.

e) An. 1523 in eben dem cap. 3. an den Comensischen inquisitorem.

f) An. 1524. in faveur des Parmensischen inquisitores, dessen der Spinaeus gedencket in der quast. de Strigibus Tom. II. Mall. Malef. p. 479.

g) Nemlich eben die indulgentien, deren sich die mit dem Creutz bezeichnete wieder die andern Ketzer zu erfreuen hatten.

illusionem daemonum[h]). Cui quidem se opposuit anno 1424. et seq. Bartholomaeus de Spina, sed fere nil novi adferens, verum crambem saltem toties coctam recoquens, et ad auctoritatem papae et inquistorum praecipue provocans[i]).

§ 62
Alciati responsum anno 1518. in caussa sagarum.

Dedit etiam Alciatus circa illa tempora[k]) responsum episcopo[l]), occasione inquisitoris, qui iam plures, quam centum sagas, in subalpinis vallibus[m]) flammis consumserat, donec rustici arreptis armis vim illam inhiberent, et negotium ad iudicium episcopi deferrent. Harum sagarum tres classes facit Alciatus. Aliquae in crucem imminxerant, Christum Deum abnegaverant, praesentes ipsae et vigilantes veneficiis atque devotionibus infantes exstinxerant[n]). Aliquae post minas noctu, quamvis obseratis clausisque

---

h) De hoc auctore et eius scripto plura adferre nequeo, dum nihil de eo inveni, praeter ea, quae adferuntur in titulo tom. II. Mallei maleficar. et ibidem in tractatu Spinaei ei opposito.

i) Fuit vero apostolici palatii magister. Ut ex ungue leonem cognoscas, cape saltem eius argumentum primarium, quod Ponzinibio opponit p. 463. In contrarium faciunt infiniti paene processus inquisitorum, (vides iam illis temporibus processum inquisitorium contra sagas in infinitum excrevisse), et iustitia facta per eos contra tales personas, quasi veraciter et corporaliter vadant ad cursum, et ibi fidem abnegent, atque baptismum, conculcent crucem, ac sacrum Christi corpus horrendis contumeliis adficiant. Quae omnia, si non vere, sed in somniis fierent, iniustissimi essent inquisitores caet. At pro actibus inquisitorum est praesumtio, (quod multis textibus et glossis adductis probat). Item p. 479. Haec autem non iussisset sanctissimus dominus noster, (Clemens VII.) si striges, quae iudicantur haereticae, non essent vere haereticae, vel si ea, quae per ipsas fiunt, solum essent illusiones diabolicae caet.

k) Ut ipse refert lib. VIII. Parergor. cap. 21. p. m. 75. Cum primum doctoralibus insignibus ornatus domum me contuli, prima, in qua mihi de iure respondendum fuit, haec oblata est caussa. Refert autem Pancirollus de claris legum interpretibus lib. II. cap. 169. p. 353. Alciatum anno 1517, cum vix 22. annos natus esset, professione iuris civ. et can. ornatum fuisse. Wagstaff von der Hexerey cap. 3. p. 42. id anno 1518. contigisse narrat.

l) Quis fuerit, non memorat Alciatus.

m) In Pedemontana regione id factum esse, interpretatur Bodinus in praefat. ad Daemonomanium; Wagstaff d. l. de ditione Veneta id intelligit, forte occasione eorum, quae notavimus supra ad th. 59. litt. d.

n) Cur vero facta, quae imputabantur sagis primae classis, pro veris statim habuit Alciatus, cum tamen eaedem adsint rationes dubitandi, quae in tertia?

blendung der bösen Geister geschehe[h]) welchem sich zwar der Bartholomaeus de Spina entgegen gesetzet, An. 1624. und folgenden Jahren, allein er hat nichts neues hervor gebracht, sondern den alten Brey wieder auffgewärmet und insonderheit auff des Pabsts und deren inquisitorum auctorität provociret.[i])

§ 62
Alciata responsum in Hexen-Sachen

Der Alciatus hat auch um diese Zeiten,[k]) einem Bischoffe[l]) ein responsum gegeben, in Sachen eines inquisitoris, der schon mehr als hundert Hexen an den Alpischen Thälern[m]) verbrennen lassen, biß daß endlich die Bauern mit Ergreiffung der Waffen dieser Gewalt gesteuret, und die Sache an den Bischoff gelangen lassen. Diese Hexen theilet der Alciatus in drey Classen ein. Einige spricht er, hätten ihr Wasser auffs Creutz abgeschlagen, Jesum Christum verläugnet, auch gegenwärtig und mit wachenden Augen durch Zauberey und Verwünschungen die kleinen Kinder umgebracht.[n]) Einige hätten nach vorhergehenden

h) Von diesem auctore und dessen Buch kan ich weiter nichts sagen, weil ich nirgend etwas davon gefunden, ausser was in dem Titel des II. Tomi Mallei Malef. und in dem dabey stehenden Tractat des Spinaei welches ihm zu wieder geschrieben ist, stehet.

i) Er war aber ein Magister des Apostolischen Palatii. Damit man nun gleich sehen könne, was an ihm zu tun sey, so wollen wir nur sein vornehmstes argument betrachten, welches er dem Ponzinibio entgegen setzet, p. 463. spricht er: diesem sind ohnzählig viele inquisitions-processe zuwieder (hieraus sieht man daß schon damahls der inquisitions-process. unendlich gewachsen) und die von denen inquisitoribus wieder solche Persohnen ausgeübte Gerechtigkeit, die gleichsam cörperlicher Weise hienlieffen und den Glauben nebst der Teuffe verläugneten, das Creutz mit Füssen traten, und den heiligen Leib Christi greulich schmäheten, welches alles wenn es nicht warhafftig, sondern im Traum geschähe, die inquisitores ja höchst ungerecht wären. Nun aber ist für die inquisitores zu praesumiren, welches er mit vielen texten und glossen beweiset it. p. 479. spricht er: dieses aber hätte unser heiligste Vater (Clemens VII.) nicht befohlen, wenn die Hexen welche man für Ketzerinen hält, nicht wahre Ketzerinnen wären, oder wenn dasselbe was sie thäten, nur Teuffelische Verblendungen wären."

k) Wie er selbst lib. 8. parerg. cap. 21. p. m. 75. spricht. So bald ich Doktor worden, ist die erste Sache welche mir zu verabscheiden gebracht, diese gewesen. Es berichtet aber der Pancirollus in seinem Buch von berühmten Juristen L. 2. c. 169. p. 353. daß der Alciatus An. 1517 Professor iuris Ciuil. et Can. worden. Wagstaff. von Hexereyen c. 3. p. 42. spricht, es sey dieses An. 1518 geschehen.

l) Der Alciatus sagt nicht wer derselbe gewesen sey.

m) Bodinus will in der Praefat. ad Daemonomaniam, daß es im Piemontischen Geschehen sey, Wagstaff d. l. verstehet dadurch das Venetianische Gebieth, vielleicht aus Ursache dessen, was wir oben zum §. 59. litt. d. angemercket.

n) Warum aber hat doch der Alciatus dasjenige, was denen Hexen erster Classe schuld gegeben worden, gleich für wahr gehalten, da doch eben solche rationes dubitandi dabey sind, als bey der dritten Classe?

valuis, infantes fascinaverant[o]). In utrumque hoc genus respondit Alciatus, inquisitorem posse munere suo fungi[p]). Aliae vero nihil ultra egisse arguebantur, nisi quod sub arbore Tellina choreas duxisse, et ad lusum illum accessisse dicebantur, sociis id ipsum attestantibus, ipsis negantibus. Has negavit Alciatus torqueri posse, cum fuerint merae illusiones phantasticae, plura ibidem disputans contra mentem novorum, ut dicit, theologorum, pro recepta opinione doctorum iuris civilis et canonici[q]). Quare non mirandum, quod ob hoc ipsum responsum magnam ab inquisitoribus persecutionem passus[r]), et a subsequentibus plane pro mago vel certe magiae suspecto fuerit traductus[s]).

§ 63
Erasmi Roterodami Testimonium de fraudibus monachalibus

Desiderius Ersamus Roterodamus, uti monachos et eorum fraudes, si quisquam sui temporis, cognovit, easque ad vivum in Encomio Moriae et Colloquiis passim depinxit; ita fabulas de daemonum adparitione visibili, et de pactis sagarum expressis, earumque conventibus, pro fraudulentis monachorum inventis

---

o) Idem et quoad secundam classem monendum, cum ipse Alciatus sibi dubium moveat, et parum sufficienter id resolvat. Etenim, inquit, etiam si demus, personaliter eas non accessisse; tamen id lemuribus suis mandasse videri possunt. Hoc enim casu extra somnum peccatum fuit. Maxime verosimile, Alciatum ex metu multa de vera sua sententia dissimulasse.

p) Id est, ut vel condemnet, si confessae sint, vel torqueat non fateri volentes.

q) Meretur totum illud caput legi, ut quod plura suppeditat, ex quibus illustrari possunt superius a nobis dicta §. 8. 9. 10. 11.

r) Huc refero illud Gravinae de ortu et progressu iur. civ. cap. 170. p. 207. docuit primo Ticini, deinde ab oblatratoribus, ob quos stomachabatur, in fugam actus concessit in Galliam. Conf. ipsius Alciati epistolam contra vitam monasticam ab Anton. Matthaei editam, ex qua constat, Alciatum mores et fraudes monachorum exacte novisse.

s) Vide Bodini praefationem ad Daemonomaniam p. 14. quamvis obscurius loquatur. Notanda tamen ibi verba praecedentia: quo se a magis inescari passi sunt, cum quibus iungenda, quae postea de Alciato loquuntur.

t) Vide potissimum eius colloquium, cui titulus: Exorcismus seu spectrum, ubi infinite ita disserit p. m. 348. Antehac non soleo multum tribuere fabulis, quae vulgo feruntur de spectris, sed posthac multo minus tribuam. Suspicor enim ab hominibus credulis, et Fauni (de quo in illo colloquio plura refert) similibus, multa pro veris prodita litteris, quae simili artificio sunt adsimilata. Adde eius epistolam de colloquiorum utilitate, Colloquiis subiunctam, p. m. 776. In spectro detego technas impostorum, qui

Dräuungen des Nachtes auch bey verschlossenen Thüren und Fensterladen die Kinder behexet.[o]) Da spricht der Alciatus, der Inquisitor könne wieder beyderley Art Hexen sich seines Amts gebrauchen.[p]) Einige aber wurden nichts beschuldiget, als daß sie unter Bäumen getantzet, welches ihre Mit-Schwestern gestanden, die Beklagte aber leugneten. Von diesen hat der Alciatus gemeint, daß man sie nicht martern könte, weil es lauter falsche Einbildungen wären, und disputiret der Alciatus daselbst viel wieder die Meinung derer (wie er spricht) neuen Theologorum, für die recipirte Meinung derer Doctorum iuris Civ. et Can.[q]) Daher denn kein Wunder ist, daß er wegen des responsi grosse Verfolgung von denen Inquisitoribus ausgestanden,[r]) und die nachfolgenden ihn gar zum Zauberer, oder wenigstens einen der Zauberey wegen Verdächtigen gemacht haben.[s])

§ 63
Erasmi Roterod. Zeugniß vom Betrug deren Mönche

Desiderius Erasmus Roterodamus, gleichwie er so gut als jemand anders zu seiner Zeit, die Mönche und deren Betrug erkennet, und auch solche in seinem encomio moriae, und Colloquiis mit lebenden Farben abgemahlt; also hat er die Fabeln von der sichtbaren Erscheinung derer bösen Geister, und von denen Bündnissen derer Hexen mit dem Teuffel, auch derselben Zusammenkünfften, für betrügliche Erfindungen derer Mönche gehalten,[t]) ob er gleich zweiffels ohne aus Furcht für

o) Eben dieses ist auch von der andern Classe zu mercken, weil sich der Alciatus selbst einen Zweifel macht, und denselben nicht genugsam hebet. Denn er spricht: Wenn ich auch gleich gestünde, daß sie nicht persönlich hingekommen wären, so kan es doch das Ansehen haben, als wenn sie es ihren Geistern zu thun befohlen hätten. Und solchergestalt haben sie doch ausser dem Schlaff gesündigt. Es ist höchst wahrscheinlich, daß der Alciatus aus Furcht seine Gedancken sehr verstellet.

p) Daß ist, daß er sie entweder verdamme, wenn sie überzeuget wären, oder daß er sie peinigen lasse, wo sie es nicht gestehen wolten.

q) Das gantze Capitel verdienet gelesen zu werden, weil es vieles an die Hand giebt zur Erleuterung dessen, was oben §. 8. 9. 10. 11. gesagt worden.

r) Hierher gehöret, was Gravina de Ortu et progressu I. Civ. cap. 170. p. 207. Er hat erst zu Ticini gelehrt, nachmahls ist er von denen Wiederbellern, und deren Willen er viel Verdruß hatte, verjaget worden, und hat er sich in Franckreich begeben. Siehe auch des Alciati eigenen Brieff wieder das Münchleben, welchen der Anton Mathae herausgegeben. Woraus erhellet, daß der Alciatus die Sitten und den Betrug der Mönche inne gehabt habe.

s) Siehe des Bodini Praefat. zur Daemonomania p. 14. wiewohl er etwas undeutlich davon redet, doch sind die vorhergehenden Worte zu mercken: quo se a magis inescari passi sunt, mit welchen zu verknüpfen ist, was nachgehendes vom Alciate gesaget wird.

t) Siehe desselben colloquium, davon der Titel Exorcismus s. spectrum ist: woselbst er zu Ende folgender Massen spricht p. m. 348. Vormahls habe ich denen Fabeln wenig Glauben beygemessen, welche von denen Gespenstern herumgetragen werden, ins künfftige aber will ich denenselben noch weniger glauben. Denn ich fürchte, es werde

habuit [t]), etsi haud dubie ex metu, ne papas irritaret, tot Bullis hactenus inquisitiones contra sagas confirmantes, directo non tetigerit imposturas [u]).

§ 64
Constitutio criminalis Bambergensis 1510. non favet inquisitoribus

Immo in ipsa Germania tum continuatum fuisse, a principibus et statibus Imperii, ut inquisitoribus illa libertas a pontificibus concessa, inquirendi in sortiarios sub praetextu haereseos, non permitteretur [w]), indicio est Constitutio criminalis Bambergensis, Moguntiae 1510. typis impressa. Etsi enim episcopus Bambergensis. tamquam princeps ecclesiasticus, haud dubie papae valde fuerit addictus; multa

credulis simplicium animis solent illudere, fingentes apparitiones daemonum et animarum, vocesque divinas. Quantam vero pestem hae praestigiae innexerunt pietati christianae! Idem in colloquio, cui titulus: virgo poenitens p. m. 203. Dic mihi, qua specie erat? (Cacodaemon) Estne talis, qualis pingitur, rostro adunco, longis auribus, harpyarum unguibus, praelonga cauda? Et in Encomio moriae p. m. 102. Caeterum illud hominum genus totum est nostrae farinae, qui miraculis et prodigiosis gaudent mendaciis, vel audiendis vel narrandis, vel ulla societas talium fabularum, cum portentosa quaedam de spectris et lemuribus, de larvis, de inferis, de id genus anilibus miraculorum commemorantur, quae quo longius absunt a vero, hoc et creduntur lubentius, et iucundiore pruritu titillant aures. Atque haec quidem non modo ad levandum horarum taedium mire conducunt, verum etiam ad quaestum pertinent, praecipue sacrificis et concionatoribus. Conf. supra th. 28. litt. d. ubi notavimus, Erasmum inter primos notasse figmenta in vitis Patrum.

u) Erat enim Erasmus valde meticulosus. Vide tom. IV. Observ. select. Hallens. obs. 21. Ad quem metum etiam forte referri possunt ea, quae iam supra excerpsimus §. 13. litt. a. quamquam forte etiam distinguenda sint tempora in ipso Erasmo. Nam illam epistolam, ex qua ibi excerpsimus, scripsit a. 1500.

w) Illustrantur hic dicta etiam ex gravaminibus statuum imperii in comitiis Noribergensibus anno 1523. exhibitis apud Schilterum de libert. eccles. Germ. lib. VII. cap. 2. p. 859. seq. Vide potissimum gravamen 68. Quem in modum honesti viri et mulieres ex falso rumore saepenumero graventur. Item gravam. 70. quibus artibus iudices ecclesiastici caussas promiscuas solis sibi vindicare conentur. Conf. etiam gravam. 73.

die Päbste, die bißhero mit so vielen Bullen die Inquisitiones wieder die Hexen bestätiget, diese Betrügereyen nicht gerade zu angegriffen.[u])

§ 64
Bambergische Halß-Gerichts-Ordnung von An. 1510 ist nicht für die inquisitores.

Ja es zeigt die Bambergische peinliche Halsgerichts-Ordnung, die A. 1510. zu Mayntz gedruckt worden, daß die Fürsten und Stände in Teutschland nicht nachgelassen zu verhindern: daß die denen Inquisitoribus vom Pabst gegebene Freyheit, wieder die Zauberer unter dem Schein der Ketzerey zu inquiriren, nicht zugelassen würde[w]). Denn obgleich der Bischoff von Bamberg als ein geistlicher

von Leichtgläubigen u. dem Wald-Gott (Fauno) (von welchem er in demselben Colloquio viel redet) gleichmäßigen Leuten vieles vor wahr ausgegeben seyn, so doch nur erdichtet. Besiehe auch dessen Epistel von dem Nutzen der Colloquiorum, welche denen Colloquiis beygefügt ist, p. m. 776. In den Colloquio vom Gespenst entdecke ich die List derer Betrüger, die denen einfältigen und leichtgläubigen Leuten was weiß zu machen pflegen, von Erscheinungen der bösen Geister, und derer Seelen, wie auch von Göttlichen Stimmen. Wie schädlich aber sind nicht diese Dinge der wahren Frömmigkeit gewesen. Und in dem Colloquio, dessen Titel: Virgo poenitens (die Büsende Jungfer) p. m. 203. spricht er: sage mir doch, was für eine Gestalt hatte der böse Geist, sieht er denn so aus, wie man ihn mahlet: mit einem krummen Schnabel, langen Ohren, grossen Klauen und langen Schwantz? Und in dem encomio moriae p. m. 102. spricht er: Im übrigen so sind diese Leute eben solche Kerle, wie wir, welche sich auch freuen, wenn Wunderzeichen, und wiedernatürliche Lügen entweder hören, oder selbst erzehlen können, und es hat gar kein Ende mit solchen Fabeln, weil man viele unerhörte Dinge von Gespenstern, Nachtgeistern, und tausend dergleichen Wunderwercken erzehlet, welche, je mehr und mehr sie von der Warheit abweichen je lieber werden sie geglaubet, und jemehr küntzeln sie die Ohren. Und dieses hilfft nicht allein überaus sehr die Zeit zu vertreiben, sondern es bringt auch denen Geistlichen und Predigern guten profit ein. Siehe oben § 28. litt. d) wo wir angemercket, daß der Erasmus einer von den ersten gewesen, welche die erdichtete Fabeln in denen Lebens Beschreibungen, der Alt-Väter angemercket.

u) Denn der Erasmus war sehr furchtsam. Siehe Tom. IV. obs. 21. und dahin gehöret auch, was wir oben § 13. lit. a. angemercket, wie wohl man auch beym Erasmo einen Unterschied machen muß, in Ansehung der Zeiten, denn er hat den Brieff, davon wir oben einen Auszug gemacht, an. 1500. geschrieben.

w) Dieses was wir hier gesaget, kan auch erleutert werden aus denen gravaminibus der Reichs-Stände auff dem Reichs-Tage zu Nürnberg A. 1523. welche Herr Schilter in seinem Tr. de L. E. G. Lib. 7. c. 2. p. 859. seqv. eindrucken lassen. Siehe insonderheit das 68. gravamen, auf was Art ehrliche Männer und Frauen offt aus falschen Gerüchte beschuldiget würden? it. grav. 70. mit was für Künsten die geistliche Richter die gemeinschafftlichen Sachen sich allein zuzueignen unterstünden? Siehe auch das grav. 73.

tamen in illa constitutione deprehenduntur argumenta, sententiam nostram correborantia[x]).

§ 65
nec Constitutio criminalis Carolina a. 1532.

Cum vero Constitutio criminalis Carolina tantum non tota de verbo ad verbum descripta sit ex constitutione illa Bambergensi[y]); ita eaedam observationes et hic repetendae sunt[z]). Immo hic aliquid novi adiectum est, doctrinis et praxi inquisitorum plane adversum, quod nempe ad denuntiationem magorum contra neminem inquirendum sit[a]).

§ 66
Auctor Mallei iudicum

Nec defuerunt viri eruditi, qui se processibus illis inquisitoriis contra sagas saeculo XVI. opponerent. Ut enim taceam ea, quae Philippus Melanchthon[b]) ea

x) Nam 1) de crimine magiae voluit agi coram iudicibus laicis, atque adeo non coram inquisitoribus papalibus; 2) art. 55. ad indicia magiae saltem refert, si quis se obtulerit, quod velit alios docere artem magicam, aut quod aliis minatus fuerit, quod eis magia nocere velit, caet. Nihil hic de delatione aliorum magorum, nihil de indiciis ex conventu sagarum aut pacto cum diabolo; 3) in art. 64. qui de quaestionibus super crimine magiae agit, iubentur iudices quaerere, quomodo, quibus verbis et operibus magia facta sit, et an personae, cui per magiam nocitum, iterum opem ferre possint. Hic iterum non iubentur inquirere, an pactum fecerint cum diabolo, an in conventu cum aliis magis fuerint, an incubos, aut succubos admiserint. Ut adeo pateat, episcopum Bambergensem istas nugas non credidisse, etsi Bullis Papalibus corroboratos et inquisitorum libellis ac historiolis defensas; 4) in art. 131 iubentur magi, qui aliis damnum dederint, igne puniri, ut haeretici; (i. e. aequali poena cum haereticis, gleich den Ketzern, non quasi sint haeretici) de reliquis magis praecipit, ut consulantur iuris periti, caet.

y) Vid. Dissert. Praesidis de occasione, concept. ac. intent. Constitut. crim. Carolinae §. 35. seq.

z) Nam articulus 55. paucis mutatis vel adhibitis repetitur in Constitutione Carolina art. 44. articulus 64. in art. 52. et denique articulus 131. in art. 109.

a) Art. 131. Const. Carolin.

b) Nam Lutherus hic non videtur omnia profundius expendisse. Admittit enim succubos daemones, et de infantibus difformibus, von Wechselbälgen, quaedam docuit. quibus multa opponi possent; ut patet ex illis, quae ex colloquiis eius excerpta leguntur in Theatro de veneficis f. 11. seq.

Fürst, dem Pabst ohne Zweiffel sehr zugethan gewesen; so findet man doch viele Zeugnisse darin, welche unsere Meinung bestätigen.[x])

§ 65
noch auch Caroli V. peinliche Halß-Gerichts-Ordnung

Weil nun aber Caroli V. peinliche Halsgerichts-Ordnung von Wort zu Wort aus der Bambergischen[y]) Ordnung genommen ist, so ist eben dieses bey derselben zu wiederholen, was bey der Bambergischen angemercket worden.[z]) Doch ist bei der Carolinischen noch etwas hinzu kommen, welches der Lehre und der praxi derer Inquisitorum gäntzlich zuwider ist, daß man nemlich auf die Aussage derer Zauberer wider keinen inquiriren solle.[a])

§ 66
Auctor des Mallei iudicum.

Es hat auch nicht an gelehrten Leuten gefehlet, die sich im XVIten Saeculo denen Inquisitions-Processen wieder die Hexen wiedersetzet. Denn zu geschweigen dessen, was Philippus Melanchton[b]) davon nur gleichsam von ohngefehr

x) Denn 1) will dieselbe, es sollen die Sachen von dem Laster der Zauberey für die weltlichen Richter abgethan werden, und also nicht für die Päbstlichen Inquisitores. 2) So referirt der 55 Articul nur dasjenige, zu die indicia der Zauberey, wenn sich einer angegeben, daß er andern die Zauberey lehren wolle, oder wenn er andere gedräuet, er wolte ihnen durch Zauberey schaden. Aber man findet nichts von indiciis, die aus der Zusammenkunfft derer Hexen oder einem Bündniß mit dem Teuffel genommen. 3) im 64. articul, der von denen Fragen über das Laster der Zauberey handelt, wird denen Richtern befohlen zu fragen, auf was Art, mit was für Worten und Wercken die Zauberey ausgeübet sey, und ob diejenigen, denen durch die Zauberey Schaden zugefüget worden, wieder arbeiten könten, hier wird abermahl nicht gesaget, sie solten untersuchen, ob sie ein Bündnüß mit dem Teuffel gemacht, oder ob sie mit andern Zauberern in Zusammenkünfften gewesen. Ob sie sich mit (Buhlteuffeln) incubis und Succubis vermischt. Daher es den erhellet, daß der Bischoff zu Bamberg diese Possen nicht geglaubet, ob sie gleich durch Päbstl. Bullen bestättiget, und durch die Histörchens und Bücher derer Inquisitoren vertheidiget worden. 4) Im 131. articul wird gebothen, man solle die Zauberer, die andern Schaden gethan, als die Ketzer verbrennen, (daß ist, gleich den Ketzern, nicht aber, als wann sie auch Ketzer wären) von den übrigen Zauberern aber wird gebothen, daß man die Juristen drüber consultiren solle.

y) Sieh die Dissert. de occas. et c. Constitut. Carolinae § 35. sq.

z) Denn der 55. articul wird wenig verändert oder vermehrt wiederholet im artic. 44, der articul 64. im 52ten, und endlich der 131. articul im 109 articul der Carolinischen Constitution.

a) Artic. 131. Const. Carol.

b) Denn es scheinet das Luthers nicht alles gründlich untersuchet, weil er die Succubos Daemones zugestehet, und lehret er von Wechselbälgen ein und anders, wowieder viel einzuwenden wäre; wie solches erhellet aus dem, was in dem Theatro de Veneficis aus seinen Tischreden excerpirt ist, f. II. sq.

de re obiter monuit[c]): auctor anonymus Mallei iudicum[d]) in eo totus est, ut iniquitates a iudicibus, tam saecularibus, quam ecclesiasticis, hic commissas perspicue ostenderet[e]): quamvis non omnes fraudes et fabulas intimius videatur penetrasse[f]).

§ 67
Wieri opus de praestigiis daemonum.

Anno 1563.[g]) Ioannes Wierus, Medicus Ducis Iuliae, Cliviae, et Montium, opus de praestigiis daemonum sex libris distinctum edidit, oppositum Malleo maleficarum[h]), ac de poenis lamiarum etiam cum Ioanne Brentio quaedam disputa-

c) In libello de anima p. m. 95. ubi optat, ut maiori cum pondere et diligentius a iudicibus fierent anacrises sagarum, nec iudices tam faciles essent ad credenda tamquam vera, quae quotidie de illusionibus et praestigiis daemonum referentur, adeo, ut confessioni delirantis anus et malesanae, de suis epulis, choreis nocturnis, confessoribus et concubiis non statim adhibeant fidem, quasi haec corporaliter et revera, non imaginarie, et sensum quadam fascinatione, et in spiritu fiant.

d) Ex titulo adparet, hunc libellum Malleo maleficarum esse oppositum. Auctor, quisquis est, videtur religioni evangelicae fuisse addictus. Quando scripserit, certo non constat. Novus huius libelli editor in praefatione putat, id factum esse initio saeculi XVI. Ex cap. 2. p. 7. constat, quod citet exemplum anni 1625. tamquam nuper factum. Interim cap. 7. p. 27. seq. saepius citat Constitutionem Carolinam: immo cap. 8. p. 35. citantur Erastus et Wierus, qui inclinante demum saeculo XVI. scripserunt: nisi forte haec allegatio ultima in nova aliqua huius tractatus editione fuerit adiecta.

e) Vide prae reliquis totam quaest. 8.

f) Nam admittit, magos pacta revera inire cum diabolo, qu. 6. §. 1. et 7.

g) Ut patet ex epistolis gratulatoriis p. 869. et p. 905. Postea tamen ipse auctor in sequentibus editionibus videtur multa addidisse. Utor editione sexta Basil. 1583. Ibi enim mentionem facit eorum, quas anno 1565, et 1567, gesta sunt. Vid. p. 338. 397. 559.

h) Lib. III. de lamiis cap. 2. seq. recenset prolixe sententiam Mallei maleficarum de pactis sagarum cum daemone, et ostendere laborat, ea pacta esse praestigiosa, phantastica, inepta, non cohaerentia. vana, et nullius ponderis. Ibid. cap. 19. tractat de incubi daemoniaci illusione. et incubo, morbo naturali; cap. 22. refert ac refutat fabulam de Martini Lutheri ortu daemoniaco, lib. IV. de iis, qui lamiarum maleficio adfecti esse putantur, agit; cap. 2. de rebus monstrosis ore eiectis; docet ac probat multis argumentis, eas non fuisse in corpore; cap. 22. probat, homines non transformari posse in bestias; lib. VI. cap. 4. ostendit, quod processus tum temporis usitatus abeat a Constitutione criminali Carolina; (conf. modo notata §. 65.) cap. 7. fabulam de mirabili interitu sagae cuiusdam ex Vincentii Speculo refert; cap. 8. disserit, quod lamiae haereticis non sint accensendae; cap. 11. 12. 13. 14. examinat confessiones muliercularum

erinnert[c]), so ist der Auctor des mallei iudicum[d]) bloß dahin beschäfftigt, daß er die Unbilligkeit, welche so wohl die Geist- als weltliche Richter hierin begangen, deutlich zeige,[e]) wiewohl es scheinet, daß er nicht allen Betrug und Fabeln gründlich erkennet habe.[f])

§ 67
Wierus de praestigiis daemonum.

A. 1563.[g]) hat der Jo. Wierus, ein Medicus des Hertzogs von Jülich, Cleve und Berge sein Werck de praestigiis Daemonum in sechs Büchern heraus gegeben, welches dem malleo maleficarum entgegen gesetzet ist,[h]) er hat auch ein und andere Streitigkeiten mit dem Johanne Brentio wegen der Straffe derer Hexen

c) In dem Buch der Seele p. m. 95. allwo er wünschet, daß die Richter mit bessern Fleiß die Hexensachen untersuchten, und daß sie nicht so leichte dasjenige für wahr hielten, was täglich von den Verblendungen und Wahrsagungen derer Geister gesprochen wird, so daß sie dem Bekänntniß eines närrischen oder krancken alten Weibes, von ihren Gastmahlen, nächtlichen Täntzen; oder auch denen Beichtvätern und Concubinen nicht gleich Glauben beymessen, gleich als wenn dieses cörperlicher Weise und wahrhafftig, nicht aus Einbildung oder Bezauberung derer Sinnen, und im Geist geschähe.

d) Aus dem Titel erhellet, daß dieses Buch dem Malleo Maleficarum entgegen gesetzet sey. Der Auctor mag seyn wer er wolle, so scheinet er ein Lutheraner gewesen seyn, zu welcher Zeit er eigentlich gelebet, weiß ich nicht. Derjenige, welcher dis Buch von neuen edirt hat, meinet er habe im Anfang des XVI Saeculi gelebet. Aus dem 2. Cap. p. 7. sieht man, daß er ein Exempel von A. 1625. als eine neulich geschehene Sache anführe. Indessen aber so führet er Cap. 7. p. 27 seq. öffters des Caroli V. Halsgerichts-Ordnung an: ja c. 8. p. 35. wird der Erastus und Wierus allegirt, welche erst zu Ende des XVIten Saeculi geschrieben: es möchte denn seyn, daß diese allegation erst in einer neuen Edition dieses Tractats beygefüget worden.

e) Siehe insonderheit die gantze achte quaestion.

f) Denn er gestehet zu, daß die Zauberer rechte pacte mit dem Teuffel eingingen, qu. 6. §. I. 7.

g) Wie aus denen gratulations-Brieffen zu sehen ist, p. 905. Es scheint aber, daß der Auctor in denen folgenden editionibus vieles dazu getan. Ich habe die Baselsche edition von An. 1583. gebraucht, denn darinn thut er dererjenigen Dinge Meldung, die an. 1565. und 1567. geschehen sind. Siehe p. 338. 397. 559.

h) Lib. III. von Hexen c. 2. seq. erzehlet er weitläufftig die Meinung des Mallei maleficarum von den pactis derer Hexen mit denen bösen Geistern, und bemühet sich zu weisen, daß dieselben pacte abergläubisch, phantastisch, thöricht, nicht zusammenhängend, eitel, und gar von keiner Wichtigkeit wären, und c. 19. handelt er von dem Betrug des Buhl-Teuffels, und von der natürlichen Kranckheit dem Alp. C. 22. erzehlet und wiederleget er zugleich die Fabel, daß Lutherus von einem bösen Geist gezeuget sey. Im IVten Buch handelt er von denenjenigen, von welchen man glaubet, daß sie hexen könten, C. 2. lehret und beweiset er mit vielen Gründen, daß die wundersame Sachen, die man saget, daß die Leute solche ausgespien, niemals im Leibe gewesen

vit[i]); ex quibus constat, Wierum, etsi medicum, pro statu illorum temporum altius penetrasse mysteria inquitatis inquisitoriae, quam Brentium theologum.

§ 68
Lancellotti Institutiones iuris canonici.

Eodem anno 1563. Lancelottus scripsit Institutiones iuris canonici. Hic, si fabulas inquisitorum de sagis credidisset esse veras, Institutionibus illis aliquid es de re inseruisset. Iam vero altum de iis ibi est silentium[k]), sed repetit potius constitutionem Alexandri IV. supra[l]) memoratum, quod inquisitores se non debeant immiscere cognitioni de sortilegiis, nisi haeresin sapiant manifeste; et saltem quasi pactorum[m]) meminit inter sortilegos et daemonem.

§ 69
Fichardi sententia de crimine magiae.

Anno 1564. Ioannes Fichardus, ICtus et rei publicae Francofurtensis Advocatus, comiti cuidam, consilium eius super actis de crimine magiae et responso alterius ICti expetenti, respondit[n]), rem duabus potissimum quaestionibus absolvi, 1) an sagae secundum confessionem ab ipsis tortura extortam comburendae sint? 2) an eae concubitum cum daemone exercuerint, nocturnasque choreas duxerint? Ad utramque autem eo modo sententiam suam dicit, ut facile adpareat, ei nugas et nequitias inquisitorum et iudicum magnam partem fuisse cognitas[o]).

---

exustarum; cap. 15. recenset exempla feminarum innocentium, ob magiam punitarum caet.

i) Vide Apologeticum subiunctum operi.

k) Lib. IV. tit. 5. §. 1. et 2, ubi erat sedes talia monendi.

l) Supra §. 35.

m) Ex Augustino, et inde excerpto can. 7. in f. C. 26. qu. 2.

n) Consilium hoc inter Consilia Germanica Fichardi reperitur p. 208. seq.

o) Ad primam enim quaestionem respondet, se eius decisionem adfirmativam relinquere conscientias alterius ICti, melius tamen putat facturum fuisse, si alios auctores praeter Malleum maleficarum et Girlandum consuluisset. Ad secundam dicit, illa omnia esse dubia, incredibilia, et impossibilia, ut in illis nemo se fundare possit. Immo subiicit, ea ab inquisitoribus proprii commodi caussa esse excogitata, multaque sanae

gehabt[i]); woraus erhellet, daß der Wierus ob er gleich ein Medicus gewesen, dennoch nach dem Zustande der damahligen Zeiten Geheimnisse der Unbilligkeit, so bey denen Inquisitionibus vorgegangen, viel tieffer eingesehen habe, als der Theologus, Brentius.

§ 68
Lancelotti institutiones iuris can.

Eben in demselben Jahr A. 1563. hat der Lancellotus seine Institutiones iuris Can. geschrieben. Dieser, wenn er geglaubet hätte, daß die Fabeln derer Inquisitorum wieder die Hexen wahr wären, hätte er ohne Zweiffel etwas davon in seine Institutiones bracht. Nun aber, so ist hierinn nicht ein Wort davon zu finden,[k]) sondern er wiederholet vielmehr die Constitution Alexandri IV. davon wir oben[l]) gedacht, daß nemlich die Inquisitores sich nicht solten in die Untersuchung der Zaubereyen einmischen, es sey denn, daß dieselbe offenbahre Ketzereyen wären; und gedencket er nur derer (quasi) pacten[m]) der Zauberer mit denen bösen Geistern.

§ 69
Fichardi Meynung von dem Laster der Zauberey.

A. 1564. hat der Jo. Fichardus ICtus und Advocat bey der Stadt Franckfurt, einem Grafen über gewisse Hexen-Acten, u. über eines andern JCti darüber gemachtes Responsum, sein Consilium geben müssen. Darinn er spricht[n]) die Sache komme hauptsächlich auf 2. Stücken an: I) ob die Hexen auf die von ihnen in der Tortur gethanen Aussage, zu verbrennen seyn? 2) ob dieselbe bey dem Teufel geschlaffen, und des Nachts mit ihm getantzet? auf beydes aber antwortet er dergestalt, daß man wohl siehet, ihm seyn die Possen und Schelmstück derer Inquisitorum grossentheils bekandt gewesen.[o])

---

wäre. C. 22. beweiset er, daß die Menschen nicht könten in wilde Thiere verwandelt werden.
Lib. VI. c. 4. weiset er, das der damals gebräuchl. process. von der Constit. Carolina abgehe. Siehe oben §. 65. c. 7. erzehlet er, die Fabel aus des Vicentii Spiegel von dem wunderlichen Ende einer gewissen Hexe. C. 8. weisst er, daß die Hexen nicht Ketzer wären, C. II. 12 untersuchet er die Bekänntnisse derer verbranten Weiber. C. 15 erzehlet er einige Exempel von unschuldig verbrannten, und um Hexerey willen gestrafften Frauen.

i) Siehe das Apologeticum so dem Wercke angehenget ist.

k) Lib. 4. Tit. 5. §. 1. 2. wo er die rechte Gelegenheit gehabt davon zu reden.

l) Oben §. 35.

m) Aus dem Augustino, und dem daraus excerpirten Can. 7. in f. C. 26. qu. 2.

n) Dieses Consilium ist unter des Fichardi teutschen consiliis p. 208. seq. zu finden.

o) Denn auf die erste Frage antwortet er, daß er die Bejahung derselben Frage dem Gewissen des andern ICti überliesse, doch meinet er, daß derselbe besser gethan, wenn er andere Autores als den Malleum maleficarum, und den Grilandum zu Rath gezogen

§ 70
Naevi eorum qui se inquisitoribus opposuerunt

Cum autem hactenus memorati scriptores, qui iniquitatibus processum contra sagas se opposuerunt p), partim multas fabulas ex vitis patrum, dialogis Gregorii, Vincentio Bellovacensi, Nidero q) caet. haustas, item confessiones per tormenta extortas, ut vel logice, vel ethice veras r) supposuerint; et hoc primo falso admisso, in fontes illarum iniquitatum et caussas genuinas confessionum tormentis extortarum debito modo non inquisiverint; atque sic plura parum cohaerentia immo quandoque contradicentia immiscuerint discursibus suis s): occasionem dederunt aliis viris eruditis, etiam ex ordine Protestantium, ut ista asserta de pactis sagarum cum diabolo, de incubis et succubis, de conventu sagarum, de transformatione magarum in bestias, caet. ulterius incaute quidem, sed bona tamen fide, propagarent.

---

rationi contraria in Formicario et similibus scriptis contineri. Denique addit, non credendum esse denuntiationi ab una saga adversus alteram factae, quia scilicet sagae per Phantasmata soleant decipi, caet.

p) Nimirum Ponzinibius, Alciatus, Autor Mallei iudicum, Wierus, Fichardus, de quibus actum §. 61. 62. 66. 67. 69.

q) De quibus repete monita nostra supra §. 25. seq. usque ad §. 44.

r) i. e. partim crediderunt, patres ecclesiae caet. nihil hic data opera finxisse, nec sagas ex metu tormentorum contra veram animi sententiam confessas esse; partim, quae ab aliis scriptoribus ex relatione aliorum bona fide prodita sunt, revera etiam facta esse.

s) De Ponzinibio quidem in specie nihil memorare possumus, cum eius tractatus non fuerit inspectus. Interim tamen ex illis, quae exinde excerpsit Spinaeus, adparet, quod crediderit, confessiones sagarum tormentis extortas ethice veras fuisse, non logice, sed eas per imaginationem delusas fuisse. De Alciato vide, quae iam notavimus §. 62. litt. n. et o. De Auctore Mallei iudicum iam monuimus §. 66. litt. f. quod ipse admiserit pacta a magis inita esse cum diabolo: unde postea non ratio praegnans adparet, cur non et sagae talia pacta inire potuerint, vel certe iniisse praesumendae sint, caet. Similiter de Wiero narravimus §. 67. litt. h. quod fabulam quandam ex Vincentii Speculo de miserabili sagae cuiusdam interitu recensuerit lib. VI. cap. 7. Etsi vero simul profiteatur ibid. quod illud figmentum esse credat, et quod ea historia fabulae non sit absimilis: eamdem tamen cautionem non adhibuit alibi, ubi promiscue partim ex scriptoribus gentilibus, partim ex scriptoribus historiae ecclesiasticae et Patribus ecclesiae et monachorum libellis multa de apparationibus daemonum item de magorum factis, ut vera recensuit: vide e. g. lib. I. cap. 10. 13. 14. 15. lib. II. cap. 2. et 4. et alibi passim. Sic et Fichardus supra §. 69. litt. o parum caute alterius ICti conscientiae reliquit deci-

§ 70
Fehler dererjenigen, die sich denen inquisitoribus wiedersetzet

Weil aber die bißher erzehlte Scribenten, die sich denen Unbilligkeiten der Inquisitions-Processen wieder die Hexen wiedersetzet[p] zum Theil viele Fabeln aus denen Lebens-Beschreibungen derer Alt-Väter, denen Dialogis des Gregorii, aus dem Vincentio Bellovacensi, Nidero,[q]) etc. genommen, ja die durch die Folter herausgebrachte Bekänntnisse, so wohl logice und ethice für wahr gehalten[r]) und, indem sie diesen Irrthum begangen, nicht den wahren Grund, und die Ursachen dieser durch die Folter herausgebrachten Bekäntnisse gebührender Massen untersuchet; und solchergestalt offt viele nicht zusammenhängende, auch zuweilen sich wiedersprechende Dinge mit untergemischt,[s]) haben sie dadurch andern gelehrten Leuten auch unter denen Protestanten Gelegenheit geben, daß sie die Dinge von denen Pacten derer Hexen mit dem Teuffel, von Buhl-Teuffeln, (Incubis und Succubis,) von der Zusammenkunfft derer Hexen, und von Verwandelung derer Hexen in wilde Thiere etc. unbedachtsamer Weise, wiewohl in guter Meinung, weiter ausgebreitet.

---

hätte. Auf die andere Frage sagt er: Es wäre das alles zweiffelhafft, unglaublich und unmöglich, daß sich niemand drauff gründen könne, und füget er noch hinzu, daß die Inquisitores ihres eigenen interesse willen, solches alles ausgedacht hätten, und fünden sich viele wieder die gesunde Vernunfft lauffende Dinge in dem formicario, und andern dergleichen Schrifften. Endlich spricht er, man müsse der Aussage einer Hexe wieder die andere nicht glauben, weil nemlich die Hexen durch Verblendungen pflegten betrogen zu werden.

p) Nehmlich der Ponzinibus, Alciatus, der auctor des Mallei iudicum, Wierus, Fichardus, von welchen § 61. 62. 66. 67. 69 gehandelt ist.

q) Von welchen zu lesen was wir oben §. 25. seq. biß auff den 44ten §. erinnert haben.

r) Das ist: theils haben sie geglaubet, die Patres ecclesiae etc. hätten nichts aus freyen Stücken erdichtet, und die Hexen hätten auch nicht aus Furcht der Folter wieder ihre Hertzens Meynung bekannt; Theils weil sie geglaubet, daß solches alles auch wahrhafftig geschehen sey, was andere von hören sagen geschrieben.

s) Von dem Ponzinibio kan ich zwar nichts insonderheit sagen, weil ich seyn Werck nicht gesehen. Indessen erhellet aus dem was der Spinaeus daraus excerpiret, daß die denen Hexen auff der Folter ausgepreßte Bekäntnüße zwar ethice aber nicht logice wahr wären, sondern sie wären durch falsche Einbildungen betrogen worden. Den Alciatum betreffend, so siehe was oben §. 62. angemercket worden litt. n. und o. Vom Auctore des Mallei iudicium ist schon oben §. 66. litt. f. gesagt, daß er selbst gestehet, es gäbe pacta die von denen Hexen mit dem Teuffel gemacht worden, daher denn nachgehends keine genugsame Ursache verhanden, warum auch die Hexen nicht solche Bündnisse eingehen können, oder zu vermuthen sey, daß sie selbige eingegangen hätten. Desgleichen habe ich aus dem Wierio erzehlet §. 67. litt. h) daß er Lib. 6. c. 7. eine Fabel aus dem Vincentii Speculo recensiret von dem elenden Untergange einer gewissen Hexe. Denn ob gleich daselbst zugleich gestehet, daß er es vor ein figment hält, und daß diese Historie einer Fabel nicht ungleich sey: so hat er doch diese Cautel an

§ 71
Constitutio Saxonica I. part. IV anno 1572

Igitur non mirandum, quod, cum divus Augustus, Elector Saxoniae, dissensiones ICtorum in definiendis variis iuris quaestionibus, constitutionibus postea editis desinire intenderet[t]), etiam inter alia propositis rationibus dissentiendi circa quaestionem, an crimen magiae indistincte, et etiamsi damnum non fuerit datum, poena capitali puniendum sit[u]); adprobata in constitutionibus sententia adfirmativa, pro mitiganda eius duritie ista communis traditio de pactis et concubitu sagarum cum daemone fuerit inserta[w]); et sic per legem publicam a capite Principum Protestantium latam persuasio ista hactenus vacillans, maximum robur coeperit.

---

sionem primae quaestionis, quod nimirum sagae secundum confessiones in tortura factas comburendae sint, caet.

t) Historiam constitutionum illarum et praecedentium consultationum tradit Daniel Mollerus in Commentario ad praefationem Electoralem.

u) Continentur illae rationes in Consultationibus constitutionum Saxonicarum tom. I. part. 4. qu. 68. et tom. II. part. 4. qu. 7. Auctor prioris consultationis pro indistincta poena capitali pronuntiat; posterioris, casus varios distinguit. Uterque tamen in eo consentit, quod, si pacta cum diabolo sint inita, aut concubitus peractus, poena capitalis locum habere debeat.

w) Part. IV constit. 2. Fuerunt autem Constitutiones hae Electorales editae anno 1572. Et quamvis concubitus espresse non fiat mentio; non tamen sine ratione verba dictae constitutionis, oder zu schaffen hat, de eo explicat Daniel Mollerus in Comment. ad d. constit. respiciens videlicet ad auctores dictarum Consultationum, quos ante oculos habuit, quicumque concepit dictam constitutionem. Istis vero auctoribus Wierus vapulat, nulla tamen alia addita ratione, quam quod fuerit medicus, et non ICtus; et contra Paullus quidam Grilandus utramque ibi facit paginam. haud dubie scriptor pontificius, et fabularum illarum in favorem inquisitorum defensor; cuius scriptum subsequentibus temporibus verosimiliter, per Delrium, Torreblancam, et similes (de quibus infra suo loco), obumbratum fuit.

§ 71
11te Sächsische constitution des IVten Theils 1572

Daher denn nicht zu verwundern ist, daß, als der Hochselige Churfürst Augustus in Sachsen im Willen hatte, die Zwistigkeiten derer Juristen in vielen Rechts-Fragen zu entscheiden[t]) er auch (nach beygebrachten rationibus dissentiendi), bey der Frage, ob das Laster der Zauberey ohne Unterscheid, wenn auch gleich kein Schaden dadurch geschehen, mit dem Leben zu straffen sey?[u]) nachdem er die sententiam adfirmativam in denen constitutionibus beliebet; zu Linderung dieser Strenge, die gemeine tradition von den pacten und dem Beyschlaff derer Hexen mit dem Teuffel hineinbringen lassen,[w]) wodurch diese bißhero noch wanckelbahre persuasion, durch ein von dem Haupte der Protestantischen Fürsten gemachtes Gesetze, sehr befestiget worden.

---

andern Orten nicht gebraucht, da er ohne Unterscheid theils aus heydnischen Scribenten, theils aus denen Scribenten der Kirchen-Historie, und Kirchen-Väter, auch Bücherchen derer Mönche vieles von Erscheinungen derer bösen Geister, wie auch denen Thaten derer Zauberer, als etwas wahres erzehlet. Siehe z. e. L. 1. c. 10. 13. 14. 15. L. 2. c. 2. 4. und sonst hin und wieder. Eben so hat auch der Fichardus oben §. 69. litt. o. mit weniger Behutsamkeit eines andern Gewissen, die Entscheidung der ersten Frage überlassen, daß nehmlich die Hexen nach ihren auff der Folter ausgestandenen Bekänntnüssen zu verbrennen wären.

t) Die Historie dererselben constitutionum, und derer vorhergegangenen Berathschlagungen hat der Daniel Möller in dem commentario zu der praefation für die constitut. elector. aufgeführt.

u) Diese Ursachen sind enthalten in denen Berathschlagungen derer Sächsischen Constitutionum Tom. 1. P. IV. qu. 68. und Tom. II. p. qu. 7. der Auctor der ersten Consultation, setzet ohne Unterscheid eine Todes-Straffe drauff, aber der auctor der andern consultation, machet einen Unterschied unter verschiedene casus. Beyde aber kommen darinn überein, daß, wenn ein pact mit dem Teuffel gemacht, oder der Beyschlaff geschehen sey, die Todes-Straffe statt habe.

w) Part. IV. consist. 2. Es sind diese Churfürstl. constitutiones anno 1572. ediret, und obgleich nicht ausdrücklich des Beyschlafs mit dem Teuffel Meldung geschicht, so erkläret doch der Daniel Möller. die Worte der constitution oder zu schaffen hat, in dem comment. zu obbesagter constitution davon, denn er siehet auff die auctores der consultationum welche derjenige, er sey wer er wolle, der die besagte constitution gemacht, für Augen gehabt. Der Jo. Wierus aber wird von ihnen getadelt, wiewohl sie keine andere Ursach gesetzt, als weil er ein Medicus und kein Jurist gewesen, hergegen wird ein gewisser Jurist Nahmens Paullus Grilandus auff allen Blättern angeführt, der ohne Zweiffel ein Päbstlicher Scribent und Vertheydiger derer Fabeln, in faveur derer inquirenten ist; dessen Schrifft nachgehends wahrscheinlich von dem Delrio, Torreblanca und andern dergleichen Scribenten (wovon unten mit mehrern zusagen) verdunckelt worden.

§ 72

Lamberti Danaei Dialogus de veneficiis 1574

Cum igitur ICti Lutherani in casses inquisitorum inciderint, non adeo vitio vertendum Lamberto Danaeo, theologo reformato, quod anno 1574. dialogum de veneficiis eum in finem ediderit, ut processum contra sagas defenderet; etsi ex eo ubique adpareat, quod vel distincta aperte confuderit, vel dubia et demonstranda ut indubie vera praesupposuerit [x]).

x) Ita u. g. p. 18. Praesupponit contractum inter satanam et sagas. Praesupponit p. 28 tales sortiarios ante Christum natum innotuisse; cum videlicet absurdum sit, Christum, qui venerit ad opera diaboli destruenda, novam illis potestam adiecisse, quam antea non habuerint. Ita p. 31. Scripturae textus adducit, ubi sortiariorum et veneficorum (talium scil. de quibus est quaestio) fit mentio. P. 32. seq. pro existentia (talium) sortiariorum, ad Augustinum, Trithemium, leges Romanas, ius canonicum provocat; (quae tamen, ut supra ostensum, de talibus nihil docent;) item ad propositiones damnatas a Parisiensibus a. 1398. et ad experientiam damnatorum talium magorum plumirorum. P. 39. 40. impugnat eorum sententiam, qui omnia, quae de sortiariis (nota talibus: nam nemo umquam magos in alio significatu negavit,) dicuntur, vel ficta esse asserant, vel melancholico saltem alicui morbo adscribant, quasi scil. illi aeque fidei christianae certitudinem blaspheme tollant, et divinam Christi naturam negent, ac illi, qui daemoniacos a Christo sanatos, pro melancholicis et flava bile laborantibus venditent, (quae, qualis, quanta?) rursus provocans ad confessionem sagarum, quod satanae nates deosculatae sint. P. 42. seq. tamquam fortissimum argumentum adducit illud: posita caussa, poni effectum: at satanam tamquam caussam adesse, qui voluntatem et potestatem (quod erat crinomenon) talia perpetrandi habeat. Ergo. P. 49. seq. aliud argumentum: ui gigantem deiicere potest, ille et puerulum. At sortiarii homines veneno laedere possunt. E. multo magis bruta, herbas, vinum, aquam, aerem, per consessionem divinam. P. 51. ad multa exempla provocat, quae ipse viderit, quod sortiarii rabidos reddiderint, podagram et paralysin in aliis produxerint caet. provocans insuper p. 52. ad auctoritatem Augustini, Virgilii, p. 54. Nicephori Callisti. P. 55. Deum tamen ipsum esse asserit, qui primus haec efficiat, et his hominibus tamquam instrumentis peccata hominum puniat. Non autem esse haec phantastica, sic probat, quod phantasia magorum non possit a laesis sentiri: at laesos revera sentire morbos a sortiariis iniectos. (Id vero hic erat in quaestione, annon sortiarii, ea, quae alii patiuntur, possint sibi imaginari, quod ipsi ea fecerint). Accedere horum confessionem p. 56. et testimonium Augustini, Virgilii, Thomae Aquinatis caet. p. 58. P. 59. tamen contra Augustinum et Apuleium negat. quod sortiarii possint homines mutare in bestias. Nabuchodonosoris metamorphosin adscribendam esse (p. 61.) omnipotentiae divinae, non viribus satanae. (Jam ipse videat, quomodo haec cohaereant cum iis, quae modo ex p. 55. excerpsimus.) P. 64. rursus praesupponit pactum cum satana, et notas ab eo sortiariis impressas, quod ipsi etiam agnoscant iudices, curantes videlicet, ut istae notae inquirantur caet. P. 66. seq. modum paciscendi

§ 72
Lamberti Danaei Gespräch von Hexen

Da nun die Lutherischen Juristen in die Netze derer inquisitorum gefallen, ist dem Lamberto Danaeo einem reformirten Theologo nicht zu verdencken, daß er anno 1574. einen dialogum herausgegeben, den Process wieder die Hexen zu defendiren; ob gleich aus demselben erhellet, daß er bald gantz unterschiedne Dinge offenbahr mit einander confundiret, bald was noch zweiffelhaft und zu beweisen wäre, als unstreitige Wahrheit vorausgesetzet habe.[x])

x) Also z. e. p. 18 setzet er den contract derer Hexen mit dem Satan voraus. Er setzet auch p. 28. voraus, daß es (solche) Hexen auch zu Zeiten Christi gegeben; weil es nehmlich was abgeschmacktes wäre, wenn Christus, der kommen wäre die Wercke des Teuffels zu zerstöhren, demselben neue Macht die er vormahls nicht gehabt gegeben hätte. Eben so führend er p. 31. einige Schrifft-Stellen an, darinn derer Zauberer und Hexen (nemlich solcher: davon die Frage ist) gedacht wird. p. 32. seq. berufft er sich für die exsistence (solcher) Hexen auff dem Augustinum, Trithemium. die Römischen und Päbstlichen Gesetze: (welche doch, wie wir oben gewiesen von solchen Hexen nichts reden) wie auch auff die von denen Parisern verworffene Meynungen 1398. und auff die Erfahrung so vieler solcher verurtheilten Hexen. P. 39. 40. stößt er dererjenigen Meynung um, welche dasjenige, was von denen Zauberern (NB. solchen Zauberern: denn niemand hat sonst die Zauberer in einem andern Verstande geläugnet) gesaget wird, theils vor Dichtungen hielten, theils einer melancholischen Kranckheit zu schieben, gleichsam als wenn dieselbe eben so die Wahrheit des Christlichen Glaubens und die Göttliche Natur bey Christo Gotteslästerlicher Weise läugneten, als diejenige, welche die besessene Leute, welche Christus geheilet, vor melancholisch hielten, (man sehe doch den albern Schluß) und berufft er sich wieder auff das Bekänntnüß derer Hexen, daß sie dem Satan den Hindern geküßt P. 42. seq. bringt er dieses als das schärffste argument vor: wo es eine caussam giebt, da ist auch der effectus: nun gebe es einen Teuffel als eine caussam der den Willen und die Gewalt hat solches zu thun (welches doch eben die Frage ist) also müste es auch den effectum oder solche pacta der Hexen geben p. 49. seq. macht er noch einen andern Schluß: er spricht: wer einen Riesen umwerffen kann, der kan vielmehr ein Kind umwerffen. Nun können aber die Zauberer die Menschen mit Gifft beschädigen, also könne sie vielmehr durch Göttliche Schickung die Thiere, Kräuter, Wein, Wasser, Lufft vergifften. P. 51. berufft er sich auff viele Exempel die er selbst gesehen, daß die Zauberer die Leute schäbicht gemacht, andern die Podagra und den Schlag zu Wege bracht. und beruft sich über diß p. 52. auff die auctorität des Augustini, Virgilii p. 54. Nicephori Callisti p. 55. doch spricht er, es gäbe einen Gott der dieses alles zu erst würcke, und durch diese Leute, als durch Werckzeuge die Sünden der Menschen straffe. Daß es aber keine Phantasey wäre, beweiset er solcher Gestalt er spricht, die Beschädigte könten die Phantasey derer Zauberer nicht empfinden: Allein so empfänden die Beschädigte der That die ihnen von denen Zauberern zugebrachte Kranckheiten. (Allein es war die Frage ob nicht, die Zauberer sich einbilden können, daß dasjenige was andere empfinden von ihnen herkäme). Hiezu kähme auch, spricht er: das Bekäntnüß derer Hexen p. 56. und das Zeugnüß Augustini, Virgilii, Thomae Aquinatis etc. p. 58. 59. läugnet er doch wieder den Augustinum und Apuleium, daß die Hexen die Menschen in wilde Tiere verwandeln könten. Und des

§ 73
Thomae Erasti dialogus de lamiis et strigibus 1577

Uti vero Danaeus non nominat Wierum ita etiam nullum indicium in scripto eius deprehendo, quod adversus hunc praecise calamum direxerit. Sed anno 1577, Thomas Erastus, medicus notissimus, de lamiis et strigibus alium dialogum edidit, in quo etsi etiam non nominet Wierum, tamen ex ipsa inspectione libelli constat, eum adversus hunc directum esse. Quid vero etiam Erastus praestiterit, docebunt excerpta sequentia y).

prolixe describit, ac conventus ad synagogam. Et interrogatus, unde ista sciat. intrepide respondet p. 71. ex infinitis eorum confessionibus constantissimis et simillimis, et ex innumeris adversus eos iudiciis institutis. Ut adeo plura exinde excerpere pudeat et pigeat.

y) Recte quidem p. 19. statum controversiae format, an sagae cum daemone foedus ineant? sed vide iam, quomodo id probet p. 34. Quod sagae existiment, se beneficio diaboli admirabilia agere, et ex pactione talia ab illo postulare, certum est. P. 51. Quod sagae Deum abiurent, et mancipia diaboli se futuras stipulentur, probatione tam non eget, quam ego egere cuperem. Est enim proh dolor! nimis, quam opus est, clarum. Qui negare auderet, homo prudens nullus mihi antehac notus fuit. P. 52. Omnes uno consensu, quocumque loco et tempore interrogentur, hoc ipsum confitentur, tametsi capitale sibi fore praevideant. P. 90. Singulae suos habent amasios, ornatu, adspectu, nomine distinctos, et statim a contracta pactione congredi solent, sicut universae, ubicunque captae fuerint, magno semper consensu asseverarunt. P. 138. Cur igitur ista repetis, et foedus nullum ferire cum daemone intendis ostendere? Et factum possibile est, et saepius, quam vellem, factum est. Non ergo impossibile factum factum fatentur, cum se pepigisse cum diabolo fatentur. Denique p. 145. neque ego aliquas inveniri negavi, quae sine tormentis faterentur crimen suum sed raras esse monui. Etenim aliquae solo METV quaestionum LIBERE ad interrogata respondent. Nec desipiunt, quae sic faciunt. Malunt enim sine cruciatu dicere, quae tormentis extorqueri posse intelligunt.

§ 73
Thom. Erasti Gespräch von Hexen

Gleichwie aber der Danaeus den Wierum nicht nennet, also finde ich im gantzen Buche nicht ein einiges Merckmahl, daß er insonderheit wieder diesen die Feder angesetzet habe. Aber an. 1577. hat der Thomas Erastus, ein bekandter Medicus einen andern dialogum von Lamiis und Strigibus herausgegeben, in welchem, ob er gleich den Wierum nicht nennet, so erhellet doch aus dem Buche selbst, daß es wieder denselben geschrieben sey. Was aber der Erastus hierinn geleistet, wird aus nachfolgenden erhellet.[y)]

Nebuchadnezars Verwandelung (p. 61.) spricht er, es sey die Allmacht Gottes, nicht denen Kräfften des Teuffels zu zuschreiben (nun mag er aber selbst zu sehen, wie das zusammen hänge, mit demjenigen was oben aus der p. 55. excerpiret ist) p. 64. setzet er abermahl das pact mit dem Teuffel, und die denen Hexen von dem Teufel einbrandte Zeichen voraus, als welche die Richter selbst agnoscirten, indem sie nach solchen Zeichen die Leute besichtigen lassen p. 66. seq. beschreibet er die Art und Weise wie das pact zu gehe und wie die Zusammenkünffte geschehen. Und als man fraget, wo er solches her habe, spricht er frey heraus p. 71. er habe es aus derer Hexen unzehligen, beständigen und übereinstimmenden Bekänntnüssen und aus so vieln wieder sie angestelten Gerichten, so daß ich mich schäme mehr aus demselben zu excerpiren.

y) p. 19 formiret er zwar den Statum controversiae recht: Ob nemlich die Hexen mit dem Satan ein Bündnüß machten? Aber man sehe doch nur wie elend ers beweiset. P. 34. Daß die Hexen sich einbilden sie thäten durch Hülffe des Teuffels wundersahme Dinge, und daß sie auch solches Pacts-Weise von ihm fordern, spricht er, das ist gewiß. p. 51. daß die Hexen Gott verschweren, und dem Teuffel versprechen sich ihm zu ergeben, sagt er, hat solches Beweises nicht von nöthen, als er wohl wünschte. Denn es sey leyder, mehr als es nöthig ist, bekandt. Er wisse keinen vernünfftigen Menschen, der sichs unterstanden habe zu läugnen. p. 52. spricht er alle gestehen es einmüthig, sie mögen gefraget werden, wenn oder wo sie wollen, ob sie gleich vorher sehen, daß es ihnen das Leben kosten werde p. 90. eine jedwede Hexe hat ihre Buhler die so wohl den Gesichte, und Zierath als dem Nahmen nach unterschieden seyn, und pflegen so gleich nach dem geschlossenen pact sich zusammengeben, wie sie alle miteinander, sie mögen gefangen worden seyn wo sie nur wollen, jederzeit einmüthiglich bekräfftiget haben. p. 138. spricht er, warum wiederholest du denn solches, und unterstehest dich zu zeigen, daß kein Bündnüß mit dem bösen Geiste zu finden sey. Die That selbst ist ja möglich und öffter als ich wünschte geschehen. Die Hexen gestehen ja, demnach daß die That nicht unmöglich sey, indem sie bekennen daß sie mit dem Teuffel paciscirct. Endlich p. 145. Ich habe ja auch nicht geläugnet daß es einige Hexen gäbe die ohne Tortur ihr Laster gestehen, ich habe nur dieses gesagt, daß es wenig solche Hexen gäbe. Denn einige antworten bloß aus Furcht für der Tortur, freywillig auf die ihnen fürgelegte Fragen, und sind diejenigen auch nicht unklug die solches thun: denn sie wollen lieber ohne Marter sagen, was sie doch wohl wissen daß mans ihnen durch die Tortur auspressen könne.

§ 74
Bodini de magorum daemonomania libri IV. 1579.

Anno 1579. Ioannes Bodinus, homo superstitiosissimus, et magis Iudaeus, quam Christianus [z]), edidit libros IV. de magorum daemonomania, in eo totus, ut facta inquisitorum defendat, potissimum tamen ad exempla confessionum talium provocans, aut ad fabellas putidissimas; in eo maxime capite, ubi de expresso pacto sagarum cum diabolo agit, et an corpore a daemonibus exportentur [a]). Subiunxit etiam confutationem opinionum Wieri, quem ut hominem improbissimum, impostorem, exscriptorem Steganographiae Ioannis Trithemii, et discipulum Cornellii Agrippae, magorum omnium Principis, traducit [b]).

§ 75
Goedelmanni varia de magis et veneficis anno 1584 seq.

Habuit anno 1584. Ioannes Georgius Goedelmannus, ICtus Rostochiensis, disputationem de magis, veneficis, et lamiis [c]). Huius occasione anno 1587. responsum ab eo petiit senatus in quadam civitate Westphaliae, an secundum mores tum receptos pro indicio adversus habenda sit confessio et nominatio aliarum sagarum, accedente probatione per aquam frigidam, et an doctrina Bodini in processu contra sagas sit attendenda [d])? Respondit non solum Goedelmannus [e]), sed etiam hac occasione libros de magis et veneficis postea edidit [f]), in quibus Wieri et Fichardi sententiam potissimum videtur esse secutus [g]).

z) Ut patet ex scelestissimo eius libello, cui titulum dedit: Heptaplomeres.

a) Lib. II. cap. 4.

b) Vid. p. 689. seq.

c) Vide Goedelmann. lib. III. p. 4. et 9.

d) Ibid. p. 5. seq.

e) Vid. ipsum responsum d. lib. III. p. 10. seq. in quo improbat ista indicia, et de Bodini libro recte iudicat p. 38. quod eius libellus multis absurdis opinionibus sit repletus, quod latius probat lib. II. p. 20. 24. 72. 73. 95. et lib. III. p. 27. 36. 46. 99. 198.

f) Priores duo libri videntur continere disputationem ante memoratam, variis tamen augmentis locupletatam. Liber tertius vero videtur confirmare responsum modo allegatum de iusto modo procedendi contra sagas. Ubi inter alia lib. II. p. 80. et lib. III. p. 127. illustrat ea, quae iam supra de Constit. Carolina §. 65. notavimus, quod scilicet eadem nec de concubitu daemoniaco, nec de nocturnis conviviis et transmutationibus Lamiarum, interrogationes institui iubeat.

g) Nam lib. I cap. 2. concedit, magos pacta inire cum daemone, non vero sagas, nisi mere phantastica; quod latius probare intendit lib. II. Liber tertius maxime

§ 74
Bodini 4 Bücher de Daemonomania

Anno 1579. hat der Jo. Bodinus, ein überaus abergläubischer Mensch, und der mehr ein Jud als Christ[z]) gewesen, 4 Bücher de magorum Daemonomania edirt, und bemühet er sich darinn sonderlich die Thaten derer inquisitorum zu defendiren, fürnehmlich aber berufft er sich auff die Exempel solcher Bekäntnüsse, oder auff grobe Mährlein; sonderlich in dem Capitel wo er von den ausdrücklichen pacten derer Hexen mit dem Teuffel handelt, und von der Frage ob dieselben leiblicher Weise vom Teuffel weggeführet würden[a]), er hat auch eine Wiederlegung derer Meynungen des Wierii hinzugefüget, denn er als einen Gottlosen Menschen, Betrüger und Ausschreiber der Stenographiae des Jo. Trithemii, wie auch als einen Schüler des Cornelii Agrippae, des Groß-Vaters aller Zauberer, ausschilt[b])

§ 75
Gödelmanni Schrifften von Zauberern und Hexen

Der Jo. Goedelmannus, ICtus zu Rostock hat anno 1584 eine disputation gehalten von denen Zauberern und Hexen,[c]) bey dieser Gelegenheit nun, hat an. 1587. der Rath in einer gewissen Stadt in Westphalen ein responsum von ihm begehret, ob nehmlich nach dem damahligen Gebrauch, es für ein Zeichen der Hexerey zu halten sey, wenn andere Hexen auf dieselben bekannt, und man noch dazu die Probe auff dem kalten Wasser gebrauchet hätte, und ob des Bodini Lehre von dem Hexen-processe beyzupflichten sey.[d]) Der Goedelmannus[e]) hat hierauf nicht allein geantwortet, sondern auch bey dieser Gelegenheit drey Bücher geschrieben von Zauberern und Hexen[f]) in welchen er des Wieri und Fichardi Meynungen fürnehmlich gefolget ist.[g])

---

z) Wie aus seinem Gottlosen Buch erhellet, welches er Heptaplomeres intituliret.

a) lib. 2. c. 4.

b) Siehe p. 689. seq.

c) Siehe Goedelmann. L. 3. p. 4. 9.

d) ib. p. 5. seq.

e) Siehe das responsum selbst d. l. 3. p. 10. seq. in welchem er die indicia mißbilliget, und von des Bodini Buch recht urtheilet, p. 38. daß dasselbe mit vielen albern Zeug angefüllet sey, und beweiset er dieses L. 2. p. 20. 24. 72. 73. 95. und L. 3. p. 27. 36. 46. 99. 198.

f) Die ersten 2. Bücher scheinen die beyden vorerwehnten disputationes in sich zu halten, jedoch sind dieselben viel vermehret worden, das 3te Buch aber scheinet das jetzt erwehnte responsum zu bestätigen, von dem rechten Mittel wieder die Hexen zu verfahren. Allwo er unter andern L. 2. p. 80. und L. 3. p. 127. dasjenige erläutert, was ich schon oben von der constitut. Carolina §. 65. angemercket habe. Daß nehmlich dieselbe gebôthe, die Hexen werden von dem Beyschlaff mit dem bösen Geiste, noch auch von den nächtlichen Schmausen und Verwandelungen in Thiere zu befragen.

g) Denn L. 1. c. 2. giebt er zu, daß die Zauberer mit dem bösen Geiste ein pact machten, die Hexen aber ausser denen Phantastischen pacten nicht, welches er auch

§ 76
Theatrum de veneficis 1586

Interim, etsi post Reformationem inquisitoribus ipsis non videatur esse magna potestas relicta contra sagas, etiam apud pontificios h); retinuerunt tamen iudices saeculares modum irrationabilem ab ipsis introductum: in quorum usum editum est anno 1586. Theatrum de veneficis i), ut scil. auctor adderet animum iudicibus, qui non nihil segnius contra sagas procederent k). Ex ipsis tractatibus, quae hic exhibentur, constat, iam illis temporibus maximam partem theologorum, ICtorum, et medicorum protestantium, fabulis inquisitorum fuisse infectos, et doctrinam hanc bona fide propagare intendisse l); pauciores vero olfecisse quidem praecipitantiam iudicum, sed tamen ultra cautelas Wieri non processisse m).

§ 77
Sixti V. Bulla contra Astrologos

Video etiam citari n) Bullam Sixti V. papae contra astrologos, haud dubie circa illa tempora editam o); sed quam videre mihi non licuit.

§ 78
Petri Binsfeldii de confessionibus sagarum tractatus 1591.

Anno 1591 Petrus Binsefeldius, suffraganeus Trevirensis, edidit tractatum de confessionibus maleficorum et sagarum, an et quanta fides iis adhibenda sit. Ubi methodo antiqua procedit, et aliorum dicta et fabulas inquisitorum repetit p).

---

commendandus, ubi perspicus docet, processum contra sagas ab inquisitoribus introductum, et rectae rationi et Constitutioni Carolinae aperte repugnare.

h) Nam Protestantes, uti clero non reliquerunt processum inquisitorium contra haereses in genere, ita nec in specie contra crimen magiae. Quod vero, et cur Principes Catholici idem fecerint ratione magiae, patet ex iam dictis §. 34. 45. 54. caet.

i) Seu fasciculus tractatuum variorum de veneficis, vel Germanice scriptorum, vel in Germanicam linguam translatorum.

k) Vide editoris epistolam nuncupatoriam.

l) Unde et pleraque scripta ibi contenta favent doctrinis inquisitorum.

m) E. g. tractatus octavus p. 202. nonus p. 214. undecimus p. 202. caet.

n) A Torreblanca de magia, lib. I. cap. 6. n. 2. p. 171.

o) Torreblanca citat quidem Bullam de anno 1591. sed eo tempore Sixtus V. iam erat mortuus. Ipse enim sedi praefuit ab anno 1585. ad annum 1589.

p) Ex dedicatione auctoris et querelis ibi prolatis adparet, quod tum adhuc non pauci fuerint viri cordati, qui processui illi inquisitorio resisterent.

§ 76
Theatrum de Veneficis

Indessen, ob gleich nach der reformation denen inquisitoribus wieder die Hexen keine grosse Macht gelassen worden, auch sogar bey den Papisten;[h]) so haben doch die Weltlichen Richter, die von denen inquisitoribus eingeführte unvernünfftige manier beybehalten: zu welchem Ende An. 1586. das Theatrum de Veneficis[i]) edirt worden, damit nemlich der auctor denen Richtern einen Muth machte, welche so schläffrig wieder die Hexen verfahren.[k]) Aus denen Tractaten selbst welche in diesem Theatro zu finden, erhellet, daß schon damahls die meisten Protestantische Theologi, Juristen auch Mediciner von denen Fabeln derer inquisitorum eingenommen, und willens gewesen sind, diese Lehre in guter Meynung aus zu breiten;[l]) einige wenige aber haben zwar die Übereilung derer Richter gemercket, aber dennoch nicht weiter als der Wierus sich versteigen wollen.[m])

§ 77
Sixti V. Bulle wieder die astrologos

Ich sehe auch daß des Pabst Sixti V. Bulle wieder die Astrologos angeführet wird[n]) welche ohne Zweiffel um diese Zeiten ediret worden;[o]) aber ich habe selbige nicht können zu sehen bekommen.

§ 78
Petr. Binsfeld. Vom Bekänntnüß derer Hexen.

Anno 1591. hat der Petrus Binsefeldius Suffraganeus zu Trier einen Tractat edirt von denen Bekäntnüssen derer Hexen, und von der Frage ob und wie weit

---

weitläufig zu beweisen sich vornimmt, L. 2. das 3te Buch ist sonderlich zu loben, allwo er deutlich lehret, daß der wieder die Hexen von denen inquisitoribus eingeführte process, so wohl der gesunden Vernunft als auch der Carolinischen constitution offenbahr zu wieder sey.

h) Denn die Protestanten, gleichwie sie der Pfafferey den inquisitions-process wieder die Ketzereyen insgemein nicht lassen, also haben sie ihnen denselben insonderheit nicht wieder das Laster der Zauberey verstattet, daß aber, und warum die Catholischen Fürsten eben desgleichen gethan, in Ansehung der Zauberey, solches erhellet aus dem §. 34. 45. 54.

i) Oder ein fasciculus verschiedener Tracttätchen von Hexen, die entweder Teutsch geschrieben, oder ins Teutsche übersetzt worden.

k) Siehe des editoris Vorrede.

l) Daher auch die meisten darinn befindliche Schrifften, mit der Lehre derer inquisitorum übereinkommen.

m) Z. e. der achte Tractat p. 202. der neundte p. 214. der elffte p. 262.

n) Von Torreblanca in seinem Buch von der Zauberey L. 1. c. 6. n. 2. p. 171.

o) Torreblanca führet zwar die Bulle von A. 1591. an, aber damahls war Sixtus V. schon todt. Denn er ist von An. 1585. biß 1589. Pabst gewesen.

§ 79

Nicolai Remigii de daemonolatria libri tres 1594

Maiori tamen cum applausu excepti sunt Nicolai Remigii [q]) libri tres daemonolatriae [r]), anno 1594. publicati; quamvis methodo plane simplici procedant, et ad persuadendum homines, praeiudicio auctoritatis non plane immersos, omnium minime videantur apti esse, cum totus liber non nisi confessionibus sagarum et exemplis inde desumtis repletus sit [s]).

§ 80

Danielis Molleri commentarius ad Constitutiones Electoris Augusti 1599.

Quamvis autem facile adpareat, similitudinem confessionum a sagis, vel per torturam, vel eius metu extortarum, argumentum nullius momenti praebere pro asserenda earum veritate [t]): imposuit tamen idem argumentum Danieli Mollero,

q) Consiliarii Lotharingici, et in iudiciis capitalibus cognitoris publici.

r) Nam statim anno 1596. in Germania rursus sunt editi, et anno 1598, in linguam Germanicam translati.

s) Statim titulus iucunde delirat: N. Remigii Daemonolatriae libri tres, ex iudiciis capitalibus 9000. plus minus hominum, qui sortilegii crimen intra annos 15. in Lotharingia capite luerunt, miris ac iucundis narrationibus, variarum naturalium quaestionum ac mysteriorum daemoniacorum discussionibus, valde suaves et grati, adque sales monendos inprimis apti. Ipse autor statim in praefatione profitetur, quod dubiam fidem de sagis et earum operibus per certam demonstrationem et ab experientia desumtam, et quidem adpositis loco, tempore, et personis (quasi nimirum saltem dubium hactenus fuerit, an confessiones tales a sagis fuerint editae, non vero, an confessiones, quae editae fuerunt, fidem mereantur), stabilire velit; quod et in toto tractatu fecit. Porro ipse auctor, ut homo valde credulus, confessiones quasvis absurdissimas pro absurdis non habuit, exceptis illis, quod diabolus possit homines in bestias mutare, et liberos generare, (congressum tamen libidinosum concedit,) et quod animae ex corporibus ad tempus excedant, et rursus in illa redeant, caet.

t) Partim propter suggestionem iudicum, quae, uti hodienum etiam, in summariis, quae dicuntur, depositionibus delinquentium sunt satis frequentes; ita nullum est dubium, quin et eo tempore sagis summariter examinatis, tales suggestiones factae fuerint. Unde vir optimus, qui testatur, se per plures annos ut adsessorem scabinatus Lipsiensis plurima acta de crimine magiae perlegisse, fuit deceptus, dum putavit, sagas illas eius modi depositiones sibi similes absque talibus suggestionibus fecisse. Non enim solent scabini Lipsienses examini iudiciali praesentes esse. Sed tacet iam, quasdam sagas sponte, id est, absque suggestione, talia fuisse confessas; sufficit, quod fabulae illae tum in vulgus notae fuerint, adeoque sagae etiam generaliter admo-

denenselben zu glauben seye, in welchem er den alten Schlentrian mit Macht, und die Fabeln derer inquisitorum getrost nachpfeiffet.[p])

§ 79
Nic. Remigius von der daemonolatria

Mit viel grössern applausu sind des Nicol. Remigii[q]) drey Bücher von der daemonolatriae[r]) aufgenommen worden, die anno 1594. edirt sind; wie wohl sie nach einer sehr schlechten methode geschrieben, und am allerwenigsten geschickt sind, Leute die nicht gantz und gar im Vorurtheil ersoffen, zu bereden, indem das gantze Werck mit nichts als Bekäntnüssen derer Hexen, und denen aus solchen Bekänntnüssen hergenommenen Exempeln angefüllet ist.[s])

§ 80
Dan. Möllers Commentarius über Churfürst Augusti constitutiones.

Obs nun gleich klar ist, daß die Übereinstimmende Bekäntnüsse derer Hexen, welche durch die Tortur, oder durch die Furcht für derselben heraus gebracht werden, kein rechtschaffenes argument für die Wahrheit derselben geben[t]); so

p) Aus der dedication des autoris und denen daselbst vorgebrachten querelen erhellet, daß damahls noch viele ehrliche Bieder-Männer gewesen, die dem inquisitions-process wiederstanden.

q) Eines Lotheringischen Rathes und Hals-Richters.

r) Denn sie sind gleich An. 1596. wieder in Teutschland von neuen ediret, und An. 1598. ins Teutsche übersetzet.

s) Der Titel ist gleich Läppisch, Nicol. Remigii 3. Bücher von der daemonolatrie, aus ohngefehr 900. Urtheilen solcher Leute, die Zauberey wegen innerhalb 15. Jahren in Lötheringen den Kopff verlohren, zusammengezogen, und mit wundersahmen und dabey lieblichen Erzehlungen, auch natürlichen Fragen und Zauberischen Geheimnüssen sehr angenehm und insonderheit geschickt gemacht Kurtzweil zu erwecken. Der Autor gestehet selbst gleich in der Vorrede, daß er die zweiffelhaffte Wahrheit von denen Hexen und dererselben Wercken durch eine gewisse demonstration die aus der Erfahrung genommen, und durch Beyfügung der Zeit und derer Persohnen (gleich als wenn es bißher nur zweiffelhafft gewesen wäre, ob die Hexen solche Bekäntnüsse gethan, nicht aber ob den gethanen Bekäntnüssen zu glauben sey) bestätigen wolte; welches er auch im gantzen Wercke so gemacht. Ferner so hat der auctor, der ein sehr leichtgläubiger Mann war, die die allerabgeschmackteste Bekäntnüsse nicht für einfältig gehalten, diejenige ausgenommen, daß der Teuffel die Leute könte in wilde Thiere verwandeln, und Kinder zeugen, (doch steht er einen Beyschlaff zu) und daß die Seelen auff eine Zeit aus denen Cörpern ausgiengen, und wieder hinein kämen.

t) Theils wegen des Zuschubs derer Richter welcher wie er heute zu Tage auch in denen Summarischen Verhören derer delinquenten gar gemein ist, also ist kein Zweiffel, daß man auch damahls bey denen Summarischen examinibus derer Hexen denenselben solche Dinge an die Hand gegeben habe. Daher der gute Mann, der bezeuget, er habe viele Jahre her als Assessor des Leipziger Schöppen-Stuhls, viele acten von dem Laster der Zauberey durchgelesen, sich betrogen hat, indem er gemeinet die Hexen

ICto Saxonico, ut circa finem saeculi XVI.[u]), eo fere solo inductus, propagaret doctrinam de pacto et concubitu diaboli um sagis[w]); cuius adeo auctoritatem secuti sunt postea etiam collegia ICtorum Saxonicorum, et alia[x]).

§ 81
Martini Del Rio Disquisitiones magicae 1599

Anno 1589. Martinus Del Rio, Iesuita, edidit Disquisitionum magicarum libros sex, in quibus, tamquam vir infinitae lectionis, omnes fabulas[y]) collegit, et more scholastico disputans, eo maiori cum successu pondus addidit persuasioni de pacto daemonum cum sagis, et fide confessionibus sagarum adhibenda, quod, observans iam ex Reformatis et Lutheranis aliquot scriptores eius modi fabulas admisisse, eos in subsidium citet[z]). Unde et postea maiori cum imprudentia paene omnes ICti protestantes hunc auctorem tantum non exscribere solent[a]): non considerantes, quod Del Rio calumniosissime multiplicationem et frequentiam criminis magiae Calvinismo, ut ait, et Lutheranismo adscribat[b]), ac Lutherum et Lutheranos ac Reformatos cum impudentia et virulentia maxima traducat[c]).

---

nitae, sie sollten die Wahrheit sagen, damit man nicht nöthig hätte, dieselbe durch andere Mittel aus ihnen zu bringen, metu torturae facile potuerunt res etiam absurdissimas commemorare, quas antea in conventibus omnibus hominum plebeiorum de aliis sagis narrari audiverant.

u) Nam, ut ex privilegio electorali operi praemisso constat, prima editio commentarii prodiit anno 1599.

w) Vide Comment. ad d. part. IV. constit. 2. n. 8. et 19.

x) Ipsius enim commentaria usque ad tempora Carpzovii, tam intra, quam extra Saxoniam in hac quidem materia ab aliis scriptoribus citari solent. Vide e. g. statim §. sequ. litt. z.

y) Ex scriptis philosophorum et poëtarum gentilium, patrum ecclesiae, inquisitorum, caet.

z) Vide lib. V. sect. 16. ubi p. 760. citat Danaeum, Erastum, alios, et p. 762. Danielem Mollerum.

a) Cum in hoc opere omnia collecta deprehenderent, quae ab aliis antea seorsim essent tradita.

b) Statim in praefatione circa finem.

c) Ut lib. III. part. 1 qu. 4. sect. 5. p. 405. litt. c. quod magi Luthero et Zwinglio hospitium paraverint, et quod Calviniani sint veri anteambulones Antichristi, et ibid. q. 8. sect. 1. p. 428 seq. quod atheismus ex Calvinismi radice propullulet, ac idcirco tot passim maleficorum examina multiplicentur; quod daemon Wittebergensis Lutherum in summas angustias et alui profluvium adegerit; quod daemon ex ore cuiusdam obsessae Calvinianos irriserit, nihil sibi ab illis timendum clamans, quoniam amici essent

hat doch dieses argument den Sächsischen JCtum Dan. Möller bewogen, daß er zu Ende des XVI. Saec.[u]) fast eintzig aus diesem Grunde, die Lehre von dem Pact und Beyschlaf des Teufels mit denen Hexen[w]) ausgebreitet: und dessen auctorität sind hernach die Sächsischen so wohl als andere Juristen collegia gefolget.[x])

§ 81

Mart. Delrionis disquisitiones magicae

Anno 1599. hat der Martinus Delrio ein Jesuit sechs Bücher geschrieben von der Zauberey, worinn er als ein sehr belesener Mann, alle Fabeln[y]) zusammen gebracht, und weil er nach Art der Scholasticker disputiret, hat er mit desto grösserm Nachdruck die persuasion von dem pacte derer bösen Geister mit denen Hexen, und von dem Glauben welchen man den Bekänntnüssen derer Hexen beylegen müsse, denen Leuten beygebracht. Denn weil er gesehen, daß so wohl von Lutheranern als auch Reformirten einige solche Fabeln zu gegeben, so führet er solche Scribenten noch zum Überfluß an.[z]) Daher es denn auch kommt, daß fast alle Protestantische Juristen, sehr unbedachtsamer Weise diesen auctorem ausschreiben,[a]) und nicht erwegen daß der Delrio schmählicher Weise den Wachsthum des Lasters der Zauberey dem Calvinismo wie er spricht und Lutheranismo zu schreibet,[b]) und Lutherum und die Lutheraner, wie auch die Reformirten sehr unverschämt, und heftig angreifft.[c])

---

hätten dergleichen Bekänntnüsse gethan, die einander gantz gleich wären, ohne daß die Richter durch ihre Fragen Gelegenheit dazu gegeben. Denn die Leipziger Schöppen pflegen nicht selbst bey solchen examine zu seyn. Aber wenn auch gleich einige Hexen solche Dinge bekandt hätten, ohne daß die Richter durch ihre Fragen Gelegenheit dazu gegeben; so ists genug daß damahls solche Fabeln jedermann bekandt gewesen, daher die Hexen nachdem sie insgemein vermahnet werden: Sie solten die Wahrheit sagen, damit man nicht nöthig hätte, dieselbe durch andere Mittel aus ihnen zu bringen, aus Furcht für die Tortur, gar leicht auch die aller absurdesten Dinge von der Welt vorbringen, welche sie vormahls aller Orten von dem Pövel gehört daß es die Hexen auszusagen pflegen.

u) Denn wie aus dem Churfürstlichen priuilegio welches dem Wercke vorgesetzt ist erhellet, so ist die erste edition dieses commentarii 1599. heraus gekommen.

w) Siehe den comment, ad. P. IV. Const. 2. n. 8. und 19.

x) Denn seine commentaria werden bis auff die Zeiten Carpzovii, so wohl in als ausserhalb Sachsen in dieser Sache von andern Scribenten citiret. Siehe z. e. den folgenden §. litt. z.).

y) Aus denen Schrifften derer Heydnischen Philosophen und Poeten, alten Kirchen-Vätern und inquisirenten etc.

z) Siehe L. 5. Sect. 16. allwo er p. 760. den Danaeum, Erastum, und auch andere anführet und p. 762. den Daniel Möller.

a) Weil sie in diesem Wercke alles beysammen gefunden, welches von andern besonders edirt.

b) gleich zu Ende der Praefation.

c) als Z. E. L. 3. p. 1. qu. 4. Sect. 5. p. 405. lit. c. daß die Zauberer dem Luthero und Zwingilio die Herberge bestellet, und daß die Calvinisten Vorgänger des Antichrists

§ 82
Jacobi, Regis Angliae Daemonologia, initio Saec. XVII.

Maximum autem pondus persuasioni illi de pactis sagarum, potissimum apud Reformatos addidit initio saec. XVII.[d]), quod Jacobus, Magnae Britanniae Rex, edita Anglico sermone Daemonologia, fabulas istas defendere adgressus fuerit. Et non potuit non praeiudicium auctoritatis regiae valde nocere veritati, inprimis illo tempore, ubi ipsi eruditi famigeratissimi Iacobo certatim adulabantur[e]). Quanti vero sit pretii haec Daemonologia, patebit ex paucis excerptis, quae subiiciemus[f]).

---

et foederati; quod eo tempore, quo Lutherus obierit, in Brabantia daemones ab obsessis ad Lutheri funus avolaverint, caet. Plura vide in indicibus sub voce Lutherus et Calvinus. Confer et lib. V. sect. 16. p. 772. Accedit et astutia, qua usus est Del Rio, dum passim simulat, quasi studio veritatis subinde disputet contra assertiones quasdam scriptorum pontificiorum, in quaestionibus ad magiae crimen pertinentibus. Et haec ratio genuina est, cur tot vicibus haec disputationes Del Rii iterum impressae fuerint; non, ut vult Baylius dans la Reponse aux questions d' un Provincial, tom. 1. c. 16. p. III. quod id ideo factum sit, quia nil magis aptum sit ad excusandam incredulitatem, quam si proferantur exempla nimiae credulitatis, quibus repletae sint hae Disquisitiones. (Etsi haec ultima assertio vera sit.)

d) Nam anno 1606. Hermannus Gembergius in Latinam linguam id opusculum transtulit.

e) Praedicantes eum ut sapientissimum, et Salomoni comparandum. Nam post mortem Regis, ut fieri solet, mitius de eius eruditione sentiebant, et hodienum sentiunt cordatiores. Vid. Larreus Hist. Anglic. sub Iacobo I. p. 640. seq.

f) In praefat. p. 8. dicit, se ex conscientia, (quae etiam erronea esse potest), libellum hunc edidisse. P. 9. meminit Angli cuiusdam, nomine Scoti, qui incantationem possibilem esse negaverit, quem propterea Sadducaeum vocat; item Wieri, quem dicit, ex metu, ne puniretur, in scripto suo declarasse, quod sit professionis illus. (Sensui communi haec locutio repugnat, quod aliquis se magnum declaret ex metu, ne puniatur.) P. 13. ad Bodini Daemonomaniam provocat, addens tamen, eam studio maiori collectam, quam iudicio conscriptam fuisse. Provocat etiam ad theologos Germanos, Hyperium et Hemmingium, qui pro eius stent sententia. Lib. I. cap. I. §. 16. potissimum fundamentum scripti sui ponit in confessionibus sagarum. P. 17 contra dissentientes urget canonem, contra negantem principia non esse disputandum; (adeoque fabulas de magis ut principia demonstrationis non indigentia praesupponit), atque iterum experientiam quotidianam, et sagarum confessiones urget Cap. 5. p. 47. libros, dubitationes contra illam persuasionem proponentes, vocat diaboli scholam. Cap. 6. p. 52. sequ. de contractu diaboli cum sagis, eiusque circumstantiis, tamquam si legislatorem ageret, secure pronuntiat, et loco probationis p. 62. dubitantes ad varias historias, easque authenticas, (scilicet) ab aliis auctoribus relatas, ablegat. Lib. II. cap. 39. p. 91. iterum ad confessiones provocat, quod diabolus cum sagis templum ingrediatur, suggestum occupet, et quod sagae in adoratione diaboli eius posteriora osculentur. Addit p. 92. etsi hoc ridiculum videri posset, credibile tamen esse, vere factum fuisse, cum legamus, in Calecuthia diabolum sub forma hirci comparere, et iuramentum fidelitatis a populo illo exigere. Lib. II. cap. 44.

§ 82
Jacobi Königs in Engelland daemonologia in Anfang des XVII. Saec.

Es ist aber die persuasion von denen Pacten derer Hexen sonderlich bey denen Reformirten sehr dadurch gewachsen, daß im Anfange des XVIIten Saec.[d]) der Jacobus König in Engelland, in Englischer Sprache eine Daemonologie edirt, und in derselben sich unternommen, diese Fabeln zu defendiren. Und hat es nicht fehlen können, daß das Vorurtheil einer Königl. auctorität der Wahrheit nicht sehr geschadet, sonderlich damahls, da die Gelehrten in die Wette den Jacobum König in Engelland flattirten.[e]) Allein was von dieser Daemonologie zu halten sey, wird aus nachfolgenden erhellet[f]).

---

wären. Und eben daselbst qu. 8. sect. 1. p. 428. seq. daß der Atheismus aus der Wurtzel des Calvinismi hervor keumete, und daher käme es, daß hin und wieder so viel Hexen-Examina angestellet würden; daß der Wittenbergische Teufel den Lutherum sehr in die Enge getrieben; daß ein böser Geist aus dem Munde einer Besessenen die Calvinisten ausgelacht, und geschryen, daß er sich nicht für dieselben zu fürchten hätte, weil sie seine Freunde und Bundesgenossen wären, daß zu der Zeit, als Lutherus gestorben, in Braband die Teuffel von denen Besessenen ausgefahren, und nach Lutheri Leichbegängniß geflohen wären, Siehe mehr die Register unter dem Wort Lutherus, und Calvinus. Siehe auch L. 5, sect. 16. p. 772. hierzu kommt auch die Arglist, welche der Delrio begangen, da er sich stellet, als wenn er aus Liebe zur Wahrheit, in dem Fragen von der Zauberey öffters wieder die Catholischen Scribenten stritte, und dieses ist die wahre Ursach, warum des Delrii Buch so offt wieder aufgeleget ist; nicht wie Bayle dans la reponse aux questions d' un provincial Tom. 1. c. 16. p. III. will, daß es desfalls geschehen, weil nichts geschickter wäre, die Unglaublichkeit zu entschuldigen, als wenn man viele Exempel von gar zu grosser Leichtgläubigkeit, wovon dieses Buch des Del Rionis voll ist, beybringet, (wiewohl diese assertion an sich wahr ist.)

d) Denn an. 1606. hat der Hermannus Germbergius dieses Werck in die lateinische Sprache übersetzet.

e) Indem sie ihn bei Lebzeiten als den weisesten, und mit dem Salomon zu vergleichenden König gelobet. Nach seinem Tode aber zoge man die Seiten etwas gelinder von seiner erudition auf, und judicirt man sonderlich heute zu Tage gantz anders von ihm. Siehe Larrey Englische Historie unter Jacobo I. p. 640. seq.

f) In der Praefat. p. 8. saget er, sein Gewissen (welches auch irrig seyn kan) habe ihn verbunden, dieses Buch zu schreiben. p. 9. gedencket er eines Engeländers, Nahmens Scoti, der da geleugnet, daß es Beschwerungen geben könne, welchen er desfalls für einen Saducäer schilt; auch gedencket er des Wierii, von welchem er saget, daß er aus Furcht für der Straffe in seinem Buch gestanden habe, er sey von derselben Profession (Allein dieses ist wieder alle Vernunfft, daß einer sich für einen Zauberer ausgeben solte, aus Furcht für der Straffe.) p. 13. berufft er sich auf des Bodini Daemonomaniam, doch fügt er hinzu, sie wäre mit größern Fleiß als iudicio geschrieben, auch berufft er sich auf die teutschen Theologos, den Hyperium und Hemmingium, als welche auf seiner Seite wären. Lib. 1. c. 1. §. 16. setzet er das Haupt-Fundament seines Buchs auf die Bekänntnisse derer Hexen P. 17. urgiret die Regel wieder seine Wiedersacher, daß man wieder denjenigen, der unserer principia negirt, nicht disputiren solle; (also setzet er die Fabeln von denen Hexen, als solche principia, die keines Beweises vonnöthen

§ 83

Franc. Torreblanca de magia 1613

Anno 1613. Franciscus Torreblanca, ICtus Hispanus, quatuor libros de magia edidit, postea Lugduni 1678. iterum impressos; quibus etiam strenue utuntur iudices et advocati in quaestionibus de sagis; etsi et hic nil nisi fabulas inquisitorum fundamenti loco ponat[g]).

---

p. 99. tamen dicit, esse incredibile, quod diabolus corpora sagarum comprimere possit, ut per spatia locorum arcta penetrare possint; quia hoc non minus, quam transsubstantiatio pontificia, quantitati corporis naturalis adversetur. Cap. 5. p. 164, seq. in caussas inquirit, cur plures mulieres, quam viri, arti huic addictae sint. Cap. 6. p. 121. adserit, sagas maiori potestate praeditas esse adversus magistratus negligentes, quam adversus eos, qui severe in eas inquirunt, ac eas torquent ac puniunt secundum legem Dei. Cap. 7. p. 127. seq. docet, spectra et larvas magis abundasse in papatu, sed haec cessasse post Reformationem. Contra potestatem sagarum diabolicam magis invaluisse post Reformationem, quod experientia in Hibernia testetur. Posterius negantes, iterum vocat Sadducaeos, iisque imputat, acsi simul tacite negent ipsius Dei omnipotentiam. Lib. III. Cap. 3. p. 155. seq. confirmare vult persuasionem de incubis et succubis, et caussas enarrat, cur spiritus isti potius in septentrionalibus, barbaricisque mundi partibus, scil. in Lapponia, Finlandia, Orenia, Scotia, quam in aliis mundi regionibus, versentur. Cap. 6. p. 185. dicit, vel ideo denuntiationis sagarum per alias sagas pro validis habendas, quia versemur in negotio proditionis summae adversus Principem Principum, i. e. Deum, (adeoque in crimine excepto) caet.

g) Ut ex ungue leonem noscas, lib. II. cap. 6. n. 4. seq. p. 172. cum allegatis legum et doctorum probat, contractum diaboli cum sagis esse contractum innominatum, do ut facias, ex quo nascatur actio praescriptis verbis, diabolo quidem adversus hominem, (mirum, quod non etiam fabulas excogitaverint de actionibus his secundum formulas pragmaticorum a diabolo adversus sagas institutis,) non tamen adversus daemonem. Etsi enim ultro citroque obligationem producant, in daemonem tamen non cadere obligationem, neque civilem neque naturalem, quia non sit pura creatura anima et corpore constans; neque hominem habere iustam caussam ea de re conquerendi, quia contrahens non debeat esse ignarus conditionis eius, cum quo contrahit, caet. Quis non misereatur ineptiarum?

§ 83
Franc. Torreblanca von der Zauberey.

An. 1613. hat der Franc. Torreblanca, ein Spanischer JCtus, vier Bücher von der Zauberey edirt, welche nachmals wieder zu Lion 1678. gedruckt worden; deren sich auch die Richter und Advocaten in denen Hexen-Processen bedienen, ob er gleich nichts als die Fabeln derer Inquisitorum zum Grunde leget.g)

---

hätten, zum Voraus) und urgiret er wiederum die tägliche Erfahrung, und die Bekänntnisse derer Hexen C. 5. p. 47. nennet er die Bücher, welche an dieser persuasion zweiffelten, des Teuffels Schule. C. 6. p. 52. seq. redet er gantz frey heraus von dem Pact des Teuffels mit denen Hexen, und denen dabey vorgehenden Umständen, gleich als wenn er ein Gesetzgeber wäre, und an statt des Beweises, weiset er p. 62. die daran zweiffelnde auf unterschiedene, und zwar wahrhafftige Historien, (nemlich die von andern erzehlet.) L. 2. c. 3. p. 29. berufft er sich wieder auf Bekänntnisse, daß der Teuffel mit denen Hexen in die Kirche gienge, und daß die Hexen den Teuffel bey der Anbetung den Hintern küßten. Und p. 92. fügte er hinzu, daß, obs gleich lächerlich schiene, so sey es doch gläublich, daß es wahrhafftig geschehen sey, weil man lieset, daß in Calecutien der Teuffel in Gestalt eines Bockes erscheinet, und von dem Volck daselbst einen Eyd der Treue sich schweren lasse. L. 2. c. 4. p. 99. spricht er aber dennoch, es sey ungläublich, daß der Teufel die Leiber derer Hexen so zusammen zwingen könne, daß sie könten durch enge Oerter durchkommen, weil dieses eben wie die transsubstantiation derer Papisten der natürlichen Grösse derer Cörper zuwieder wäre. C. 5. p. 104. seq. untersuchet er, wie es doch käme, daß mehr Frauen als Mannespersonen sich auf diese Künste legeten. C. 6. p. 121. behauptet er daß die Hexen grössere Gewalt hätten, wieder die nachläßige Obrigkeit, als wieder diejenige, die scharff wieder dieselben inquiriren, sie martern, und nach dem Gebothe Gottes straffen lassen. C. 7. p. 127. seq. lehret er, daß es mehr Gespenster im Pabstthum gegeben, und daß nach der Reformation man nicht mehr davon wisse, herentgegen wäre nach der Reformation die teuffelische Gewalt deren Hexen weit mehr kund worden, welches er mit der Erfahrung in Engelland bezeugen könte, welche aber dieses läugnen, nennet er abermahl Saducäer, und giebt ihnen schuld, daß sie zugleich heimlich die Göttliche Allmacht läugneten. L. 3. c. 3. p. 155. seq. will er die persuasion von den incubis und succubis bestätigen, und führet er die Ursachen an, warum diese Geister sich meistens in denen Nordischen und barbarischen Provincien, als Lappland, Finland, in denen Orcadischen Inseln, und Schottland sich aufhalten. 6. p. 185. spricht er: daß auch desfalls die Zeugnisse derer Hexen von andern Hexen für wahr zu halten wären, weil es eine Verrätherey beträffe, die wieder den Fürsten aller Fürsten, das ist Gott gienge (und also ein besonders Laster wäre.)

g) Damit man den Vogel an den Federn kenne, so wollen wir sehen, was er L. 2. c. o. n. 4. seq. p. 172. spricht:
nehmlich er beweiset daselbst mit vielen allegatis legum und Doctorum, daß der contract derer Hexen mit dem Teufel ein contractus innominatus sey do vt facias. Woraus der Teuffel zwar eine actionem praescriptis verbis wieder den Menschen bekomme, aber die Menschen nicht wieder den Teuffel, (es ist nur wunder, daß er nicht Fabeln erdacht hat, von solchen actionibus, die nach denen Formuln derer Advocaten von dem Teufel wieder den Menschen angestellet sind) denn ob sie gleich auf beyden Seiten eine obligation producirten, so wäre es doch ohnmöglich, daß der Teuffel weder natürlicher

§ 84

Carpzovii doctrina de sagarum pactis et concubitu cum daemone circa medium saeculi XVII.

Denique cum Benedictus Carpzovius, ICtus alias de universa iurisprudentia, Saxonica praecipue, immortaliter meritus, circa medium Saeculi XVII. partim doctrinas inquisitorum saepius memoratas defendere multis rationibus allaboraverit [h]), partim sententias scabinorum Lipsiensium ab anno 1582. ad annum 1622, recensuerit [i]), in quibus referunter confessiones sagarum de rebus rationem omnem et fidem superantibus, sed tamen, acsi verae essent, a iudicibus acceptis: ad eius auctoritatem et ad illas sententias postea unanimiter provocarunt ICti pariter et theologi Protestantes. Ut adeo non opus sit, ut in horum sententiis ulterius recensendis simus prolixiores.

§ 85

Gabr. Naudaei Apologia pro viris Magnis falso Magiae accusatis 1653.

Sed voluit tamen divina providentia, ut excoecantibus se ipsos in media Evangelii luce eruditis Evangelicis, ex mediis papatus tenebris surgerent, qui errorem illum iam communem et universalem iterum destruere aggrederentur. Anno enim 1653. Gabriel Naudaeus edidit idiomate Gallico Apologiam pro viris magnis falso magiae accusatis [k]), librum eruditum, et studiosis veritatis inprimis commendandum [l]); etsi et hic glaciem saltem fregerit, et multa reliquerit addenda et emendanda aliis [m]).

h) In practica rerum criminalium, qu. 48. 49. 50.

i) Quae subiuncta sunt d. quaest. 50.

k) Puta Zoroastre, Orpheo, Pythagora, Numa Pompilio, Democrito, Empedocle, Appollonio, Alchindo, Geber, Artephio, Thebir, Anselmo de Parma, Raymundo Lullio, Arnoldo de Villa Nova, Petro de Apono, Paracelso, Henrico Cornelio Agrippa, Savonarola, Nostradamo, Divo Thoma, Rogerio Bacone, Thoma Burgeio, Michaele Scoto, Iohanne Pico Mirandulano, Trithemio, Roberto Lincolnensi, Alberto Magno; Papis Sylvestro II, Gregorio VII. caet Iosepho, Salomone, sapientibus ex oriente, Virgilio caet.

l) Inprimis quod Cap. 3—7. agat de caussis variis, ob quas multi pro Magis falso fuerint habiti, u. g. quod ipsi talem famam adfectaverint, item ob singularem eruditionem, inprimis studia mathematica; ob libros magicos illis falso adscriptos, ob odia, ignorantiam, credulitatem aliorum, ob scriptores Romanicos, ob fabulas Nideri, Sprengeri, Institoris, Bodini, et similium. Item, quod cap. 22. et ult. recenseat caussas, quibus talia mendacia per aliquot saecula pro veris fuerint habita, nempe scriptorum credulitatem, indigentiam, superbiam, polymathiam, caet. Vellicat equidem pro more suo Gisbertus Voëtius, parte tertia disp. select. p. 613. Naudaei hoc scriptum variis modis; sed vellicat saltem.

m) Inprimis circa ortum et caussas fabularum harum.

§ 84
Carpzovii Lehre von den Bündnüssen und Beyschlaff derer Hexen mit dem Teuffel.

Endlich als der Benedictus Carpzovius, der sich im übrigen in der Sächsischen Jurisprudence unsterblichen Ruhm zuwege bracht, in der Mitte des XVII. Saec. sich theils bemühet, die Lehren derer Inquisitorum mit vielen Gründen zu beweisen,[h]) theils die Rechts-Sprüche derer Schöppen in Leipzig von A. 1582. biß 1622. zu recensiren[i]) in welchen die Bekäntnüsse derer Hexen von Sachen, welche alle Vernunfft und Glauben übersteigen, aber dennoch von denen Richtern für wahr angenommen worden, referiret werden; Haben nachmahls die Juristen so wohl als auch die Lutherische Theologi, auf dieses Mannes auctorität, und auf die referirten Rechtssprüche sich beruffen, dergestalt, daß nicht nöthig ist, sich in recensirung dieser Leute Meinung weitläufftig aufzuhalten.

§ 85
Gabr. Naudaei Schutzschrifft für alle fälschlich der Zauberey wegen beschuldigte

Nichts destoweniger hat es der Göttlichen Providence beliebet, daß da sich bey dem hellen Licht des Evangelii, einige Evangelische Lehrer selbst blind gemacht, mitten aus der Finsterniß des Pabstthums einige aufgestanden, welche diesen gemeinen Irrtum wieder übern Hauffen zu werffen sich bemühet. Denn 9. 1653 hat der Gabriel Naudaeus eine Schutz-Schrifft in Frantzösischer Sprach ediret, worinn alle vornehme Leute, die der Zauberey fälschlich beschuldiget sind[k]) vertheidiget werden, welche ein sehr gelehrtes, und einem Wahrheit liebenden Studioso für andern zu recommendirendes Buch ist;[l]) wiewohl auch dieser Mann

---

noch bürgerlicher Weise könne obligiret werden, weil er nicht eine blosse Creatur sey, die aus Leib und Seele bestehet, es habe auch der Mensch kein Recht, sich hierwieder zu beschweren, weil der Contrahent wissen solle, die Condition desjenigen, mit dem er contrahiret (wer sollte sich doch nicht über solch elendes Geschmiere erbarmen.)

h) In der Practica von Criminal-Sachen. qu. 48. 49. 50.

i) Welche nach der obbesagten qu. 50. gesetzet sind.

k) Nehmlich für den Zoroaster, Orpheus, Pythagoras, Numa Pompilius, Democritus, Empedocles, Apollonius, Alchindo, Geber, Artephio, Thebir, Anselmum von Parma, Raymundum Lullium, Arnoldum de Villa nova, Petrum de Apono, Paracelsum, Henr. Cornel. Agrippam, Savanarolam, Nosteradamum, Diuum Thomam, Rogerium Baconem, Thom. Burgeium. Mich. Scotum, Jo. Picum Mirandolanum, Trithemium Robertum Lincolnensem, Albertum M. wie auch für die Päbste Sylvestrum II. Gregorium VII. etc. Josephum, Salomon, und die Weisen aus Orient, Virgilium, etc.

l) Insonderheit daß er Cap. 3—7 von vielen Ursachen handelt, warum viele fälschlich vor Zauberer gehalten worden, Z. E. daß sie solchen Ruff selbst affectiret, oder daß es herkommen sey von ihrer sonderbahren erudition, sonderlich im studio mathematico; von zauberischen Büchern, die man ihnen fälschlich zugeschrieben, wie auch von anderer Leute Haß, Unverstand, und Leichtgläubigkeit it. von denen Roman-Schreibern, Fabeln des Nideri, Sprengeri, Institoris, Bodini und ihres gleichen. it. daß er im 22ten und letzten Capitel Ursachen anführe woher es kommen, daß man einige

§ 86
Auctor Cautionis criminalis de processibus contra sagas.

Propius tamen ad scopum nostrum accessit auctor Cautionis criminalis de processibus contra sagas [n]); quem, etsi nomen suum non adposuerit, fuisse tamen Patrem Fridericum Spee, Iesuitam, indicavit illustr. Leibnitius [o]): hic enim summam iniquitatem processus inquisitorii contra sagas ita ad oculum demonstravit, ut merito ruborem excutere debeat defensoribus huius processus inter Evangelicos.

§ 87
Alia quaedam scripta huc Pertinentia.

Pertinet etiam huc meditatio Richardi Simonis super sententia condemnatoria in processu inquisitorio contra sagas a consilio regio Parisiensi annullata [p]); et scriptunr sactyricum ante biennium Amstelodami editum [q]).

n) Qui iam anno 1642. prodiit, et anno 1648. ab Hermanno Schmidio in linguam Germanicam est translatus.

o) Ex cuius relatione Placcius Theatro anonymorum veri auctoris nomen inseruit. Confer eiusdem illustris viri tractatum anno 1710. Gallico idiomate conscriptum sur la Bonté de Dieu, et la liberté de l'homme, part. 1. p. 115. seq.

p) Tomo II. Bibliothecae criticae cap. 6. p. 114. seq. cuius rubrica est: Reflexions sur un Arrêt du Conseil, qui casse in Arrêt du Parlement de Rouen contre quelques personnes condamnées à mort comme Sorciers. Diverses remarques sur les Livres, qui traitent de Magie et Cabbale.

q) L'Histoire des imaginations extravagantes de Mons. Oufle, causées par la lecture des Livres, qui traitent de la Magie, des Sorciers, Loups. garoux, Incubes, Succubes, et du Sabbat caet. ubi absurdissima quaeque ex defensoribus processus contra sagas et similium nugarum excerpta sunt.

erst das Eiß gebrochen, und andern vieles auszubessern und zu vermehren nachgelassen hat[m]).

§ 86
Der Auctor der Criminal Caution in dem Process wieder die Hexen.

Es hat aber noch näher zu unserm Ziel geschossen, der auctor der Criminal-Caution von denen Processen wieder die Hexen;[n]) welcher, ob er gleich seinen Nahmen nicht vorgesetzet hat, dennoch, wie der Herr Geheimde Rath Leibnüz[o]) zeigt, der Pater Spee ein Jesuit gewesen ist. Denn dieser hat die grosse Unbilligkeit des Inquisitions-Processes wieder die Hexen so deutlich vor Augen geleget, daß die Vertheidiger desselben unter denen Protestanten sich billig schämen solten.

§ 87
Verschiedene hierher gehörige Schrifften

Hierher gehöret auch des Richard Simons Meditation über das vom Königl. Rath zu Pariß vernichtete Urtheil[p]) welches in deme inquisitions-Process wieder die Hexen ergangen war, und die vor 2. Jahren zu Amsterdam herausgegebene Satyrische Schrifft.[q])

Saecula her solche Fabeln für wahr gehalten; nemlich von der Leichtgläubigkeit, Dürfftigkeit, Hochmuth, derer Scribenten. Der Gisbertus Voetius zapfet zwar Parte III. disp. Select. p. 613. dieses Buch des Naudaei mancherley Weise an, allein es bleibet auch nur beim Anzapffen.

m) Insonderheit was den Ursprung und die Ursachen dieser Fabeln anbetrifft.

n) Welches schon A. 1642. heraus kommen, und A. 1648. von Herman Schmidio ins Teutsche übersetzet ist.

o) Aus dessen Munde der Placcius in dem Theatro anonymorum den wahren Auctorem entdecket. Siehe auch des Herrn Leibnütz Frantzösisches Tracttätchen, so an. 1710. ediret worden: von der Güte Gottes, und der Freyheit des Menschen part. 1. p. 215 seq.

p) Tomo II. Bibliothecae criticae c. 6. p. 114. seq. dessen Überschrifft ist: Betrachtung über einen Spruch des Raths, worin ein Urtheil des Parlaments zu Rouen, das wieder einige wegen Hexerey zum Tode verurtheilte Persohnen gesprochen, abgeschaffet wird. Verschiedene Anmerckungen über die Bücher, welche von der Zauberey handeln.

q) Historie der seltenen Einbildungen, welche Mr. Oufle, aus Lesung solcher Bücher bekommen, welche von der Zauberey, Beschwörungen, Wehr-Wölffen, Buhlteufeln handeln. Worinn die aller absurdesten Dinge aus denen Vertheidigern des Hexen-Processes und andern dergleichen Possen zusammen getragen sind.

§ 88
Conclusio

Unde sperandum est, persuasionem illam communem de sagis tandem aliquando iterum interituram esse[r]); ut adeo non opus sit, ut multa admoneamus de primariis erroribus, ex quibus haec persuasio orta fuit, et quomodo unus error alterum generaverit, item de impedimentis, cur primi adversarii illorum errorum, ut Wierus caet. non multum potuerint proficere. Quamvis etiam ex hactenus sparsim quoad historiam horum errorum dictis, a lectoribus iudicio pollentibus facile tales observationes in ordinem redigi possint, et nonnulla etiam hic suppeditet Naudaeus[s]).

r) Nam plus nocent eius modi persuasionibus aperte insulsis scripta satyrica, quam refutationes seriae. Ita u. g. Erasmi Colloquia et Encomium moriae plus nocuerunt superstitionibus monachalibus et erroribus academicis, quam disputationes maxime seriae primorum Reformatorum. Adde, quod illustris Leibnitius notaverit loco modo litt. o. citato p. 217. quod Friderici Spee Cautio criminalis iam effecerit, ut non solum ab Electore Moguntino, sed et a Ducibus Brunsvicensibus, et a plurimis aliis Principibus Germaniae, illa iniquitas processus inquisitorii contra sagas fuerit abrogata.

s) Dict. tract. cap. 3. 4. 5. 6. 7. et 22.

§ 88
Beschluß

Daher denn zu hoffen ist, daß die gemeine persuasion von denen Hexen, endlich wieder zu Grunde gehen werde;[r]) und dannenhero nicht nöthig ist, daß wir viel von denen ersten Irrthümern, aus welchem diese Einbildung entstanden, und wie ein Irrthum aus dem andern gekommen, wie auch von denen Verhinderungen, welche denen ersten Wiedersachern solcher Irrthümer, als dem Wierio etc. entgegen gewesen, sprechen, und wie es kommen sey, daß sie nicht viel ausrichten können. Wiewohl aus dem, was bißher gesagt worden, der kluge Leser gar leicht sich solche Anmerckungen von selbst machen kan, zumal da der Naudaeus[s]) hierzu vieles an die Hand giebet.

---

r) Denn solche Satyrische Schrifften schaden denen groben Einbildungen mehr, als recht ernsthaffte Wiederlegungen. So haben Z. E. des Erasmi Colloquia und encomium moriae, denen Aberglauben derer Mönche mehr Schaden gethan, als die allerernsthafftesten Disputationes derer ersten Reformatorum. Siehe des Hrn. Leibnüz Tr. welchen wir oben titt. o) allegirt p. 217. woselbst er angemercket, daß des Spee Buch so viel gewürcket, daß so wohl von dem Churfürsten von Mayntz, als auch von denen Hertzogen von Braunschweig, und andern teutschen Fürsten die so ungerechte Inquisitions-Processe wieder die Hexen, abgeschaffet worden.

s) In eben demselben Tr. im 3. 4. 5. 6. 7. und 22. Capitel.

Aus:

Christian Thomasens

Erinnerung

Wegen seiner künfftigen

Winter-Lectionen /

So nach Michaelis

Dieses 1702. Jahres ihren

Anfang nehmen werden.

Halle im Magdeburgischen /
Zu finden im Rengerischen Buchladen.

II. Nachdem ich auch leider erfahren müssen, daß man durch meine Disputation de Crimine Magiae Gelegenheit genommen mich fälschlich zu beschuldigen, als glaubete ich keine Teuffel, unerachtet das Gegentheil mit offenbahren und deutlichen Worten der Disputation selbst zu lesen ist; Als habe ich Gelegenheit genommen, bey dem Discurs von denen Aegyptischen Zauberern meine Unschuld klärlich zu zeugen, und meine Meynung von Hexen ausführlicher als in der Disputation wegen Kürtze der Zeit und damahligen Vorhabens geschehen können, zu melden. Nemlich gleich wie ich 1. den Teuffel glaube, und ihn 2. für eine allgemeine Ursache des bösen, folglich auch 3. des Sünden-Falls der ersten Menschen halte; Also glaube ich 4. auch, daß Zauberer und Hexen seyn, die denen Menschen und Vieh auff verborgene Weise schaden zufügen. Ich glaube auch 5. Cristallenseher, Beschwerer, und die mit aberglaubischen Sachen und Seegensprechen allerhand wunderliche Sachen verrichten. Ich gebe auch endlich zu, daß 6. von diesen Leuten etliche Dinge verrichtet werden, die nicht für Gauckeleyen und Betriegereyen zuhalten, auch nicht denen verborgenen Würckungen der natürlichen Cörper und Elementen füglich können zugeschrieben werden, sondern muthmaßlich von Teuffel herkommen: Wie dann auch 7. etliche Dinge zu weilen vorkommen, da man nicht anders sagen kan, als daß sie von einer höhern als menschlichen Macht herkommen, und doch GOTT und seinen guten Engeln nicht können zugeschrieben werden, als wenn zum Exempel aus dem Menschlichen Leibe allerhand natürliche, sonderlich aber künstliche Dinge, als Zwirn, Steckenadeln, Scherben, Haare, Hecht-Zähne, und zwar in grosser Menge aus Oertern, die dieselbe nicht fassen können, zum Exempel aus den Ohren herfür kommen. 8. Ich lobe auch, daß man die Cristallenseher, Beschwerer, Seegen-Sprecher u.s.w. in einer wohlbestellten Republique nicht duldet, sondern daraus verjaget, auch wohl nach Gelegenheit schärffer straffet. 9. Ich lobe, daß man diejenigen Zauberer und Hexen, die den Menschen auch nur auff eine verborgene Weise Schaden thun, am Leben strafft, wenn auch schon der Schaden vermittelst sonst unbekandter und geheimer Kräffte der Natur geschehen, oder wenn auch würcklich kein Schade drauff erfolget wäre, sondern nur die Zauberer und Hexen, so viel an ihnen gewesen, mit ihren Beschweren und Gauckeleyen sich Schaden zu thun bemühet hätten. 10. Aber ich leugne noch beständig, und kan es nicht glauben, daß der Teuffel Hörner, Klauen und Krallen habe, daß er wie ein Pharisäer, oder ein Mönch, oder ein Monstrum, oder wie man ihn sonst abmahlet, aussehe. Ich kan es nicht glauben, daß er 11. könne einen Leib annehmen, und in

einer von diesen oder andern Gestalten den Menschen erscheinen. Ich kan es nicht glauben, daß er 12. Pacta mit denen Menschen auffrichte, sich von ihnen Handschrifften geben lasse, bey sie schlaffe, sie auff den Blockers-Berg auff den Besen oder den Bock hohle u.s.w. Ich glaube 13. daß dieses alles entweder Erfindungen von müßigen Leuten sind, oder falsche Erzehlungen derer, die andere betriegen wollen, sich dadurch ein Ansehen zu machen, oder Geld von ihnen zu bekommen; oder Melancolische Einbildungen, oder durch den Hencker erpreßte aussagen. Ich glaube 14. daß die gemeine gegentheilige Meinung dadurch nichts gewinnet, wenn ich gleich zugebe, daß durch Aberglauben und Seegensprechen allerhand wunderliche Sachen geschehen. Denn wer weiß nicht, daß z. E. die Jüden, wenn sie ein Brodt mit gewissen Characteren bezeichnet ins Feuer werffen, oder sonst das Feuer versprechen, verursachen, daß das Feuer nicht weiter brennt: Wer weiß nicht, daß die Zigeuner ihr Feuer in den Ställen und Scheunen anmachen, und es doch keinen Schaden thut? Ich habe aber noch keinen gehöret, der da vorgegeben hätte, daß entweder diese Jüden, oder die Zigeuner Hexenmeister wären, und Pacta mit dem Teuffel gemacht hätten. Ich glaube 15. daß die gemeine Meinung nichts gewinne, wenn ich gleich zugebe, daß etliche Kranckheiten vom Teuffel herrühren, und von denen Zauberern durch Hülffe des Teuffels zuwege gebracht werden. Die heiligen Männer, die durch Gottes Krafft und durch den Glauben Wunder gethan haben, haben deswegen keinen Pact mit unserm HErrn GOtt gemacht, oder ihm eine Handschrifft gegeben. Warum solte der Teuffel nicht auch ohne sichtbaren Packt durch die Kinder des Unglaubens würcken, oder ihr böser Glaube und starcke Impression und Verlangen nicht auch können durch des Satans Krafft was böses würcken? Wie sich GOtt denen Gläubigen und Propheten hat durch Gesichte, Träume, Stimmen geoffenbahret, also kan ja auch der Teuffel denen Zauberern und Hexen die abergläubischen Mittel zu Schaden unsichtbahrer Weise offenbaren. Ich halte 16. dafür, daß wie der bißherige Hexen-Proceß nichts getaugt, da man das Bündnüß mit dem Teuffel zum Grund des Processes geleget hat, quod non est in rerum natura; also auch sehr behutsam verfahren werden müsse, wenn man die Leute beschuldigen will, daß sie durch Hexerey Schaden gethan, denn es gehöret viel Beweiß darzu, und die gemeine Indicia auch die, so in der Peinlichen Halß-Gerichts-Ordnung vorgeschrieben worden, sind nicht richtig, wie in der disputation gezeiget worden: Sonderlich aber gehören 17. bey denen wunderlichen und übernatürlich scheinenden Kranckheiten grosse Untersuchungen darzu, ob nicht ein Betrug dahinter stecke, non obstante, daß viel Gelehrte und glaubwürdige Leute die Sache bezeugen, wenn es auch gleich Doctores Medicinae sind. Denn es werden glaubwürdige und gelehrte Leute so wol, wo nicht eher, betrogen, als andere. Und ich glaube gewiß, daß 18. unter denen ausgegebenen über natürlichen Kranckheiten, davon man itzo ein gantzes Buch colligiret hat, die meisten mit einer Betrügerey vergesellschafftet sind, und daß unter hunderten kaum eine ohne hocus pocus und

menschliche Geschwindigkeit sey zugegangen. Die bekandte Betrügerey mit dem güldenen Zahn bescheiniget, das Schelmstücken hinter einem Dinge stecken können, davon doch die Herren Medici Bücher schreiben und causas rei untersuchen. So muß ich auch 19. bekennen, daß ob schon, wenn ich sähe, daß Z. E. aus eines Menschen Ohr nach einander eine gantze Schüssel voll Hecht-Zähne gezogen würden, ich selbst anfänglich nicht anders sagen würde, als daß die Sache mit Hülffe des Teuffels und Hexerey zugangen sey; dennoch wenn die Sache scharff poussiret werden solte, wüßte ich nicht was ich einem antworten wolte, der mir objicirte: Daß man dergleichen Kranckheit deßwegen nicht für natürlich hielte, weil es eine contradiction sey, daß das menschliche Gehirne solche Dinge, und zwar in so grosser Menge in sich fassen könne: Nun könne aber ja auch der Teuffel nicht contradictoria zu wege bringen, weil die Göttliche Allmacht selbst zwar alles, aber keine contradictoria zu Wege bringen könne. Also führen mich nun dergleichen Betrachtungen dahin, daß ich auch in diesem Stück lieber sagen wolte: Jch weiß nicht wie die Sache zugehet, als daß ich sprechen soll, der Teuffel thut es. Denn so gewiß als zweymahl drey sexe sind, so gewiß ist es auch, daß ich dasjenige nicht weiß, was ich nicht weiß. Will aber ein ander sagen: das Ding ist vom Teuffel das er doch nicht weiß wie es zugeht, kan ich es wohl leiden, wenn man mir nur vergönnet, daß ich bey meiner docta ignorantia bleibe. Aber gesetzt auch nun daß es ausgemacht sey, daß die Sache von Teuffel herkomme, so sehe ich doch 20. nicht, daß dadurch der Hexen-Proceß gegründet sey: denn es ist hier nun wieder die Frage, wer der Hexen-Meister sey, der dem Patienten diese Kranckheit zuwege gebracht habe, und auf was für Art ein Richter dessen Gewiß seyn könte. Es ist zwar freylich nicht schwer bald ein Bekäntniß durch den Hencker heraus zu bringen; Aber das ist nicht genung. Jch furchte, wenn man mich und dich marterte, wir würden alles aussagen, was man von uns begehrte, und wenn man uns weiter wegen der Umbstände marterte, würden wir auch Umbstände, und zwar solche darzu lügen, die wir wüsten, das sie der Richter gerne hörete, und durch deren Aussage wir am ersten von der Marter abkämen: Mit einen Wort: ich halte dafür daß die Hexen-Processe gar nichts taugen, und daß der NB. gehörnete leibliche Teuffel mit der Pech-Kelle und seine Mutter darzu ein purum inventum der Päbstischen Pfaffen sey, derer ihr gröstes arcanum ist, die Leute mit NB. solchen Teuffeln fürchten zu machen, und Geld zu Seelmessen, reiche Erbschaften und Stifftungen zu Klöstern oder andern piis causis heraus zu locken, auch unschuldige Leute, die da sagen Papa quid facis, als ob sie Zauberer wären, die den Leuten Schaden thäten, verdächtig zu machen. Christus hat die Sünder nicht mit solchen Teuffeln bekehret, und die Apostel haben bei ihren Predigten keine Systemata gebraucht, darinnen der Teuffel der Eckstein ist, daß wenn man demselben hinweg nimt, das gantze Gebäude hinach fällt. Damahls hiesse es, wer Christum läugnet, der läugnet GOtt. Heute heißt es: wer den gehörneten und gemahlten Teuffel läugnet, der läugnet

GOtt. Könten wohl in dem finstersten Pabstthum dergleichen Fratzen gehöret werden? Ich habe für weniger Zeit von einem vernünfftigen Lehrer, desgleichen ich fein viel wünschete, in der Predigt gehöret: für dem Teuffel soll man sich hüten, aber ihn nicht fürchten. Also hüte Z. E. ich mich für meinen Lästerern so wohl für denen die des gemahlten Teuffels Partey nehmen, als den andern, so wohl für alten als jungen, sie mögen nun zu Wittenberg, oder Delitsch hier oder anderswo seyn, aber ich fürchte mich für ihnen nicht. Ich nehme mich in acht, daß ich ihnen keine Ursach zur Teuffeley das ist zur Lästerung gebe, thun sie es aber dennoch, so lasse ich sie diabolisieren so lange sie wollen, und lasse sie gehen. wenn sie sich auch in einen Engel des Lichts verstellen, und unter dem Schein des Gebets ihre Lästerungen wider mich ausüben, u.s.w.

PERSONENREGISTER

(Zugleich Verzeichnis der von Thomasius angeführten Literatur)